Morgen wird alles anders …

Ernst Gehmacher / Hermann Schlösser

Morgen wird alles anders …

Die Kunst, das Leben zu meistern

ÖBV

ÖBV Publikumsverlag/Wissenschaftsverlag
A-1010 Wien, Hohenstaufengasse 5

Design: Tino Erben
Druck: Wiener Verlag, Himberg
Printed in Austria
ISBN 3-215-07523-7

INHALT

Morgen wird alles anders, oder:
Grau ist alle Theorie 7
Schema Lebensmanagement 25

Gert Bastian
„Auf der Gegenseite dasselbe Ziel verfolgt“ 26
Ein unheimlich starker Abgang 37

Robinson Crusoe
„Nie zu weit ins Unbekannte hinauswagen ...“ 45
Lohn und Preis der protestantischen Ethik 51

Stefan Lenssen
„Es ist nicht schlecht, wenn man es anders
macht als die anderen“ 62
Glück gehabt in jeder Gesellschaft 71

Thomas Buddenbrook
„Die Firma weiterführen und ihr Ansehen mehren“ 81
Der versäumte Paradigmenwechsel 90

Günther Nenning
„Ich entscheide gar nix ... “ 100
Die Orgiastik des Widerspruchs 108

Ulrike Pöstinger
„Ich bin Arbeiterin und stehe dazu" 117
Wir haben keine Chance, aber wir nutzen sie 126

Niki Lauda
„Nachdenken, Analysieren, Ein-Ziel-Setzen" 135
Am Lenkrad der Gefühle 139

Dagobert und Donald Duck
„Keuch! Schnauf! Japs!" 148
Die Karikatur des Kapitalismus 154

Exkurs
Über das Verhältnis von Interview und Theorie 160

Barbara Passrugger
„Ich sehe heute alles mit anderen Augen" 163
Das Erste und das Zweite Leben 173

Adolf Holl
„Na ja, der Chef ist traurig" 181
Der sonderbare Heilige 204

Interviewen Sie sich selbst
Nachdenkfragebogen zum „Lebensmanagement" 207

Die Interviewpartner
Kurzbiographien mit bibliographischen Hinweisen 225

Lektüre für Interessierte 229

MORGEN WIRD ALLES ANDERS, ODER: GRAU IST ALLE THEORIE

Wie erkennen Sie Ihre wahren Fähigkeiten? Was bedeutet für Sie ein glückliches Leben? Wo sollen Sie aus den eingefahrenen Bahnen ausbrechen? Und wo nicht? Alle diese Fragen kreisen um ein Thema: die Kunst, das Leben zu meistern, sich selbst zu verwirklichen.

Wer diese Kunst erlernt hat, kann sich mit Recht glücklich schätzen. Aber kann man eine Kunst aus einem Buch erlernen? Eines ist jedenfalls sicher: Für die Kunst, das Leben zu meistern, gibt es keine vorgefertigten Rezepte.

Deshalb wollen wir einen völlig anderen Weg gehen als herkömmliche Ratgeber. Wir zeigen Ihnen zunächst auf anschauliche Weise, wie andere ihr Leben gestaltet haben: eine Bergbäuerin, ein Ingenieur, der noch vor dem November 1989 aus der DDR in die Bundesrepublik emigriert ist, eine Fabrikarbeiterin, ein ehemaliger General, ein Journalist und Schriftsteller, ein ehemaliger Priester. Als Darstellungsform haben wir das journalistische Interview gewählt, weil es in hohem Maße Lebendigkeit garantiert. Aber auch literarische Figuren wie Thomas Buddenbrook und Robinson Crusoe analysieren ihr Leben, und zwar in fiktiven Interviews, genauso wie zwei bekannte Comic-Helden, die als Archetypen menschlichen Verhaltens besonders aufschlußreich sind.

Bei der Lektüre dieser Interviews und der daran anschließenden Interpretationen gewinnen Sie Einsichten in die Kunst, das Leben zu meistern. Sie können sich mit anderen vergleichen, können einen umfangreichen Nachdenkfragebogen am Ende des Buches ausfüllen und schon morgen Ihr Leben neu gestalten. Denn der

Satz „Morgen wird alles anders..." muß ja keine Ausrede dafür sein, alles nochmals auf die lange Bank zu schieben. Er kann auch als Indiz dafür betrachtet werden, daß ein gewisses Unbehagen erkannt worden ist und in Kürze Abhilfe geschaffen wird.

Damit ist schon der Sinn dieses Buches umschrieben. Als Wissenschaftler bringen wir für dieses Vorhaben auch eine theoretische Schablone mit, ein hilfreiches, wenngleich grobes Ideengerüst, in dessen Rahmen die einzelnen Lebensbilder einen gemeinsamen Maßstab finden sollen. Sicher, es ist ein egozentrisch-subjektives Unterfangen, mit der Eitelkeit des Besserwissen-Wollens behaftet. Und so wie in jedes Buch, werden auch in dieses persönliche Sichtweisen einfließen. Wir werden uns aber bemühen, die theoretische Schablone, die diesem Buch zugrunde liegt, vor dem Leser auszubreiten.

Beginnen wir also mit der Theorie. Der gesamte Komplex der eigenen Lebensgestaltung läßt sich in sechs große Felder gliedern:

1. Die Wirklichkeit im Kopf - Innenwelt
2. Von Bildern geformt - Vorbild und Selbstbild
3. Im Körper gefangen - Leiblichkeit
4. Das Streckbett der Gesellschaft - Rolle und Status
5. Die Selbststeuerung - Glücksstrategien und Glückstechniken
6. Die Glücksbilanz - Summe aus Lust und Leid

Diese sechs Felder wollen wir hier nicht in großer Ausführlichkeit definieren. Denn wenn Sie die biographischen Beispiele lesen, werden Sie sofort verstehen, worum es geht. Doch um die sechs Felder als Maßstab dienlich zu machen, ist es notwendig, sie auf einige fundamentale Merkmale oder Typenbezeichnungen zu reduzieren, mit denen man dann einzelne Personen vergleichen kann.

1. Die Wirklichkeit im Kopf - Innenwelt

Die *Wirklichkeit im Kopf* umschließt die Gedanken und Gefühle eines Menschen. Jeder hat seine eigene Welt im Kopf (und damit natürlich auch im ganzen Körper). Woran wir den ganzen Tag denken und wovon wir in der Nacht noch träumen, was uns aufregt, ängstigt, beglückt oder traurig macht: all das bildet die Innenwelt, das eigentliche Dasein.

Wäre man in der Lage, die Gedanken, die einem Menschen im Verlauf eines Tages, oder noch besser eines Monats oder eines Jahres durch den Kopf gehen, zu registrieren und in Zeiteinheiten zu erfassen, so ließe sich eine Maßzahl errechnen: die Dauer und Intensität der Konzentration auf einen Gedanken. Diese Faktoren können von außen aufgezwungen sein. Bei dauernden Schmerzen, nach dem Verlust einer geliebten Person wird der plötzlich in Verzweiflung und Leiden Abgestürzte schwer umhin können, immer wieder an sein Leiden zu denken. Genauso drängen sich dem Hungerleidenden dauernd Gedanken ans Essen auf. Die Natur stachelt hier das Denken an - und es ist fast unnatürlich und auch gar nicht leicht, sich selbst von solchem „zwanghaften" Denken abzulenken.

Doch viel dauerhafter und zwingender können beherrschende Ideen sein, die gar nicht oder nicht unmittelbar von Trieben und Nöten ausgelöst sind: das Streben nach Zielen und Erfolgen jeder Art, die vielfältigen Arten von Besessenheit. Wesentlich daran ist, daß dabei ein Großteil aller Gedanken von innen her kommt, daß Anregungen und Reize von außen in die dominante innere Ideenwelt nur eingeflochten werden. Im Extremfall wird das zum wahnartigen Denken.

Dem steht als Gegenpol eine Gedankenfolge gegenüber, die von Thema zu Thema hüpft, jedem Impuls von außen folgt, fast nur Reaktion ist. Im Extrem führt das zur Oberflächlichkeit, zum Mangel an Konzentrationsfähigkeit, zur geistigen Unstetigkeit.

Da es solche Gedankenlandkarten nicht gibt (und wahrscheinlich in größerer Genauigkeit niemals geben kann), fehlt uns in der Sprache der entsprechende Begriff. Nennen wir diese Dimension einfach *Besessenheit*, und zwar nach dem einen extremen Pol. Denn je mehr ein Mensch von einer Idee oder einem Ziel beherrscht wird, um so stärker ist er davon besessen. Nun wird es kaum das Ziel eines bewußten Lebensmanagements sein, jede Form von „Besessenheit" auszuschließen. Dadurch käme nämlich allenfalls die Karikatur des „dahinvegetierenden Fernsehmenschen" zustande. Es liegt schon etwas Faszinierendes am Fanatismus und an der totalen Hingabe - ebenso wie am unbekümmerten In-den-Tag-hinein-Leben; fast schließt sich der Kreis wieder an den Extremen. Doch schauen wir uns das lieber an den lebendigen Beispielen an.

Die Gedanken können fast leidenschaftslos sein, etwa bei konzentrierter Arbeit, beim entspannten Zuhören, in reiner Nachdenklichkeit. Doch ganz ruhen die Gefühle nie. Und wenn die Emotionen stärker werden, lenken und beherrschen sie immer mehr auch die Ideen. Auch hier läßt sich eine Bilanz ziehen. Manche Menschen, manche Perioden kochen über von Gefühlen - andre wieder scheinen erstarrt in einem kalten Panzer der Gefühllosigkeit und Unberührtheit. Von außen ist das nicht immer leicht zu erkennen. Selbstbeherrschung und nach außen eisern gewahrte Formen verdecken oft die Emotionen oder täuschen sie auch vor. Das Lügen mit Gefühlsäußerungen geht über das Täuschen mit bloßen Worten. Für die Innenwelt zählen aber nur die wahren Erregungen. Das Maß der *Leidenschaftlichkeit*, von der völligen Abgestumpftheit und Apathie bis zum Dauerbrand der Erregtheit, mag diese Dimension bezeichnen.

Die Emotionalität (wie man wohl Leidenschaftlichkeit wissenschaftlich etikettieren kann) ist nicht strikt an Besessenheit gekettet. Es gibt einen kalten gefühlsarmen Fanatismus. Es gibt fortwährend Aufgeregte, deren Emotionen von Stunde zu Stunde Anlaß und Inhalt, ja, auch die Richtung wechseln. Diese Richtung sei als dritte Dimension der *Wirklichkeit im Kopf* in unser Schema eingeführt: die vorherrschende Stimmungslage zwischen Verzweiflung, Angst und Traurigkeit einerseits - und Frohsinn andererseits. Auch hier ist Vorsicht bei der Einschätzung der Mitmenschen am Platz: Nur jeder selbst weiß recht gut, wie es in ihm wirklich aussieht - ob er mit Witzen seine Bitterkeit überdeckt oder voll Gusto jammert, ob er sich lustvoll dem Weltschmerz hingibt oder mit zusammengebissenen Zähnen Gleichmut heuchelt. Oder ob er ehrlich seinen Gefühlen freien Ausdruck läßt. Diese Dimension wollen wir nach ihrem positiven Pol *Frohsinn* nennen.

Wie ist da jene Stimmungslage einzustufen, die zwischen himmel-hoch-jauchzend und zu-Tode-betrübt ständig wechselt? Gar nicht so schwer, nach dem beherrschenden Gefühl. Das wird bei manisch-depressiver Befindlichkeit fast immer die Depression sein - schon weil sie so schwer auf dem Gemüt lastet, daß die Phasen des Überschwanges sie nicht kompensieren. Bei jungen Menschen, die die Wechselhaftigkeit ihrer Gefühle erst ausprobieren, bei Leidenschaftlichen, die sich leicht von starken Stimmungen mitreißen lassen, mag hingegen die Fröhlichkeit tonangebend sein - freilich kaum mit derselben Dauer und Stärke wie bei einem gefestigt glücklichen Menschen, dem es gut geht.

Frohsinn, auch stärkster Ausprägung, ist aber nicht identisch mit Glück und Wohlbefinden. Eine gute Stimmungslage haben sich einzelne auch schon in Not, Hunger, Krankheit, bei schweren Strapazen und selbst in Gefangenschaft und unter Lebensgefahr bewahrt - man bewundert eine solche Stimmungslage zu Recht als Charakterstärke. Doch vom Optimum der Befindlichkeit, von Glück und vollem Wohlbehagen kann dabei keinesfalls die Rede sein. Menschen, die lachend dem Leiden trotzen, sind Helden. Menschen, die das Leiden suchen, sind verwirrt.

Den drei Dimensionen der *Wirklichkeit im Kopf* entsprechen mehr oder weniger gewisse psychologische Begriffe. *Besessenheit* deckt sich weitgehend mit Introversion, *Leidenschaftlichkeit* mit Emotionalität und Depression/Neurotizismus/Anxiety ist das Gegenteil von *Frohsinn*. Doch diese Fachausdrücke der Wissenschaft taugen nicht recht für das Nachdenken über normale Lebensläufe, dazu schmecken sie zu sehr nach Krankheit und Abnormität.

2. Von Bildern geformt - Vorbild und Selbstbild

Der zweifellos wichtigste Inhalt unserer Gedanken ist unser eigenes Ich, das Bild, das wir uns dauernd von uns selbst machen, und die Vorbilder, an denen wir unser Selbstbild messen. Man sage nicht: Ich habe kein Vorbild. Sicher, nicht jeder bewundert Sportler oder Heilige, Stars oder Gurus, Heroen oder Superreiche - und strebt ihnen im großen oder im kleinen nach.

Doch wer könnte behaupten, daß ihn körperliche Schönheit und Eleganz, geistige Brillanz und Können nie beeindruckt hätten, wer schätzte in seinem Erfahrungsumkreis nicht einzelne liebevolle und gescheite Menschen, wer hätte sich nie von einer Gestalt in einem Buch, einem Theaterstück oder einem Film in Begeisterung versetzen lassen? Und selbst in der Ablehnung von Vorbildern, im abwehrenden „Das lohnt sich doch nicht“ oder im abwertenden

„Das ist doch nur Überkompensation und Fassade“ steckt noch der Kampf gegen diese Faszination.

Der Unterschied kann daher nicht sein, ob jemand Vorbilder hat oder nicht, sondern wie fest und klar profiliert das Vorbild ist, wie stark man sich danach ausrichtet und ihm nachstrebt. Nennen wir das *Vorbild-Orientiertheit*. Das negative Extrem wäre jemand, der seine Bewunderungsobjekte stetig wechselt, für sie entweder unverbindlich schwärmt oder sie sarkastisch-kritisch von sich schiebt, jedenfalls sie gar nicht oder bloß oberflächlich als Ansporn und Maßstab für sich selbst heranzieht.

Die zweite Dimension der Formung durch die inneren Bilder ist der *Ehrgeiz*. Er läßt sich fast mathematisch präzis als Abstand zwischen Vorbild und Selbstbild definieren: Je höher jemand strebt, um so ehrgeiziger ist er. Nach dieser Formel wäre der Bescheidene, dessen Selbstbild demütig klein ist und der sich nur ein braves Mittelmaß zum Vorbild gesetzt hat, genauso ehrgeizig wie der Überhebliche, der in sich den Keim der Größe vermutet und einem Sportstar, bekannten Künstler oder einem wissenschaftlichen Genie nachstrebt. Das läßt sich vertreten - obwohl es einem loseren Wortgebrauch manchmal widersprechen mag. Doch zweifellos ist der Bauernbub, der Dichter werden will, viel ehrgeiziger als der Sproß aus hochgebildetem Bürgerhaus, der sich für die Schriftstellerei entscheidet - gar nicht zu reden von einem Anwärter auf ein Firmen-Imperium oder einen Königsthron, der auf sein Erbe verzichtet, um lieber Bücher zu schreiben.

Ehrgeiz allein ohne klare Vorbild-Orientierung und damit stetes Bemühen, wird nicht sehr weit führen, sondern eher lächerlich wirken. Bei gesundem Verstand wird man aber nach einigen Fehlschlägen das Ziel schon niedriger setzen. Ehrgeiz wächst mit Erfolg. Und Erfolg hat ... - aber darüber wird es an Hand der Biographien noch genug zu sagen geben.

Wir brauchen auch noch eine dritte Dimension. Nicht um der Dreizahl willen, es fehlt eine wesentliche Eigenheit im Umgang mit dem Selbstbild: der *Stolz*. Ein Arbeiter, eine Mutter, eine Krankenschwester, alle nur mit bescheidenen Vorbildern - etwa ihren eigenen Eltern in ähnlicher Stellung, ihren Kollegen - und ohne jeden Ehrgeiz, sich noch zu verbessern oder zu ändern, vielleicht schon mit von dem Älterwerden herabgeschraubten Zielen: Sie alle können ein inneres Selbstwertgefühl haben, eben jenen Stolz, der nichts mit Ehrgeiz und Erfolg und Selbstverbesserung zu tun hat. Dieser Stolz beruht auf Zufriedenheit mit sich selbst, mit dem Bild eines vielleicht einfachen, fehlerhaften und schwachen, aber dennoch wertvollen Menschen, das sie von sich selbst haben. Dieser Stolz ist mit einem genau umschriebenen Selbstbild verbunden, mit festen Pflichten und Rechten; er bietet innere Sicherheit - und darum wird er auch behauptet und verteidigt, gegebenenfalls bis zum Äußersten. Fehlt solcher Stolz ganz, so bietet sich ein Bild der Selbsterniedrigung und der Hilfslosigkeit, vielleicht verdeckt durch Überanpassung. Kein schöner Anblick. Aber auch ein hohes Maß an Stolz kann einen Menschen verderben - wenn er mit einem irrealen Selbstbild, mit Anmaßung oder Illusion, gepaart ist. Ganz so einfach sind die Gesetzmäßigkeiten des Lebens eben doch nicht. Vielleicht ist Lebensmanagement schwieriger als das Führen eines Unternehmens.

Wieder seien die drei Dimensionen aus dem Alltags-Sprachgebrauch mit wissenschaftlichen Parallelbegriffen gepaart: *Vorbild-Orientiertheit* hat in der Soziologie die Entsprechung Normen-Internalisierung, in der Psychologie intrinsische Motivation; *Ehrgeiz* heißt in der Fachsprache Aspirationsniveau; beim *Stolz* tun sich die wissenschaftlichen Definitionen schwer, er hat zu viele Facetten - doch steckt viel davon in dem gesundheitssoziologischen Terminus „Kohärenzsinn" (nach Antonovsky), auch ist Stolz gewissermaßen das Gegenteil von Anomie und erlernter Hilflosigkeit.

Ganz deckungsgleich sind diese Ausdrücke nicht, doch liegen sie in der Gedankenwelt eines Wissenschaftlers, der mit den Fachausdrücken arbeitet, sicher den Alltagswörtern (die hier wiederum als theoretische Dimensionen verstanden werden sollen) viel näher, als das den lexikalischen Definitionen entspricht. Dafür seien alle Leser, die das stört, vorweg und ein für allemal um Entschuldigung gebeten.

3. Im Körper gefangen - Leiblichkeit

Das Leib-Seele-Problem ist uralt. Doch für das Thema Lebensmanagement läßt es sich auf einen einfachen Nenner bringen. Lebens-Management ist eine Sache des bewußten Denkens in Worten und Begriffen. Das spielt sich in einem relativ kleinen Teil unseres Gehirns ab und umfaßt nur einen Bruchteil der Vorgänge in unserem Nervensystem, die sich zum Großteil unbewußt abspielen. Alles, was in unserem ganzen Körper fortwährend abläuft, alles, was an Reizen von außen an unsere Sinne gelangt, alles, was sich an Gefühlen und Bildern in unseren Ganglienzellen daraus entwickelt, wird von den langsamen und mühsamen Vorgängen unseres Denkens als letzte Stufe in einem ungeheuer komplexen Prozeß - und in einer winzigen Auswahl - zu Bewußtsein formiert und verbalisiert. Das heißt: Unser Denken tritt einem überwältigenden Großsystem unsrer Leib-Geist-Einheit gegenüber, von dem es laufend gewisse Informationen bekommt und an das es auch Befehle geben kann, die auf das Großsystem wieder in nur erahnbarer Form einwirken.

Der Vergleich zum einsamen Büro eines Unternehmensleiters im hundersten Stock eines Wolkenkratzers, der ein Firmenimperium, das er nie wirklich bis in die Einzelheiten kennen kann, zu dirigieren hat, erscheint recht passend. Auch er weiß nicht genau, wie die Hardware - etwa dem Leib entsprechend - und die Mitarbeiter - etwa dem Geist entsprechend - durch die Software aller ablaufenden Informationen verbunden sind. Aber der einsame und unwissende Chef hat doch, solange es gut geht, ein vages, aber nicht ganz falsches Gefühl dafür, wie es um Maschinen und Anlagen, um die Hardware des Unternehmens steht, wie gesund in dieser Hinsicht die einzelnen Teilbetriebe sind. Und vom Geist der Mitarbeiter hofft er, daß er gut funktioniere - und pflegt ihn eben, so gut er das versteht. Der beste Manager versagt aber, wenn das Unternehmen schon schwer krank ist. Nur - das Bewußtsein kann seinen Körper nicht verlassen. Es ist wie der Kapitän, der mit untergeht, wenn sein Schiff sinkt. Es ist im Körper gefangen.

Die drei Dimensionen der *Leiblichkeit* sind leicht erklärt: Sie entsprechen gängigen Begriffen - und sie entziehen sich weit-gehend der wissenschaftlichen Definition:

* Gesundheit
* Fitneß/Stärke
* Schönheit

Um die Begriffsbestimmung der *Gesundheit* bemühen sich viele

Fachleute. Es geht dabei um das Funktionieren aller Organe und Körperteile. Die Grenzen sind dabei unscharf. Der Körper hat ja viele Reserven, und seine Leistungen sind steigerbar. Wenn jemand halb soviel Atemkapazität hat wie ein Marathonläufer, fehlt ihm normalerweise noch gar nichts. Und wenn er dann durch eine Lungenkrankheit noch etwas an Atemkapazität verliert, aber dann völlig geheilt wird, ist er zwar in seiner physischen Leistungsfähigkeit etwas reduziert - aber er gilt wieder als völlig gesund - außer der Narbe in der Lunge. Nehmen wir aber zum Vergleich an, der Marathonläufer wäre von einer unheilbaren Krankheit befallen, merkt aber zur Zeit noch nichts davon. Er läuft immer noch schneller als die meisten Leute, ist aber eigentlich schon „sterbenskrank". Diese etwas an den Haaren herbeigezogenen Beispiele machen deutlich, welche Diskussionen es um den Gesundheitsbegriff geben kann.

Diesen Definitionsproblemen entgehen wir meistens damit, daß wir unter Gesundheit die Abwesenheit von Beschwerden verstehen. Solange sich ein Mensch körperlich völlig wohl fühlt, ist er nach dieser Hausverstandsdefinition völlig gesund - auch wenn er Narben hat, Plattfüße, Krampfadern, eine Zahnprothese oder eine Brille.

Wenn ihm nun ein Arzt sagt, er habe eine schwere Krankheit im Leibe, die jeden Moment ausbrechen könne, wird er kaum mehr so gut schlafen und das Essen genießen wie vorher; der psychische Streß einer solchen Mitteilung dürfte ihn bald auch nach unserer Definition krank machen. Denn seelische und körperliche Befindlichkeit stehen in enger Verbindung. Nicht gesund ist, wer Beschwerden hat oder diese nur mit Medikamenten, mit Diät oder sonstigen Belastungen in Schach hält.

Fitneß und *Körperstärke* sind hier unter einen Hut gebracht, obwohl sie sich nicht ganz decken. Gemeint ist die Leistungsfähigkeit des Körpers. Daß ein kleinerer Mensch in der Regel nicht soviel an Körperstärke hat wie ein Riese, sei hier vernachlässigt. Wenn der Kleine drahtig und durchtrainiert ist, wird er sich dem schlappen Riesen kaum unterlegen fühlen. Und Fitneß hat sehr viel mit Selbstbewußtsein und dem eigenen Selbstbild zu tun.

Fitneß und Gesundheit hängen hingegen nur im negativen Bereich zusammen. Ein Schwerkranker wird, selbst wenn er früher topfit war, allmählich seine Körperspannkraft verlieren. Umgekehrt riskiert der absolut Bewegungsscheue und Fitneß-Schwache durch die Körperträgheit seine Gesundheit. Doch übertriebenes Körpertraining schädigt auch. Mittlere Fitneß genügt vollauf für ein gesundes Leben.

Fitneß ist Selbstzweck. Zusammen mit erlernten sportlichen Geschicklichkeiten, die nicht als Fitneß zu verstehen sind, ist Fitneß für viele eine Quelle erfreulicher Erlebnisse und sozialen Selbstbewußtseins. Jemand, der in der Jugend gut Tennis oder Skifahren gelernt hat, bewegt sich auch noch ziemlich gewandt in dieser Sportart, wenn er längst bequem und körperfaul geworden ist.

Dasselbe gilt für die körperliche *Schönheit.* Mit Kleidung und Aufmachung läßt sich viel an ästhetischer Erscheinung erzielen, solange Gesicht und Körper nicht kraß verunstaltet sind. Doch gewisse Körperformen und Proportionen in den Gesichtszügen sprechen das angeborene ästhetische Empfinden allgemein an: Es gibt menschliche Schönheit, die in allen Kulturen gilt (die Humanethologie hat sich mit diesen biologisch angelegten Wahrnehmungsmustern befaßt). Darüber hinaus hat jede Kultur - und Subkultur - ihre eigenen Schönheitsmuster entwickelt und ihren Mitgliedern eingetrichtert: durch Vorbilder. Auch da tun sich manche mit ihrer Körperlichkeit leichter oder schwerer. Wo Schlankheit große Mode ist, tun sich die rundlich Gebauten schwer - und martern sich mit Diätkuren.

Wie bei der Gesundheit hat auch bei der Schönheit (und bei Fitneß) die Wissenschaft diese Alltagsbegriffe weitgehend übernommen und mit präziseren Definitionen zu füllen gesucht. Dabei ist es vorwiegend zu einer Zersplitterung dieser großen Dimensionen gekommen. Das hat für die bohrende Analyse der Wissenschaft seinen guten Grund. Für Überlegungen zum Lebensmanagement ist diese Dreiteilung der *Leiblichkeit* ausreichend.

4. Das Streckbett der Gesellschaft – Rolle und Status

Wir sind als Individuen in die Gesellschaft eingebettet. Und wenn wir uns mit den Anforderungen der Gesellschaft arrangieren, so tut sie uns recht gut. Wie man sich bettet, so liegt man. Doch die Gesellschaft erwartet auch von jedem etwas: Mittun, Leistung oder wenigstens gute Formen und Zeichen des Bemühens. Im ganzen Leben bleibt das gleich: Dem Kind gegenüber vertreten die Eltern die Gesellschaft, später die Lehrer und Vorgesetzten, dem Erwachsenen signalisiert die Gesellschaft durch ihre Gesetze und noch mehr durch ihre Anerkennungen und Belohnungen, was sie von ihm erwartet. Sie weist ihm *Rollen* zu: Spielt er sie gut, so wird er mit einem entsprechenden sozialen Status geehrt und bezahlt.

Diese Ideen stecken im Kürzel vom *Streckbett der Gesellschaft*, wobei Strecken grausamen Anpassungszwang, aber ebenso Wachstumshilfe bedeuten kann. Dieselbe Schule, die gleiche Arbeitsroutine, die identische Höflichkeitsetikette mögen von einem Menschen als Vergewaltigung der eigenen Person gehaßt werden, der andere fühlt sich darin wohl wie der Fisch im Wasser.

Damit ist gleich eine Dimension charakterisiert: der Grad der Identifikation und des Einverständnisses einer Person mit ihrer Gesellschaft - nennen wir ihn *Konsens*. In vollem Konsens mit seiner gesellschaftlichen Rolle wäre jemand, der vollkommen korrekt und ohne jeden Gedanken an Widerwille und Eigensinn in Beruf, Familie und als Bürger seine Pflichten erfüllt. Ganz ohne Konsens würde einer zum Rebellen und Outcast.

Natürlich ist es nicht so einfach. Der perfekt konsensuelle Tugendbold wirkt nicht nur auf Sie, verehrte Leserin, verehrter Leser, leicht unsympathisch. Es gibt keine Gesellschaft, die so einheitlich ist, daß nicht auch der Bravste sich gegen einen Teil ihrer Forderungen zuweilen im Widerspruch befände, im Rollenkonflikt - gar nicht zu reden vom Interessenkonflikt zwischen Individuum und Rolle. Gesellschaft will ja auch Kreativität, Selbständigkeit, den Mut zum Neuen. Die Kaiserin Maria Theresia stiftete einen hohen Orden für jene, die durch das Übertreten eines Befehls Erfolg erzielten - das konnte bedeuten, daß ein Offizier im Krieg für eine von Glück gekrönte Eigenmächtigkeit ausgezeichnet wurde, die ihn bei Mißerfolg vors Standgericht gebracht hätte. Eine ganz typische Reaktion der Gesellschaft.

Beim Rebellen und „Aussteiger“ wird es noch komplizierter. Er steht zwar im offenen Dissens mit der Hauptströmung der Gesellschaft, fühlt sich aber um so enger derjenigen Rolle verbunden, die ihm „seine“ Subkultur auf den Leib schreibt. Er glaubt dabei auch gern, die Gesellschaft der Zukunft, den „neuen Menschen“ zu verkörpern - wenn der Dissens mit der Gesamtgesellschaft stark genug ist. Nur krasse Einzelgänger kümmern sich um gar keine Regeln und entziehen sich jeder Rolle - aber selbst dabei müssen sie sich, willig oder widerwillig, so halbwegs in das *Streckbett der Gesellschaft* fügen, sonst wird ihnen dieses im Gefängnis oder im Irrenhaus verpaßt: Von Konsens kann dann natürlich nicht mehr die Rede sein, ganz im Gegenteil.

Die Gesellschaft belohnt aber auch; mit dem, was die Gesellschaftswissenschaftler Status nennen - mit Rang und Stellung, mit Macht, Privilegien und Geld. Da gibt es Rangunterschiede von Kirchturmhöhe, während in den naturgegebenen Unterschieden zwischen gesunden Menschen die Differenzen sich nur in Körpergrößeneinheiten abspielen. Es läge nahe, nach Alltagsbrauch die soziale Stellung eines Menschen als wesentliches Merkmal anzunehmen. Doch für Betrachtungen über das Lebensmanagement sagt das zu wenig aus: Bei gleichem sozialen Status mag der eine schon ein großes Erbe verwirtschaftet haben, der andere hat sich aus ganz bescheidenen Verhältnissen zu dieser Position hinaufgearbeitet. Daher brauchen wir zwei Dimensionen: das *Erbe* und den *Aufstieg*.

Das Erbe umfaßt mehr als Vermögen oder Adelsrang. Die Erziehung, die Traditionen und Denkweisen, in die man hineinwächst, die gesellschaftlichen Verbindungen schon von der Familie her - all das bettet den Heranwachsenden schon in eine gesellschaftliche Schicht ein, stellt ihn in eine Startposition. Was er allerdings dann daraus macht, hängt von vielen anderen Umständen ab und von seinem Verhaltensrepertoire.

Da kann es sozialen Aufstieg und Abstieg geben oder eben das Bewahren eines Status über ein ganzes Leben lang. Davon handeln viele Biographien, das ist der Stoff, aus dem die Tagträume sind. Und Lebensmanagement wird oft mit Aufstiegsplanung verwechselt; doch bestensfalls fällt bei guter Lebensplanung Aufstieg als Nebenprodukt an. Denn weder Status noch Aufstieg sind besonders wichtig für das Endziel des Lebensmanagements - für das Glück. Freilich hört das die Gesellschaft nicht gern. Sie braucht ein Anreizsystem, um ihre Mitglieder zu Konsens und Anstrengung zu motivieren. Zwang allein schafft das nicht, Geld ohne Status kommt teuer. So ist es meist ein Gemisch von Status und Geld, womit die Menschen zu Arbeit und Leistung motiviert werden sollen. Es weckt den Ehrgeiz und spornt die inneren Kräfte an, mit intrinsischer Motivation - solange jemand nicht sein Glück auf andere Weise, ohne Status-Motivation, sucht.

Und wie wäre es mit einem neuen, alternativen Motivationssystem der Gesellschaft? Nun, das Nachdenken über die unterschiedlichen Wege zum Glück, in den folgenden Biographien, mag einige Anregungen für solche Überlegungen bieten.

5. Die Selbststeuerung - Glücksstrategien und Glückstechniken

Bisher war immer nur von Naturgegebenheiten die Rede, denen wir ziemlich hilflos ausgeliefert sind: von unserer Leiblichkeit, unserer Innenwelt, unserer Gesellschaft. Die Wahl war fast nur zwischen mehr oder weniger Anpassen. Nun zur *Selbststeuerung* mit unseren *Glücksstrategien* und *Glückstechniken.*

Dieses Reich der Freiheit ist ungeheuer ausgedehnt. Zu den *Glückstechniken* zählt man vieles: vom Kaffeetrinken bis zur Meditation, von der Gymnastik bis zum Konzertbesuch, vom Rauschgift bis zur Schönheitsoperation. Unter *Glücksstrategien* sind eher umfassende Kulturmuster zu verstehen - Lifestyle ist das Modewort der Marktforschung dafür -, die sich auf viele Verhaltensweisen auswirken. Ausgeprägte Glücksstrategien kommen in markanter Weise als soziale Rollen besonderer Art vor, etwa in religiösen Orden oder bei Spitzensportlern, bei Künstlern oder Berufsrevolutionären. In unsrer modernen Welt prägen aber die Glücksstrategien eher zu Freizeit-Typen: dem Gesellschaftslöwen, dem Naturburschen, dem Kaffeehaushocker, dem Bücherwurm, dem Familienmenschen, dem Häuselbauer, dem Disco-Freak, der Häuslichen, der Ästhetin, der Modepuppe. Die Wissenschaft hat dieses Typisierungsspiel mit Computerunterstützung noch weiter vorangetrieben.

Nimmt man es ganz genau, so hat jeder Mensch seine individuelle *Glücksstrategie* - genau wie keine zwei Menschen genau die gleiche Sprache verwenden oder auch nur über zehn Minuten die gleichen Bewegungen machen (außer im Ballett oder im Paradeschritt). Doch ist es sinnvoll, für den jeweiligen Gebrauch (eben etwa in der Marktforschung) nach bedeutungsvollen Mustern zu suchen.

Und *Glückstechniken*, die noch enger an einzelne Genußmittel oder Serviceleistungen gebunden sind, werden ohnedies auf dem Markt gehandelt und daher nach praktischen Gesichtspunkten eingeteilt und kategorisiert.

Für den vorliegenden Zweck, wobei ohnedies in den Biographien auf verschiedenste Glücksstrategien und Glückstechniken eingegangen wird, sollen wieder nur ganz grobe Klassifizierungen als Dimensionen gebraucht werden:

1. *Genußmittel:* im weitesten Sinn alle Mittel, die direkt auf die Körperzellen und Nervenzellen wirken.
2. *Zerstreuung:* als Ansprache über die Sinnesorgane, also auch Spiele und Kunst und sogar lustbringende Arbeit, sofern nicht intensive geistige Befassung damit verbunden ist.
3. *Konzentration:* im Sinne der Sammlung von Gefühlen und Gedanken in einem Gesamterlebnis.

Umfassendere Glücksstrategien enthalten alle drei Dimensionen. Und schon ein banaler Kaffeetratsch kann sich vom bloßen Genußmittelkonsum zu einer zerstreuenden Unterhaltung entwickeln - und vielleicht in ein Streitgespräch münden, das plötzlich volle Konzentration beansprucht. Doch letzteres setzt schon voraus, daß die Teilnehmer über eine *Glücksstrategie* verfügen, die ihnen erlaubt, sich in einem Gespräch so zu „verausgaben". Gerade für die „Konzentration" behalten sich die meisten Menschen nur genau abgezirkelte Bereiche vor - des religiösen oder künstlerischen Erlebens, der erotischen Beziehungen oder der extremeren Sportarten und Abenteuerreisen. Dabei werden in vielen Kulturen auch Psychodrogen, also Genußmittel, rituell zur Erzielung meditativer und religiöser Konzentration verwendet - woran der Unterschied zur bloßen *Glückstechnik* durch Genußmittelkonsum deutlich wird. Das Maß für diese drei Dimensionen ist, wie oft und wie intensiv und wie beherrscht diese drei Modalitäten der Selbststeuerung eingesetzt werden.

Damit ist ein großes Thema, mit einer Fülle wissenschaftlicher

Behandlung, nur angedeutet (auch mit dem Vertrauen, daß jeder Leser damit auch seine eigenen Erfahrungen hat und ein bedeutendes Vorwissen mitbringt). Lebensmanagement ist zum größten Teil das bewußte Erlernen, Verlernen und Einsetzen von Glücksstrategien, Abwägung ihrer Vorteile und Risiken. Das wäre viel leichter, wenn es nicht in der Natur des Menschen läge, feste Bindungen an seine Glückstechniken und Glücksstrategien zu entwickeln; also Abhängigkeit und Süchtigkeit, körperlich wie geistig. Und da die optimale *Selbststeuerung* in einer harmonischen Mischung von *Strategien* und *Techniken* liegt, noch dazu mit dynamischer Anpassung an Lebensumstände, Umfeld und das eigene Ich, müßte man im Lauf des Lebens immer wieder Gewohnheiten umstoßen. Müßte man, und viele wissen und wollen das auch. Hier sind wir wieder bei unserer Floskel „Morgen wird alles anders..." Warum gelingt es so selten?

Nicht nur deshalb, weil auch im Lebensmanagement oft die falschen Mittel gebraucht werden; auch über das Ziel selbst fehlt es vielfach an Klarheit. Dieses oberste Ziel bildet nun den letzten Punkt unsres Schemas.

6. Die Glücksbilanz - Summe aus Lust und Leid

Es sei gleich eingestanden: Die *Glücksbilanz* ist ein rein theoretischer und hypothetischer Begriff - es gibt sie in der Erlebniswirklichkeit des Menschen nicht real, sondern nur als Idee und Gedanke (was natürlich für alle unsre „Dimensionen" ebenso gilt - bloß soll hier besonders vor einem Mißverständnis gewarnt werden).

Was wir tatsächlich in jedem Augenblick erleben ist ein Gemisch aus Lust und Unlust, aus Genuß und Belastung, aus Behagen und Beschwernis. Man genießt die Aussicht und schwitzt vom Aufstieg. Man schwebt im Orgasmus und fragt sich: Ist es die wahre Liebe? Man überläßt sich der Gaumenfreude und macht sich wegen der Kalorien Vorwürfe. Es gibt zwar auch Trinken bei vollem Durst, Essen nach langem Hungern, Ekstase ohne Hintergedanken, Genuß ohne Reue - leider aber auch Reue ohne Genuß, den selbstverschuldeten Unfall, Plackerei ohne Erfolg.

Diesem zweipoligen Erleben entsprechen die Nervenimpulse in

den Lustzentren und Unlustzentren, die sich im Gehirn (auch der höheren Tiere) orten lassen. Und das Gleichgewicht zwischen Lust und Unlust stellt den einen Aspekt der Glücksbilanz dar.

Nun könnte man meinen: am besten wäre nur Lust und gar keine Unlust. Das meinen auch viele; im großen und ganzen entspricht dies sogar der Leitphilosophie unseres modernen Konsumzeitalters und des Sozial- und Wohlfahrtsstaates. Doch die Natur macht einen Strich durch diese allzu einfache Rechnung. Um wirklich große Lust, intensivstes Glück zu empfinden, bedarf es höchster Erregtheit des ganzen Organismus. Temperatur beglückt nicht am meisten in der angenehmen Wärme einer gutgeheizten Stube, sondern in der Sauna zwischen Fast-schon-Hitzeschmerz und dem Sprung ins eiskalte Tauchbecken. Wer nie an Durst gelitten hat, weiß nicht um den Orgasmus der Kehle. Leidenschaft, Abenteuer, Askese, Anstrengung, Wagnis - alle Mittel zur extremen Erregung und Gefühlssteigerung - steigern auch die Lust ins Orgiastische. Wer jedes Risiko und jede Unlust meidet, gelangt auch nicht zu den Höhen der Glückserlebnisse.

In diesem naturgegebenen Dilemma gibt es unterschiedliche Lebensphilosophien.

Die einen setzen alles aufs Spiel, um das Leben voll auszukosten. Sie riskieren Leib und Leben, sie kümmern sich nicht um ihre Gesundheit, sie fragen nicht, womit sie später ihr Glück bezahlen müssen. Das Hasardspiel geht hin und wieder sogar gut aus; nicht das Übelste ist dabei oft ein früher rascher Tod - viele büßen mit langen Jahren des Elends und des Dahinsiechens. In der Antike sagte man, daß niemand vor seinem Tod als Glücklicher bezeichnet werden könne - daß also erst die Glücksbilanz des ganzen Lebens zähle.

Aus dieser Einsicht heraus begnügt man sich gern mit dem sanften Wohlbehagen, das aber weniger Risiko in sich birgt. Das stille Glück eines „vernünftigen" Lebens bewahrt mit einiger Wahrscheinlichkeit vor langem Leid. Sicher ist das aber auch nicht: Ganz entkommen wir dem Würfelspiel des Zufalls nicht - auch wenn unsere Zivilisation sich darum zäh bemüht.

Nebenbei gesagt: Man kann mit dem Zufall auch fertig werden, indem man ihn Schicksal, Fügung, Wille Gottes oder Naturgesetz nennt und sich mit ihm eins zu fühlen trachtet (was zu den metaphysischen Glücksstrategien der Kategorie „Konzentration" gehört) - man kann ihm aber auch mit Magie, Horoskopen, Zaubersprüchen, Patentrezepten jeder Art ein Schnippchen zu schlagen versuchen (was zu den pseudo-rationalen - sprich: abergläubischen - Glückstechniken der Kategorie „Zerstreuung" gezählt werden kann). Die so beliebten Glücksspiele, wie Toto und Lotto, sind ein Gemisch aus Aberglauben und sinnvoller Investition in die Hoffnung: Aber auch sie sind ein Versuch, den Zufall zu bannen.

Unsere moderne Zivilisation läßt jedem beim Austarieren seiner Glücksbilanz möglichst viel Freiheit - alle Versuche, die Menschen zu ihrem Glück zu zwingen, sind gescheitert, genau so wie die zentrale Planung der gesamten Wirtschaft: eine moderne Wirtschaft und noch viel mehr ein einzelner Mensch sind viel zu komplexe Systeme, als daß man sie von oben her zu einem Optimum leiten könnte. Gutes Management erfordert hier ein stetes Anpassen und Abwägen. Dem entspricht auch die vorherrschende Glücksphilosophie unserer Zeit: soviel orgiastisches und mit Anstrengung und Risiko gewürztes Genießen, wie sich gerade noch mit einem langen gesunden Leben ohne späteres Leiden vereinbaren läßt. Die Bilanz wird zum Balanceakt. Den Autounfall, den Sturz auf der Skipiste, die Belastungen durch Genußmittel, die AIDS-Drohung nimmt man noch in Kauf, wenn das Risiko sehr gering erscheint. Und diese Rechnung kann für den einzelnen von Tag zu Tag verschieden aussehen, sicher aber ändert sie sich im Verlauf des Lebens.

Für unsere Betrachtungen einzelner Biographien scheint das notwendige Minimum an Maßstäben durch folgende drei Dimensionen zu erreichen sein:

* *Orgiastik* - der Grad des In-Kauf-Nehmens anstrengender, an sich unangenehmer und angsterregender Stimulationen, um intensivere Glücksgefühle zu erreichen
* *Risiko* - das Ausmaß der akzeptierten Gefährdung von Gesundheit und Wohlbefinden, die Risikobereitschaft im Existentiellen, insbesondere auch langfristig im Hinblick auf die späteren Lebensjahre.
* *Leiden* - der Überhang des Leidens in der tatsächlichen Bilanz

von Lust und Unlust, Behagen und Unbehagen, über die betrachtete Zeit aufgewogen und gemittelt.

Auf die Künstlichkeit einer solchen Lust-Leidens-Bilanz sei noch einmal verwiesen. Kennzeichnend dafür ist das Gefühl der Reue. Im schweren Leiden erscheinen die vergangenen Vergnügungen den meisten zu teuer erkauft, das damalige Lebensmanagement wird in Frage gestellt, und nach einem Leidens-Schock bekehren sich viele zu einem Leben mit wenig Orgiastik, aber auch mit weniger Risiko. In der vollen Lebenslust sah das anders aus. Die Gegenwart zählt immer mehr.

Die Bußprediger nützen das. Wie soll aber eine kühl wissenschaftliche Betrachtungsweise ohne Bekehrungsinteresse den Wert einzelner Lebensphasen gewichten? Nach Jahren? Wiegen zwanzig Jahre Triumph zehn Jahre Elend auf? Hat ein guter und würdevoller Tod Vorrang vor allen Höhenflügen der Orgiastik?

Die Antwort ist ganz einfach. Die Glücksbilanz hat keinen Saldo, sie gleicht eher einer Inventur. Man kann Glück und Unglück nicht summieren, ebensowenig wie Äpfel und Birnen, Maschinen und Mitarbeiter, Berge und Flüsse.

So, doch nun genug der Theorie. Tauchen wir ein in die Praxis des Lebens. Sehen wir uns an, wie es andere gemacht haben. Welche Wirklichkeiten in ihren Köpfen geistert, von welchen Bildern sie geformt werden, wie sie mit ihrer Leiblichkeit umgehen, wie sie im Streckbett der Gesellschaft liegen, welche Glücksstrategien und Glückstechniken sie anwenden und wie sie ihre Glücksbilanz ziehen. Kurzum: Wie sie ihr Leben meistern.

Schema Lebensmanagement

1. Die Wirklichkeit im Kopf - Innenwelt
   1.1 Besessenheit
   1.2 Leidenschaftlichkeit
   1.3 Frohsinn
2. Von Bildern geformt - Vorbild und Selbstbild
   2.1 Vorbild-Orientiertheit
   2.2 Ehrgeiz
   2.3 Stolz
3. Im Körper gefangen - Leiblichkeit
   3.1 Gesundheit
   3.2 Fitneß/Stärke
   3.3 Schönheit
4. Das Streckbett der Gesellschaft - Rolle und Status
   4.1 Konsens
   4.2 Erbe
   4.3 Aufstieg
5. Die Selbststeuerung - Glücksstrategien und Glückstechniken
   5.1 Genußmittel
   5.2 Zerstreuung
   5.3 Konzentration
6. Die Glücksbilanz - Summe aus Lust und Leid
   6.1 Orgiastik
   6.2 Risiko
   6.3 Leiden

GERT BASTIAN

„AUF DER GEGENSEITE DASSELBE ZIEL VERFOLGT“

SCHLÖSSER: Hauptthema unseres Gesprächs sind die Lebensentscheidungen und ihre Auswirkungen auf den Lebenslauf. Sie, Herr Bastian, sind dabei als Gesprächspartner vor allem wichtig durch Ihre damals so spektakuläre Entscheidung, den Generalsberuf aufzugeben und in die Politik zu gehen. Nach den politischen Begründungen frage ich aber zunächst nicht, sondern nach den lebensgeschichtlichen Folgen dieses Schrittes. Was hat sich damals in Ihrem Leben verändert?
BASTIAN: Es hat sich eigentlich fast alles radikal verändert. Der damalige Freundes- und Kameradenkreis, der mehr berufsbezogen war, ist auf Nimmerwiedersehen verschwunden, mit minimalen Ausnahmen. Es hat sich dann natürlich ein neuer Freundeskreis entwickelt, aber das ist ja schon ein Teil der Veränderung. Geblieben ist eigentlich nur meine Familie und meine eigene Position. Mein Ziel war immer, die Gesellschaft, in der ich lebe, die ich nach 1945 bewußt mitgestaltet habe, zu schützen. Deswegen bin ich Soldat geworden, in der Annahme, daß ich meinem Naturell und meinen Eignungen entsprechend so am meisten dazu beitragen kann, Schaden von der Gesellschaft, in der ich lebe, von meiner Heimat, meinem Vaterland, abzuwenden. Im letzten Jahr meines Dienstes sind aber meine Zweifel immer größer geworden. Vor allem bezweifelte ich, daß die Feindanalyse, die wir immer als gegeben vorausgesetzt haben, so stimmt. Weiterdenkend kam ich dann zur Überzeugung, daß wir mit einer falschen Feindanalyse einen genau falschen Weg beschreiten. Was ich wollte, nämlich Schaden von der Gesellschaft abwenden, konnte ich jetzt besser

außerhalb des militärischen Dienstes tun. Nicht mehr als Soldat, der Befehlen folgt, sondern als freier, unabhängiger Mann, der sich auch politisch engagieren kann. So wollte ich mich gegen die Gefahren wenden, die nicht mehr vom sogenannten „Feindbild" herkamen, sondern von der eigenen, fehlerhaften Politik. Auf der Grundlage desselben Wunsches - etwas tun, was sozial wichtig ist und die Gesellschaft vor unnötigen Risiken und Gefahren bewahrt - habe ich also die Seite gewechselt. Ich habe meinen Dienst quittiert und bin in die Politik gegangen. Das hatte ich mir gar nicht so überlegt oder vorgehabt. Es hat sich zwangsläufig ergeben.

SCHLÖSSER: Das heißt, für Sie war dieser Schritt eigentlich kein großer Identitätswandel?

BASTIAN: Nicht, was das Ziel angeht. Aber total, was die als erfolgversprechend angesehenen Methoden angeht, diesem Ziel zu dienen.

SCHLÖSSER: Ist diese feine Unterscheidung von Ihrer Umgebung so verstanden worden?

BASTIAN: Überhaupt nicht. Ich habe mir das auch erst so allmählich klargemacht. Für die anderen sah das natürlich wie ein unbegreiflicher Sinneswandel aus. Die Leute haben nicht nachvollziehen können, daß es im strategischen Konzept Entwicklungen gegeben hat, die weggeführt haben von der ursprünglichen Vorstellung, Atomwaffen nur zu besitzen, um Krieg unmöglich zu machen. Der nukleare Krieg sollte wieder möglich werden, nach einem ganz konventionellen Muster: Wenn friedliches Krisenmanagement versagt, führt man Krieg und versucht, ihn möglichst schnell zu gewinnen. Dafür setzt man eben auch Atomwaffen ein. Das war für mich eine neue Dimension, die sich gerade mit den Pershing-Marschflugkörpern so deutlich abzeichnete, daß ich mich veranlaßt sah, diesen Dienst nicht mehr mitzumachen.

SCHLÖSSER: Daß Ihre Bundeswehr-Kameraden diesen Entschluß nicht gut fanden, kann ich mir vorstellen. Aber wie war es mit den neuen Freunden?

BASTIAN: Die waren froh, daß ich jetzt Kronzeuge war für das, was sie auch dachten: daß nämlich nukleare Rüstung bedenklich, risikoreich und sogar verbrecherisch ist, wenn man sie sich mit dem Ziel zulegt, sie notfalls auch anzuwenden. Und da wurde es sehr begrüßt, daß ich das als Militär bestätigt habe. Ich bin dann auch gleich zu vielen Veranstaltungen eingeladen worden, habe Bücher geschrieben, Vorträge gehalten und konnte dabei Argumente militärstrategischer Art einbringen, die andere, die mehr gefühlsmäßig argumentierten, so nicht zur Verfügung hatten.

SCHLÖSSER: Vorhin sagten Sie, Ihrem Naturell hätte es entsprochen, Soldat zu sein. Haben Sie es unter diesem Aspekt bedauert, daß Sie keiner mehr waren?

BASTIAN: Nein. Ich könnte mich auch in jedem anderen Beruf sehen. Ich habe oft bedauert, daß ich nach dem Krieg nicht studiert habe. Das war aber rein vom Äußeren her schwierig, ich war verheiratet, hatte Kinder, aber ich hätte mich gern auch als Ingenieur, Architekt oder in einem anderen praktischen Beruf verwirklicht. Ich habe wahrscheinlich den einfachsten Weg gewählt und bin in die Streitkräfte eingetreten, aus denen ich 1945 als junger Leutnant ausgetreten war. Wie die Mehrzahl der Deutschen damals habe ich unter der Vorstellung gelebt, daß das sowjetische Imperium auch den Westen einverleiben wird, sobald sich eine militärische Chance dazu abzeichnet. Das war die damalige Denkweise. Ich halte sie nachträglich nicht mehr für richtig, aber es wäre falsch zu leugnen, daß es sie gegeben hat und daß ich sie mir zu eigen gemacht hatte. Nun war ja die Politik der Sowjetunion damals auch alles andere als geeignet, Vertrauen zu fördern: Koreakrieg, Ungarn, Tschechoslowakei - das hat es ja leider alles gegeben. Viele waren der Überzeugung, wir müßten verteidigungsbereit sein und in einem großen Bündnis Schutz suchen. Das haben damals bestimmt 90 Prozent der Deutschen gedacht.

SCHLÖSSER: Und das hat dann sicher eine Arbeit in der Bundeswehr für Sie persönlich gerechtfertigt?

BASTIAN: Ja, ich hatte überhaupt keinen Zweifel, daß diese Arbeit notwendig, richtig und wichtig ist. Wenn man in einem Bündnis Partner sein will, kann man natürlich nicht die Vorteile der Risikoabdeckung in Anspruch nehmen, ohne dafür einen Beitrag zu leisten. Insofern hatte ich keine Bedenken, Soldat zu sein. Ich habe mich freiwillig gemeldet, war sehr froh, daß ich angenommen worden bin und habe dann eine sehr gute Karriere gemacht. Erst die Entspannungspolitik von Willy Brandt war für mich eine neue Weichenstellung. Sie fiel zusammen mit meiner Verwendung als Oberst im Führungsstab des Heeres. Ich war verantwortlich für die langfristige Heeresplanung und hatte da auch mehr Einblick in die Unterlagen und Gegebenheiten. Da begannen meine ersten Zweifel an der offiziellen „Feindbild"-Theorie. Ich habe für mich selber immer mehr zurückgewiesen, daß der Osten wirklich eine so große Gefahr darstellt, wie uns gesagt wurde. So war ich sehr froh, als Willy Brandt die Hand zur Versöhnung ausgestreckt hat. Ich habe das damals auch im Dienst und im Kameradenkreis engagiert unterstützt. Dann war ich aber sehr enttäuscht, daß dieser Entspannungspolitik nicht auf militärischem Gebiet eine parallele Entwicklung gefolgt ist. Ich dachte natürlich, daß die Entspannungspolitik auch zu einer Verringerung unserer Verteidigungsanstrengungen führen kann. Das habe ich in Konzeptionspapieren auch so niedergeschrieben.

Als dann aber Herr Leber von der Runderneuerung der Bundeswehr träumte und sie mit einem enormen Kostenaufwand auch einleitete, als dann sehr leistungsstarke und immer bedenklichere Waffensysteme angeschafft wurden, da war das für mich eine Diskrepanz zwischen dem ursprünglichen politischen Wollen von Willy Brandt und den tatsächlichen Gegebenheiten der Sicherheitspolitik, die ich nicht mehr gebilligt habe. Das hat mich schon auf Distanz zur offiziellen Sicherheitsleitlinie gebracht, bevor die Nachrüstungsentschließung mich vollends der offiziellen Sicherheitspolitik entfremdet hat.

SCHLÖSSER: Das war, wenn ich mich recht entsinne, 1979.

BASTIAN: Im Jahr 1979 war die Debatte, am 12. Dezember ist die Entscheidung in Brüssel gefallen. Ich war damals Divisionskommandeur in Würzburg und habe mich in der Debatte gegen die Nachrüstung ausgesprochen. Da kam es schon zum Konflikt mit meinen militärischen Vorgesetzten, die natürlich nicht wünschten, daß man als aktiver General hier Stellung bezieht. Ich bin dann schon den ganzen Sommer 79 über sehr heftig attackiert worden, von Herrn Weinstein in der FAZ, von Herrn Strauß, der mehrfach meine Ablösung gefordert hat. Als dann die Nachrüstungsentscheidung fiel, habe ich einen Brief an den Minister geschrieben und um vorzeitige Verabschiedung gebeten.

Ich bin dann in die Grünen eingetreten, weil sie damals die einzige Partei waren, die mit Aussicht, in den Bundestag zu kommen, generell gegen nukleare Abschreckung waren. Ich habe auch selber mitgeholfen, daß die Grünen in den Bundestag kamen, hatte ein sehr gutes Wahlergebnis hier in München und war dann für vier Jahre für die Grünen im Bundestag. Aber all das hat nicht verhindern können, daß die Marschflugkörper aufgestellt wurden. Ich habe bei vielen Blockaden mitgemacht, habe mir dabei heute noch zu zahlende Geldstrafen eingehandelt. Aber ich bin noch immer der Meinung, daß der Nachrüstungsbeschluß total falsch war, und daß es gut ist, daß man ihn revidiert hat.

SCHLÖSSER: Sie haben jetzt sozusagen objektiv sowohl Ihren Entschluß begründet, Soldat zu werden, als auch Ihre Entscheidung, keiner zu bleiben ...

BASTIAN: Das heißt: Auf der Gegenseite mit anderen Mitteln dasselbe Ziel zu verfolgen. Eigentlich hat sich nur die Methode verwandelt. Aber damit hat sich auch mein ganzes Umfeld total verändert. Ich bin von der Bundeswehr in Sekundenschnelle ausgegrenzt und mit einer Welle von Diffamierungen verfolgt worden, gegen die man sich gar nicht zur Wehr setzen konnte. Da bin ich als Fall der Steuerung des KGB dargestellt worden, als Beispiel für eine erfolgreiche Anwendung der Gehirnwäsche. Es ist nichts so blöde gewesen, daß es nicht in den „Mitteilungen für die Truppe" berichtet worden wäre.

SCHLÖSSER: Haben Sie das erwartet?

BASTIAN: Ich hatte gedacht, daß man schon ein bißchen fairer einen anderen Standpunkt tolerieren kann. Bei Amerikanern habe ich das auch erlebt. Ich habe Vorträge gehalten im amerikanischen War College bei Washington, das war eine sehr faire Diskussion. Da gab es natürlich sachlich unterschiedliche Meinungen, aber die persönliche Glaubwürdigkeit wurde einem nicht abgesprochen. Meine Haltung wurde am Ende sogar mit Beifall gewürdigt. Das ist hier nicht möglich. Hier wurde als einzige Gegenwehr die Ehrabschneidung praktiziert. Nichts ist ausgelassen worden, um meine Glaubwürdigkeit zu erschüttern.

SCHLÖSSER: Und hat das rückwirkend Ihr Verhältnis zur Bundeswehr verändert? Ich meine dabei vor allem Ihr inneres Verhältnis.

BASTIAN: Ich habe zur Bundeswehr kein Verhältnis mehr. Dieser Apparat ist dermaßen von Intoleranz geprägt, daß es sich überhaupt nicht lohnt, sich damit auseinanderzusetzen. Ich habe mit einigen, ganz wenigen Freunden noch Kontakt, aber nur weil sie mir als Menschen sympathisch sind. Aber die sogenannten loyal dienenden Führungsschichten, die verachte ich ziemlich. Ich habe da sehr viel Substanzlosigkeit und Rückgratlosigkeit kennengelernt. Das ist das Ergebnis einer Negativauswahl von Menschen in Führungspositionen, wie sie unter Apel schon angefangen hat und verstärkt fortgesetzt worden ist unter Wörner, der eben keine profilierten Führungspersönlichkeiten mehr haben wollte, sondern willfährige Befehlsempfänger.

SCHLÖSSER: War das früher in der Bundeswehr anders?

BASTIAN: In den ersten 10 - 15 Jahren der Bundeswehr war das wirklich anders. Ich habe da doch sehr charaktervolle Truppenführer kennengelernt als meine Vorgesetzten, die ich auch nach wie vor sehr verehre. Bestimmt gibt es auch heute noch in der Bundeswehr Menschen mit Charakter, Eigenständigkeit und Rückgrat. Aber die haben heute wenig Chancen. Der stromlinienförmige Typ ist der gefragtere, der nicht aneckt: Clever, klug, aber willfährig.

SCHLÖSSER: Da sind wir beim Thema Lebensideale und ihre Auswirkung auf die Biographie. Von außen betrachtet hat es den Anschein, daß Lebensläufe beim Militär sehr geplant verlaufen, und daß es auf individuelle Entscheidungen wenig ankommt. Ist das so?

BASTIAN: Das weiß ich nicht. Wenn jemand sich als Berufsoffizier verpflichtet, denkt er, vielleicht werde ich als Oberstleutnant oder Oberst ausscheiden, und wenn ich ganz großes Glück habe, werde ich General. Aber das steht schon in den Sternen.

SCHLÖSSER: Und es hängt wirklich vom Glück ab, ob man General wird?

BASTIAN: Es gehört sicher auch Tüchtigkeit dazu, aber Glück auch. Glück ist schon, wenn man auf einen Posten kommt, wo man seine Fähigkeiten zeigen kann. Glück ist, einen Vorgesetzten zu haben, der die eigenen Fähigkeiten erkennt. Aber Glück hat auf die Dauer nur der Tüchtige. Der Spruch hat auch etwas Wahres. Natürlich können die bewußte Anpassung an das was gewünscht wird, die Aufgabe eigener Überzeugungen auch zu einer erfolgreichen Laufbahn beitragen. Wenn der Apparat so ist, daß er das wünscht. Das ist heute bei der Bundeswehr mehr der Fall als früher. Das ist eine Fehlentwicklung, die ich ganz tief bedauere.

Sie wird eigentlich nur dadurch erträglich, daß die Bundeswehr ohnehin überflüssig geworden ist. Eine echte Bewährungsprobe wird ihr - wie den Menschen in Mitteleuropa überhaupt - zum Glück erspart bleiben.

SCHLÖSSER: Sie kritisieren also eine Fehlentwicklung, aber die militärischen Tugenden wie Disziplin, Gehorsam und Führungsfähigkeit lehnen Sie nicht ab?

BASTIAN: Also, es sind schon sehr viele positive Eigenschaften nötig, um einen militärischen Führer erfolgreich wirken zu lassen. Und das lehne ich nicht ab, weil in vielen Situationen die Weltgeschichte ohne die Fähigkeiten hervorragender Soldaten einen schlechteren Verlauf genommen hätte, als sie ohnehin schon hat. Wenn die militärisch fähigeren Führer nicht bei der Anti-Hitler-Koalition gewesen wären: Eisenhower, Montgomery, Schukoff um nur ein paar zu nennen, sondern auf der Seite der Achsenmächte, dann weiß ich nicht, wie Europa und die Welt heute aussehen würden. Und es ist nicht so, daß der Zweite Weltkrieg von vornherein für Hitler ein verlorener Krieg gewesen wäre. Es hätte auch anders ausgehen können, und das wäre für die Welt eine lang anhaltende Katastrophe gewesen. Insofern kommt es auf die militärische Fähigkeit, das Schlechte zu verhindern und dem Guten zum Durchbruch zu verhelfen, schon entscheidend an. Nun ist heute natürlich eine Situation wie zwischen 1939 und 1945 nirgends zu sehen. Das ist, glaube ich, ausgestanden. Und deswegen hat auch die Daseinsberechtigung für das Militär sehr abgenommen. Der Warschauer Pakt ist de facto zerbrochen, die Sowjet-Union allein ist keine militärische Bedrohung mehr für den Westen. Das geben sogar die Amerikaner mittlerweile zu. Ich könnte mir also auch, wie Václav Havel, ein Europa ohne Militär vorstellen.

SCHLÖSSER: Und was würde dann aus den militärischen Tugenden, die Sie doch ganz positiv gezeichnet haben?

BASTIAN: Die sind dann nicht mehr gefragt, das wäre auch kein Verlust. Sie können natürlich im Frieden bei anderen Aufgaben zur Wirkung kommen, die ja der Welt nach wie vor gestellt sind. Es gibt ja enorme Krisen zu bewältigen: Umweltkrise, ökonomische Krisen, Nord-Süd-Konflikt, Ernährungskrise - das ist ja schon mehr, als die Menschheit verkraften kann. Das macht es doch vollkommen lächerlich, noch irgendwelche Ressourcen und Fähigkei-

ten für so etwas Lächerliches wie Rüstung zu verschwenden. Der Soldat, wie ich ihn verstanden habe und einer gewesen bin, leistete seinen Dienst mit dem Wunsch, etwas zu bewahren und zu schützen. Heute könnte der Soldat, mit allem, was er tut, nur noch zur Zerstörung dessen, was er schützen will, beitragen.
SCHLÖSSER: Auf Ihr Ideal, etwas zu schützen, haben Sie schon mehrmals hingewiesen. War es auch ausschlaggebend für Ihren Eintritt bei den Grünen, die ja im Zusammenhang mit dem Umweltschutz auch schützende und bewahrende Funktionen übernehmen?
BASTIAN: Ja, das war mitbeteiligt. Aber vor allem war entscheidend die Haltung der Grünen in der Nachrüstungsfrage.
SCHLÖSSER: Das ist eine interessante verdeckte Brücke, die sich da zwischen den Grünen und der Bundeswehr ergibt. Aber ich wollte Sie eigentlich mehr nach den Unterschieden zwischen den beiden Organisationen fragen. Ihnen als langgedientem Soldaten muß doch bei den Grünen manchmal der Hut hochgegangen sein.
BASTIAN: Aber nicht wegen ihrer Einstellung zum Militär.
SCHLÖSSER: Nein, aber wegen der inneren Organisation.
BASTIAN: In vielen Dingen haben mir die Grünen gar nicht gefallen. Vor allem aber gibt es ein Problem: Wenn ich sehe, wie Menschen sich erfolgreich einsetzen und sich für die grüne Sache abmühen, und ihnen das dann nicht gedankt wird, sondern sie niedergemacht und eingeebnet werden, damit sie wieder in der Anonymität verschwinden, dann finde ich das so mies und abscheulich, daß mich das allein schon von den Grünen trennt. Was sich da zum Wortführer der grünen Basis aufspielt, ohne in irgendeiner Form dazu autorisiert zu sein, das sind alle Arten von Wichtigtuern, die einfach nicht wollen, daß andere erfolgreicher sind als sie. Das ist sehr schade, daß bei den Grünen Neid und Mißgunst den Erfolg immer wieder reduzieren. Es wird verhindert, daß wirklich gute Leute auf die entscheidenden Stellen kommen. Das ist ein falsches Verständnis von Demokratie.
SCHLÖSSER: Es ist vielleicht auch ein falsches Verständnis von Lebensplanung. Denn wer so denkt, verurteilt sich ja auch selber zur ständigen Erfolglosigkeit.
BASTIAN: Natürlich. Aber das macht denen nichts aus. Die neh-

men lieber Erfolglosigkeit in Kauf, als zuzugeben, daß jemand anders besser ist als sie. Selbst mit dem Risiko, daß sie ewig in der Bedeutungslosigkeit herumwurschteln. Das ist ganz irreal, das ist schon fast traumatisch.
SCHLÖSSER: Mir scheint, daß sich da eine große Angst vor der Individualisierung ausdrückt. Wer Erfolg hat, ist ja in gewisser Weise allein. Er profiliert sich als Einzelner und nicht mehr nur in der Partei oder Gruppe. Vielleicht haben die Leute auch davor Angst.
BASTIAN: Sicher, ich sehe auch, daß da sehr viel Angst dahinter ist. Aber ob man das zu verstehen versucht oder nicht: Es ist hinderlich für die Entwicklung der Partei.
SCHLÖSSER: Wir haben bis jetzt geredet über Wertvorstellungen und die Möglichkeiten, sie zu verwirklichen. Aber alle diese Möglichkeiten stehen ja in enger Verbindung zur Lebenszeit, die man hat und Fähigkeit, diese Zeit effizient oder ineffizient einzusetzen. Was haben Sie für ein Zeitgefühl? Haben Sie es eilig mit den Entscheidungen?
BASTIAN: Nicht mehr. Ich habe ja keine großen Entscheidungen mehr vor mir. Die letzte war die, aus dem militärischen Apparat auszusteigen. Jetzt habe ich keinen Ehrgeiz mehr, noch riesige Kastanien aus dem Feuer zu holen. Es gibt auch im Augenblick keine. Es geht alles in Richtung Abrüstung. Die Distanz großer Bevölkerungsschichten überall in der Welt zu jeder Art von Abschreckungsphilosophie ist ein Ergebnis der Friedensbewegung. Da habe ich einen Teil dazu beigetragen, darüber bin ich ganz glücklich. Ich bin jetzt 67, und überhaupt nicht krank, aber das ist doch ein Alter, wo man damit rechnen muß, daß es nicht mehr sehr lange weitergeht. So mache ich halt das, was mir noch Spaß macht. Das ist in erster Linie das Eintreten gegen Menschenrechtsverletzungen da, wo sie ganz gravierend passieren. „Spaß" ist dabei vielleicht nicht der richtige Ausdruck. Es befriedigt mich und ist etwas, wo man etwas tun kann. Ich habe mit Petra Kelly zusammen zwei Bücher über Tibet herausgegeben. Ich kann einfach nicht begreifen, daß die westliche Welt und unsere Regierung an erster Stelle die militärische Besetzung Tibets, die 1949 durch China erfolgte, als legal und zulässig akzeptiert! Die Unterdrückung der Tibeter, der systematische Völkermord geht unvermindert wei-

ter und die Welt sieht schweigend zu. Das sind Sachen, die einen eigentlich beschämen und gegen die ich mich versuche zu wenden.
SCHLÖSSER: Also haben Sie keine Lust zu sagen: Ich habe genug getan, jetzt will ich mein Privatleben genießen?
BASTIAN: Das mache ich schon auch. Dieses Menschenrechtsengagement ist nicht so, daß es mich tagtäglich von morgens bis abends fordert. Es füllt mich aus, aber es läßt mir auch noch Zeit, mein Leben zu leben.
SCHLÖSSER: Herr Bastian, Sie haben als Politiker und vorher als Offizier vieles verändert und bewirkt. Wie gehen Sie um mit Dingen, die sich einfach nicht ändern lassen? Also etwa mit der sogenannten „höheren Gewalt"?
BASTIAN: Wenn etwas wirklich höhere Gewalt ist, dann muß ich sie akzeptieren. Da reibe ich mich dann auch nicht daran wund, das wäre ja unvernünftig. Ich bin kein Michael Kohlhaas, der lieber Selbstmord begeht, als irgendeinen Zustand zu akzeptieren. Was ich eben nicht ändern kann, muß ich hinnehmen. Als Don Quixote gegen Windmühlen reiten - das tue ich nicht.
SCHLÖSSER: Und Sie arbeiten auch analytisch, um zu bestimmen, welches Engagement sinnvoll ist und welches nicht?
BASTIAN: Ja. Ich überlege mir die Erfolgschancen und den Kräfteeinsatz, der für etwas erforderlich ist, und ob das in einer vernünftigen Relation zueinander steht. Und wenn das nicht so ist, dann lasse ich's.
SCHLÖSSER: Und finden sich damit ab?
BASTIAN: Ja. Es gibt aber Dinge, mit denen man sich innerlich nie abfinden kann. Ich kann es nicht ändern, daß die Chinesen mit 300.000 Mann Soldaten in Tibet stehen, und dort ein Holocaust stattfindet, denn anders kann man das nicht nennen. Aber da gebe ich nicht auf. Es gibt Dinge, wo man weiß, daß sie zwar im Moment im Grunde nicht zu ändern sind, wo es aber trotzdem sinnvoll ist weiterzumachen, weil man mehr und mehr Öffentlichkeit für die eigenen Überlegungen herstellen kann. Das sind sehr kleine Schritte, aber besser als keine.
SCHLÖSSER: Am Schluß unseres Gesprächs steht die Frage, ob sich aus all den Wertvorstellungen, Entscheidungsprozessen, äußeren Einflüssen schließlich ein glückliches Leben herausgebildet hat. Hatten Sie ein glückliches Leben?

BASTIAN: Ich hatte ein interessantes Leben, und dabei war ich auch überwiegend recht glücklich. Natürlich habe ich auch Rückschläge erleiden und hinnehmen müssen, die mich hart geschmerzt haben. Aber im wesentlichen habe ich erreicht, was ich erreichen wollte, und das allein bedeutet ja schon, daß man zufrieden ist.
SCHLÖSSER: Diese Zufriedenheit ergibt sich aber erst aus einer längerfristigen Perspektive?
BASTIAN: Ja. Ich sehe rückblickend mein Leben als sehr kontinuierlich und stringent an. Die Methoden, mit denen ich auf mein Ziel losgegangen bin, haben sich geändert. Aber das Ziel ist immer das Gleiche geblieben, seit meiner Jugend. Es ist meinem Bruder und mir von unseren Eltern schon eingetrichtert worden, und vielleicht war das das Prägende: Setze dich immer für Schwächere ein! Wenn einer in der Schule von Größeren verprügelt worden ist, dann hat man versucht, dem Schwächeren zu helfen, bis man selber Prügel bezogen hat. Und das hat sich seit meiner Kindheit so erhalten. Ich wollte immer etwas vor dem Überrolltwerden schützen.
SCHLÖSSER: Damit war Ihr Leben aber immer gebunden an ein starkes Engagement für andere.
BASTIAN: Ja. Ich habe kein Leben geführt, das sich egozentrisch nur um mich und meine Interessen gedreht hat.
SCHLÖSSER: Aber Sie hatten sicher trotzdem Möglichkeiten zur Entspannung und zum Rückzug ins Privatleben?
BASTIAN: Ich habe eine Almhütte in Tirol, wo meine Kinder praktisch aufgewachsen sind. Da haben wir Robinson gespielt und alles selber gemacht, vom Holzhacken bis zum Dachdecken. Also das Leben in der Natur, das hat uns Spaß gemacht. Ich habe mich auch immer gern handwerklich betätigt, das war ein guter Ausgleich. Außerdem fahre ich sehr gerne Auto: Wenn ich eine größere Strecke fahre, meistens nachts, weil dann die Straßen freier sind, dann macht mir das Spaß. Ich habe das Gefühl, ich komme gut voran.
SCHLÖSSER: Also, Ihnen gefällt die Bewegung selbst?
BASTIAN: Ja, es ist dieses Losgelöstsein von allen Querelen. Man sitzt da in seinem kleinen Blechkasten, steuert auf ein Ziel los, hört Radio, macht Pläne oder so etwas. Das ist für mich ein schönes Gefühl.

Ein unheimlich starker Abgang

Mit siebenundsechzig Jahren gesund und zufrieden auf ein erfülltes Leben zurückblicken zu können, in dem man sich selber treu geblieben ist, das darf man schon Glück nennen. Nach Gert Bastians eigener Deutung hat ein gutes Stück Lebensmanagement zu diesem Erfolg beigetragen. Er folgte in seiner ganzen Laufbahn jenem moralischen Prinzip, das er als Erbe von Kind auf übernommen hatte: die eigene Heimat (im höheren Sinn verstanden) zu schützen und den Schwächeren zu helfen - aus einer Position eigener Kraft und Wehrhaftigkeit heraus. Diese innere Verpflichtung machte ihn immerhin zum General, bevor sie ihn in Widerspruch zu seinem Amt brachte. Aber auch nach dem Bruch mit der Bundeswehr und seinem gesamten Berufsmilieu beförderte ihn seine Lebensstrategie weiter nach oben: Als Leitfigur der Grünen und der Friedensbewegung hat Bastian zweifellos mehr an gesellschaftlicher Wirkung und Prominenz erreicht, als ihm als Generalstäbler möglich gewesen wäre. Zudem bekennt er sich dazu, bei allen seinen spektakulären Entscheidungen (auch wiederum bei seiner Trennung von den Grünen) lang durchdachten Überlegungen gefolgt zu sein.

Selbst wenn man an einer so konsequenten Rationalität Zweifel anmeldet, muß man vielen Indizien Beweiskraft dafür zugestehen, daß dieser mutige General ein bemerkenswert besonnenes und glückliches Leben geführt hat, ja, fast das Musterbeispiel des banalen Alltagsglücks nach deutscher Kulturschablone abgibt: mit den Kindern in der eigenen Almhütte basteln, lange Autofahrten als Glückstechnik, Radio hören und Holz hacken, keine Exzesse, keine Orgiastik, immer das Maßvolle, aber das mit Gewissenhaftigkeit. Fast eine Lesebuchgeschichte. Was gibt das für unsere Gedanken zum Lebensmangement her, für uns alle, die mit alltäglichen Problemen ringen?

Nun, nehmen wir an, daß hier ein klares Beispiel vor uns steht, daß Gert Bastian als aufrechter und weiser Mensch Wegweiser sein kann - dann ist seine sichtbarste und beeindruckendste Tat der Bruch mit der Bundeswehr und mit seinem Beruf als Offizier. Daran sei eine einzige, aber schwerwiegende Frage des Lebensmanagements abgehandelt: *Ab wann und wie soll man einen Bruch vollziehen?*

Ein Großteil der Entscheidungen im Leben läuft auf ein Brechen mit dem Bisherigen hinaus. Freundschaften lösen sich auf, Ehen zerbrechen. Jobs gehen verloren. Berufe werden gewechselt. Wohnungen muß man aufgeben, die Heimat geht einem verloren, neue Staatsbürgerschaften werden gewährt. Beim Aufstieg verliert mancher den sozialen Boden unter den Füßen und wird seiner Kultur entfremdet. Zu einem neuen Glauben wird man bekehrt, der alte - vielleicht der Kinderglaube - wird in einen Winkel des Herzens verdrängt. Ideologien brechen in einem zusammen, politische Loyalitäten lösen sich. Gewohnheiten gewöhnt man sich ab oder sie werden zum Laster. Bei allen diesen dramatischen, lebensentscheidenden Vorgängen, die hier bewußt mit passiven Sprachformeln aufgezählt werden, wird den Betroffenen auch Entscheidung abverlangt - von äußeren oder inneren Stimmen.

In einer solchen Lage, wenn die Frage über einem hängt, gibt es eine breite Palette möglichen Abbrechens einer Bindung, die aber hier zu fünf Typen vereinfacht werden soll:

* *Distanzierung* - man entfernt sich in kleinen Schritten.
* *Schwanken* - man steigt versuchsweise aus und wieder ein, bricht und kehrt zurück.
* *Doppelspiel* - man arrangiert sich in doppelter Loyalität.
* *Ausbruch* - man häuft Leid und Wut bis zum spontanen Ausbruch.
* *Abgang* - man geht selbstbestimmt ab, nach rationaler Überlegung.

Immer geht einem Brechen mit Bestehendem, das einem nicht völlig von außen aufgezwungen ist, eine Zeit unguter Erfahrungen voraus, von enttäuschten Erwartungen, in der sich die Glücksbilanz verschlechtert.

Immer stehen am Anfang Widersprüche zu eigenen Zielen und Werten, zum Lebenssinn. Und damit beginnt ein zweiseitiger Prozeß, von Seiten des Nicht-mehr-Zufriedenen wie seines Gegenübers (sei es nun ein einzelner Partner, eine Gruppe oder eine ganze Gesellschaft), der entweder wieder versöhnt und den Widerspruch auflöst - oder in die Loslösung mündet, wie sie in den fünf *„Idealtypen"* charakterisiert ist.

Diese Formen der Loslösung sollen an zwei Beispielen durchdacht werden: an einer alltäglichen Ehegeschichte und eben am Fall Bastian. Das erfundene Ehe-Beispiel kann die Theorie greifbar machen. Es ist ja nicht Zufall, daß für komplexe Koalitionen zwischen politischen Parteien oder ganzen Staaten in der Karikatur und im lockeren Sprachgebrauch so gern das Gleichnis des Ehebetts herangeholt wird. Es ist sozusagen das tiefenpsychologische Muster einer Bindung.

Daß sich zwei Ehepartner auseinanderleben, in immer stärkerer *Distanzierung*, kommt oft vor (vielleicht sogar phasenweise in fast jeder Ehe).

Oft gelingt es, bewußt oder unbewußt, wieder Nähe aufzubauen, neben dem Distanzierenden neue Gemeinsamkeiten zu entwickeln. Wenn nicht, staut sich Unzufriedenheit auf, bei einem oder beiden. Da sucht man auch leicht nach neuer Liebe.

Nun könnte, wenn beide Ehepartner durch starke Prinzipien und soziale Stützungen an die eheliche Treue gebunden sind, ein Leben in solcher Distanz aufrechterhalten bleiben, zwei getrennte Leben nebeneinander, mit verfestigten Regeln möglichst schmerzlosen Abstandhaltens, unter viel Verzicht auf Erfüllung.

Eher läuft es heute anders. Unsere hypothetische Protagonistin in dieser Ehe packt ihre Koffer und hinterläßt einen Abschiedsbrief. Sie erlebt drei Wochen Orgiastik und Verzweiflung, erfährt zum erstenmal in höchster Intensität das Naturgesetz des „Sauna-Effekts“: Schmerz erregt und erhöht damit die Genußfähigkeit, solange die Lustreize noch stärker sind als die Unlustreize. Nach drei Wochen stimmt diese Relation nicht mehr: die Sehnsucht nach den Kindern überwiegt, ihr Mann akzeptiert ihre Reue, teils aus Mitleid, teils zu seinem Vorteil, und sie versuchen es erneut. Da aber die Distanz keineswegs kleiner geworden ist, hält auch das nicht lange.

Das Hin und Her eines solchen *Schwankens* ist guter Stoff für die Literatur jeden Anspruchsniveaus, einmal wegen der Fülle an Leidenschaften, die dabei frei werden, vorwiegend aber, weil der Ausgang solches Schwankens stets offen ist, sowohl zum Tragischen wie zum Komischen. Als Dauerlösung scheint es kaum geeignet. Man lernt ja durch Versuch und Irrtum. Beim zweiten, dritten, wenigstens beim sechsten Mal wird unsere temperamentvolle Heldin wohl ein Arrangement gefunden haben, das ihr eine bessere

Partnerschaft bietet oder sie zumindest wieder zur Ruhe kommen läßt. (Mag sein, daß es sogar mit ihrem ersten Mann ist, wenn alle Versuche mit neuen Partnern gescheitert sind.)

Wird das Schwanken zur Gewohnheit, etwa wenn unsere Beispielfrau einen besonders geduldigen Mann hat oder wenn dieser auf ihr Geld angewiesen ist oder sich selbst längst mit anderen Frauen delektiert, so mündet es in ein *Doppelspiel*: man lebt im Dreieck oder Viereck, man „betrügt". (Das kann natürlich auch eine von der Gesellschaft geduldete Strategie sein.)

Zum *Ausbruch* bedarf es nun nicht mehr vieler Erläuterung. Der klassische und reinste Fall: Nach einer langen Periode der Entfremdung packt die zutiefst verletzte Frau nach einem Schrei-Duell ihre Koffer und geht, ohne einen neuen Partner, für immer. Es könnte dramatischer zugehen. Sie wirft mit Geschirr nach ihm, sie begeht einen Selbstmordversuch.

Es entspricht bewährten schrifstellerischen Tricks, das Ideal oder die Lösung als Gipfel an den Schluß zu setzen. Ein wenig ist es schon so, daß der geordnete selbstbestimmte *Abgang* aus einer Beziehung am besten den Ansprüchen des Lebensmanagements entspricht. Doch nur ein wenig. Unser Ehebeispiel soll gleich zeigen, daß es so einfach nicht ist - und die Schraube der Rationalität schon noch um ein Gewinde höher gezogen werden muß.

Nach dem simplen rationalen Rezept würde unsere sich emanzipierende Ehefrau eines schönen Tages vor ihren Gemahl treten und ihm erklären, ihre Ehe beruhe auf einem Irrtum.

Man sage nicht, das sei eine schlechte Karikatur. So etwas kommt vor. Nur - ein glatter Abgang wird das selten. Der überraschte Partner wehrt sich in solchen Fällen entschieden und meist auch sehr verbittert. Der völlig rationale Entscheid wird einen irrationalen Konflikt unbestimmter Dauer auslösen.

Nicht ganz zu Unrecht. Denn wirklich rational ist es schließlich auch nicht, nach sieben Jahren der Ehe plötzlich Nachteile und Vorteile zu kalkulieren und daraus einen einsamen, selbstbestimmten Beschluß abzuleiten. Da muß doch vorher sehr viel an Mißstimmung und Ärger, an Unzufriedenheit verdrängt und verheimlicht worden sein. Der Vernunft entspricht es doch, von Anfang an fortlaufend die Beziehung zu analysieren und mit dem Partner darüber zu reden. Dann kommt es gar nicht so leicht zur Distanzierung.

Aber auch das ist noch nicht die letzte Weisheit.

Eine Beziehung fortwährend zu „zerpflücken" und im Kosten-Nutzen-Kalkül abzurechnen, tut ihr nicht unbedingt gut - selbst wenn beide Seiten diese Übung gutheißen. Bindung braucht Liebe (nüchterner: integrative Emotion), Liebe braucht Optimismus und Unbefangenheit. Liebe darf man nicht wollen, schon gar nicht konstruieren; Gefühle werden durch Analyse zerstört (was man sich bei ungewollten Gefühlen zunutze machen kann).

Das heißt aber: den *Abgang* aus einer Beziehung kann man erst rational planen, wenn der Bruch eigentlich schon erfolgt ist. Dann erst ist sorgfältiges Planen und die beherrschte Anwendung von Vernunft sicher nützlich.

Zwei Lehren treten aus diesem Beispiel hervor:

* Vernunft hat Ehrfurcht vor den Gefühlen und hält sich in der Analyse zurück.
* Rationalität muß dauernd angewandt werden, wenn sie Sinn machen soll, nur gelegentlich zu denken kann schlechter sein als gar nicht.

Mit diesem theoretischen Rüstzeug wenden wir uns nun der gesellschaftlich und politisch so gewichtigen Entscheidung zu, mit der Gert Bastian konfrontiert war. Wie passen die fünf Typen des Brechens mit der Gesellschaft zu diesem Problem?

Die „Ehe" eines Offiziers mit seinem Heer setzt absolute Treue voraus. Sympathie mit dem „Feind" ist Hochverrat. Auch in Friedenszeiten wird vorausgesetzt, daß ein Offizier ausschließlich seinem eigenen Land dient und nichts von seinem Berufswissen für eine fremde Armee verwendet (außer auf ausdrücklichen Befehl). Die meisten Beispiele von militärischem Loyalitätskonflikt bis zum letztlichen Bruch mit Beruf und Heimat handeln vom Verrat militärischer Geheimnisse und Spionage.

Der Fall Gert Bastian hat aber damit nichts zu tun. Hier ging es um das Prinzip des „blinden Gehorsams", das für den Soldaten in besonderem Maß gilt. Die sachlichen Entscheidungen der Vorgesetzten dürfen nicht in Frage gestellt werden, ein eigenes Urteil steht da dem Befehlsempfänger *nicht* zu. Das hat seinen Grund:

Wohl jeder Soldat würde, wenn es um sein Leben geht,etwas vorsichtigere Entscheidungen treffen, ein koordinierter Einsatz einer Truppe, bei dem mit einem gewissen Prozentsatz an Verlusten zu rechnen ist, würde bei demokratischer Mitbestimmung oder gar dem Vetorecht aller Betroffenen schwerlich zustande kommen. „Stellt euch vor, es ist Krieg - und niemand geht hin", das ist das vollkommen realistische Bild einer Armee ohne Gehorsamsverpflichtung. Es gibt wohl immer einige Tollkühnlinge, die ihr Leben freiwillig aufs Spiel setzen (auch im Straßenverkehr, wo keine Orden winken), aber selbst diese lassen sich nur dann militärisch einsetzen, wenn sie Befehlen gehorchen. Auf der höheren Ebene nimmt die Bedeutung des Gehorsams eher noch zu. Ein Heer, in dem jeder Generalstabsoffizier seine eigene Strategie gegen die der anderen durchzusetzen versucht, geht im Chaos unter.

Und diese Gehorsamspflicht geht bis zur Heeresleitung. Denn die Armee soll nur verlängerter Arm der Politik sein, ihr Einsatz wird von Politikern bestimmt. Verweigerung der Einordnung, also Befehlsverweigerung, bedeutet auf den unteren Rängen Meuterei, an der Führungsspitze und gegen die Politiker, im extremeren Fall Militärputsch.

In einer solchen Gemeinschaft hatte nun Gert Bastian eine Überzeugung, die der offiziellen Wehrpolitik der Bundesrepublik und ihres Heeres zuwiderlief.

Nun haben Offiziere nicht so selten eine widerspenstige Meinung. Ihr Berufsethos, die Offiziersehre, verpflichtet sie aber, diese Meinung zu unterdrücken und pflichtgetreu die Befehle auszuführen, auch wenn sie diese für falsch und dumm halten. Eine brauchbare Glückstechnik ist es in solcher Lage, das Denken überhaupt zu unterdrücken. Mit einiger Übung fällt das nicht so schwer. Der Preis ist allerdings Abstumpfung, für deren extremere Fälle die Psychologie den Terminus technicus „Berufsverblödung" geprägt hat. Die Literatur hat das oft geschildert, man denke an gewisse Offizierstypen bei Arthur Schnitzler oder Franz Werfel. Doch die Literatur hat auch die Tragik der zerrissenen Loyalität von feinfühligen Offizieren dargestellt, die in *Distanzierung* zu ihrem Heer leben müssen.

Besonders kraß muß das in Hitlers Krieg gewesen sein. Ein beachtlicher Teil der Offiziere war damals mit den Kriegszielen und mit dem Kriegsherren nicht einverstanden, sie kämpften und starben in Gehorsam zu ihrem Treueeid, aber gegen ihr besseres Wissen. Sie schickten so ihre gehorsamen Untergebenen in die Schlacht.

Man hat sich immer wieder gewundert, wieso die stramm gedrillten und bestens gerüsteten Kriegsmaschinerien der Diktaturen letztlich von den chaotischen Demokratien besiegt wurden. Vielleicht liegt es zu einem großen Teil daran, daß Offiziere und Soldaten, die blind gegen ihr besseres Gefühl gehorchen, die in *Distanzierung* zu ihrem eigenen System stehen, doch nicht so effizient Krieg führen - selbst wenn sie, verzweifelt über den inneren Bruch in ihrer Loyalität, sich unbewußt dem Tod aussetzen. (Zum anderen Teil sind Demokratien aber eben auch wirtschaftlich überlegen.)

Vielleicht hat Gert Bastian diese Tragik selbstauferlegten Gehorsams noch vom Krieg her im Gefühl. Als sich sein geistiger Weg von der Wehrpolitik seines Heeres trennte, verblieb er deshalb nicht so leicht in einer verborgenen Distanzierung. Ein *Schwanken* zwischen zwei Rollen kommt für einen Offizier ohnedies kaum in Frage: Das Heer würde ihn kaum zurücknehmen nach einem politischen Auftreten gegen die Wehrpolitik, insbesondere als Sprecher der Grünen und der Friedensbewegung.

Er hätte aber ein offenes *Doppelspiel* versuchen können. Auch die deutsche Bundeswehr hat in ihrem großen organisatorischen Apparat Rollen, in denen sich oppositionelle Auffassungen - insbesondere auch pazifistische Ideen einer alternativen Verteidigung - ausdrücken können. Freilich ist das ein reguliertes Doppelspiel. Der Einfluß in solchen eher akademischen Positionen reicht nicht weit. Für den General Bastian wäre das noch dazu ein sozialer Abstieg gewesen, fast eine innere Verbannung.

Man kann daher sehr wohl in Zeitpunkt und Art seines Bruches mit der Bundeswehr das Resultat eines vernunftgeleiteten Kalküls sehen. Zum Denkverzicht war er schon zu viel Denker. Die schweigende Unterordnung hätte ihm dauernde Magenschmerzen (vielleicht sogar im wörtlich psychosomatischen Sinn) gemacht. Ein offenes Doppelspiel hätte ihn degradiert. Es blieben nur *Ausbruch* mit Krawall oder der selbstbestimmte *Abgang*. Vielleicht hätte Gert Bastian seinen Bruch dramatischer gestaltet und die

Bundeswehr ärger provoziert, also einen „Ausbruch“ mit Knall und Rauch inszeniert, wäre ihm im vorhinein klar gewesen, wie böse man ihn behandeln würde. So versuchte er, im Guten „auseinanderzugehen”, eine vernünftige „Scheidung“ zu erreichen - er bat um seine vorzeitige Verabschiedung und kam damit seiner „Ablösung“ zuvor.

Leicht ist so etwas nie.

Doch dieser rationale Entscheid, nach Abwägung aller Umstände, nach längerer Klarstellung seiner Meinungen und seiner Motive, mit dem Heer zu brechen, war für ihn zweifellos richtig und gut. Für einige seiner Vorgesetzten und Kameraden bedeutete es wohl einen Schock, der dem einen heilsam, anderen aber nur unangenehm sein mochte. Doch dem Heer als Organismus hat Gert Bastian damit sicher genützt. Denn jedes soziale System gewinnt, wenn es zu neuem Denken (also: Innovation) und zum ehrlichen Gespräch mit Andersdenkenden (also: Toleranz) motiviert wird. Und dem entgeht auch die Bundeswehr nicht in dem neuen politischen Klima, für das auch Bastian viel bewirkt hat.

ROBINSON CRUSOE

„NIE ZU WEIT INS UNBEKANNTE HINAUSWAGEN ...“

SCHLÖSSER: Lieber Robinson Crusoe, noch heute kennt jedes Kind das Schicksal des armen Schiffbrüchigen, der einsam auf seinem Eiland umherwanderte, aufs Meer hinausschaute und erst wieder nach Hause gelangte, nachdem eine halbe Ewigkeit vergangen war...

CRUSOE: Sie meinen: 28 Jahre, 2 Monate und 19 Tage. Nennen Sie das nicht „Ewigkeit“! Über sie verfügen wir auf Erden nicht. Hier kennen wir nur die Zeit. Die kann allerdings sehr lang werden. Aber gerade darum will sie verwaltet sein.

SCHLÖSSER: Soll das heißen, daß Sie die Dauer Ihres Insellebens bis auf den Tag genau gezählt haben?

CRUSOE: Natürlich. Nach dem Schiffbruch war es eine meiner ersten Arbeiten, einen Kalender anzulegen. Tag für Tag ein Schnitt mit dem Messer in ein Balkenkreuz.

SCHLÖSSER: Und das 28 Jahre lang. Erstaunlich. Wie alt waren Sie übrigens, als Sie Ihre Insel das erste Mal zu Gesicht bekamen?

CRUSOE: 27 Jahre.

SCHLÖSSER: Haben Sie Ihre Jugendzeit auch so diszipliniert und planvoll verbracht wie Ihre späteren Einsiedlerjahre?

CRUSOE: Ganz gewiß nicht. Hätte ich das, wäre ich gar nicht erst so weit gekommen.

SCHLÖSSER: Wieso nicht?

CRUSOE: Ich bin 1632 geboren in York, einer Stadt in Nordengland. Mein Vater, Deutscher von Haus aus, lebte dort als Kaufmann. Und denselben Beruf hatte er auch mir zugedacht. Für ihn bedeutete das Kaufmannsdasein soviel wie Ruhe, Gesundheit,

Mäßigung und bescheidenen Wohlstand. Sein Ideal war der Mittelweg. Ich aber wollte zur See fahren. Zwar liebte und fürchtete ich meinen Vater, und seine guten Ratschläge nahm ich ernst. Aber als ich 19 Jahre alt war, schiffte ich mich, ohne zu fragen, nach London ein. Die Reise war ein einziges Unglück. Kaum hatte das Schiff die offene See erreicht, als auch schon der Wind zu blasen begann und die Wellen aufs Schrecklichste stiegen. Mir wurde unsagbar schlecht, und ich fürchtete mich sehr.

SCHLÖSSER: Bedauerten Sie da Ihre kühne Entscheidung? Hätten Sie die gerne rückgängig gemacht?

CRUSOE: Wenig später sank das Schiff, in einem furchtbaren Sturm vor Yarmouth. Spätestens da hätte ich wohl umkehren sollen. Aber ich war trotzig und stolz. In London bestieg ich also ein Schiff nach Übersee. Allerdings nicht als Seemann. Ich hatte etwas Geld bei mir, machte kleine, aber durchaus erfolgreiche Geschäfte unterwegs. Aber schon meine zweite Reise endete wieder unglücklich. Zwischen der afrikanischen Küste und den kanarischen Inseln wurde ich von Seeräubern gefangen und zum Sklaven gemacht. Wieder bereute ich bitter, aber zu spät, daß ich mein Vaterland verlassen hatte. Aber schließlich konnte ich fliehen und erreichte auf Umwegen Brasilien.

SCHLÖSSER: Das heißt also, Sie haben Ihre Entscheidungen immer dann bereut, wenn es Ihnen gerade schlecht ging, aber sobald es wieder besser aussah, waren Sie mit Ihrem Leben zufrieden. Sehr tief ist Ihre Reue also nicht gewesen. Warum auch? Es ging doch letztlich immer gut weiter mit Ihnen.

CRUSOE: Zunächst, da haben Sie recht, ging alles gut. Ich erwarb in Brasilien eine Plantage, wo ich zuerst Tabak, dann Zuckerrohr anpflanzte. Da entwickelte sich alles sehr erfreulich, und ich hätte zufrieden sein können. Aber ich war unglücklich. Ich fand, daß ich den weiten Weg von York nach Brasilien nicht hätte zurücklegen müssen, um danach geradeso geruhsam und mäßig zu leben wie mein Vater daheim. Ich langweilte mich zunehmend, und wollte fort. Hätte ich gewußt, wie seßhaft ich noch einmal werden sollte... Aber niemand kann in die Zukunft schauen. Und ich konnte mich damals noch nicht abfinden mit dem, was Gott mir beschieden hatte. Er hatte meinen Stand sichtbar gesegnet, und ich wollte Besseres. Und gerade darum wurde es mit mir immer schlechter.

SCHLÖSSER: Wollen Sie damit sagen, daß Ihre Entscheidungen unvernünftig waren, weil sie auf falschen Idealen beruhten?
CRUSOE: Ich hatte die Wahrheit nicht erkannt. Schließlich wollten einige Pflanzer aus Afrika auf eigene Faust Sklaven herbeischaffen. Das war nicht wirklich erlaubt, denn nur lizenzierte Firmen durften Sklavenhandel betreiben. Diese Vorschrift wollte man umgehen, und ich sollte Beschaffung und Transport der Sklaven leiten. Inzwischen wollten die anderen meine Plantage mitversorgen. Ich sagte mit Freuden Ja und bestieg eben jenes Schiff, das am 30.9.1659 auf dem Weg nach Afrika versank. Nur ich konnte mich retten. Danach hatte ich Zeit genug, über mein irregeleitetes Leben nachzudenken.
SCHLÖSSER: Ihre Begriffe vom Leben änderten sich also im Laufe der Jahre?
CRUSOE: Die Insel mußte bewohnbar gemacht werden, ich brauchte ein Haus, brauchte Nahrung und Kleidung. Manches Nützliche konnte ich aus dem Wrack des Schiffes retten. Das war eine große Gnade, die mir der Herr erwies. Aber zunächst dankte ich ihm nicht dafür. Auch als ich plötzlich Getreide sah, glaubte ich zwar an ein Wunder, das Gott mir zuliebe getan. Aber als ich bemerkte, daß ich selber ohne mein Wissen die Körner ausgesät hatte, schwand mein Glaube an Gott sofort wieder. Ich mußte erst schwer krank werden, bevor ich in Todesangst niederkniete und betete. An einer beliebigen Stelle öffnete ich die Bibel und las: Ich werde dich erretten. Dann wurde ich gesund. Ich las täglich in der Heiligen Schrift und erkannte allmählich, daß es einen Vater im Himmel gibt, der für mich sorgt, selbst in dieser Einöde noch. So lernte ich während meiner Verbannung, was ich vorher zu lernen versäumt hatte: arbeiten und beten.
SCHLÖSSER: Aufs Arbeiten werden wir noch zu sprechen kommen, zum Beten wüßte ich gerne eines: Sie wurden auf der Insel zum Christentum bekehrt. Waren Sie denn vorher ein Heide?
CRUSOE: Natürlich nicht. Ich bin protestantisch aufgewachsen und blieb das auch im katholischen Brasilien. Aber meine Eltern gaben mir nicht mehr als einige allgemeine religiöse Begriffe, und später traf ich vor allem Seeleute. Die sind nicht sehr fromm. Wenn sie sich fürchten, reißen sie Witze anstatt zu beten, greifen zur Flasche anstatt zur Bibel. Auch ich habe es lange so gehalten.

SCHLÖSSER: Gab es denn Menschen, die einen besseren Einfluß auf Sie ausübten? Geschwister vielleicht?
CRUSOE: Meine Schwestern waren brave, einfache Frauen. Sie waren verheiratet, aber nicht alle glücklich. Der Mann einer meiner Schwestern war nicht so freundlich, wie er hätte sein sollen. Aber ich hatte auch zwei Brüder. Ich kannte sie allerdings kaum. Der älteste war - gegen den Willen des Vaters! - Soldat geworden und bekleidete den Rang eines Oberstleutnants. Er wurde während einer Schlacht gegen die Spanier in der Nähe von Dünkirchen getötet. Was aus dem zweiten Bruder wurde, weiß ich so wenig, wie meine Eltern wußten, was mit mir geschah. Er verschwand sehr früh aus unserem Gesichtskreis.
SCHLÖSSER: Da scheint aber der Wandertrieb in Ihrer Familie doch sehr viel stärker ausgeprägt gewesen zu sein, als es zunächst den Anschein hat. Schließlich hat ja auch Ihr Vater selbst seine Heimatstadt Bremen verlassen und sein Glück in England gesucht. Auch seinen Namen hat er geändert. Hieß er nicht ursprünglich Kreutznaer?
CRUSOE: Genau so. Aber das konnte kein Engländer schreiben, geschweige denn sprechen. Deshalb änderte sich unser Name in Crusoe. Das war für die Nachbarn einfacher.
SCHLÖSSER: Der deutsche Einwanderer wollte also der neuen Umwelt nicht zur Last fallen. Haben Sie sich Ihrer Umgebung auch immer so gefällig angeglichen? Oder haben Sie von anderen Menschen auch etwas gefordert und bekommen?
CRUSOE: Ich habe immer wieder gute und redliche Menschen getroffen, die mir halfen in der Not. Der portugiesische Kapitän, der mich bei meiner Flucht vor den Piraten auf sein Schiff nahm, sorgte sich auch in Brasilien um mich. Und später, nach meiner Rückkehr ins bürgerliche Leben, half er mir, mein Vermögen zurückzuerlangen. Die Witwe eines Freundes in London verwaltete alle die Jahre hindurch einen Teil meines Geldes und veruntreute nicht einen einzigen Penny, obwohl sie selber nicht gerade wohlhabend war. Das sind doch bewegende Beispiele für menschliche Hilfsbereitschaft. Aber sie wiegen eigentlich noch immer wenig, verglichen mit meinem Freitag. Ihn befreite ich aus den Fängen der Kannibalen, die gelegentlich ihre grausamen Feste auf meiner Insel feierten. Und er blieb bei mir, als Diener, Schüler

und Freund. Ich gab ihm den Namen Freitag - denn an einem Freitag fand ich ihn - ich lehrte ihn, Englisch zu sprechen und unterwies ihn in der Religion.
SCHLÖSSER: „Ihr" Freitag war doch genau besehen ein Sklave, oder?
CRUSOE: Er war ein Wilder, der aber, vor allem wenn er lächelte, wie ein Europäer aussah. Ich liebte die treue Seele wie einen Sohn, er mich wie seinen Herrn und Vater.
SCHLÖSSER: Wechseln wir das Thema. Um auf der Insel zu überleben, mußten Sie vieles können: mauern und zimmern, töpfern und nähen, melken und backen. Beherrschten Sie dies schon vorher, oder haben Sie es erst gelernt, als Sie es wirklich brauchten?
CRUSOE: Ich konnte einiges, aber nicht genug. So hatte ich als Kind öfter den Korbflechtern zugesehen, ihnen manchmal auch geholfen. Folglich war ich beim Flechten nicht ungeschickt. Andere Dinge aber waren mir völlig unbekannt. Ich mußte sie unbeholfen und quälend langsam üben. Ich hatte zum Beispiel nie vorher ein Tier gemolken. Da aber meine Munitionsvorräte begrenzt waren, mußte ich mir Ziegen als immerwährende Nahrungsquelle zähmen. Und als ich sie gezähmt hatte, mußte ich sie auch melken, zumal ich Milch und Käse nötig brauchte. So lernte ich es.

Ähnlich ging es mit dem Backen. Getreide war vorhanden, also mußte ich es auch verarbeiten. Natürlich hätte jeder Müller und jeder Bäcker über meine armseligen Brote gelächelt. Mir war aber wichtig, gut zu überleben. Und auf manche Produkte war ich sogar stolz: Als es mir zum Beispiel gelang, einen Regenschirm zu bauen, der sich auf- und zuklappen ließ.

Natürlich brauchte ich für alle diese Arbeiten sehr viel Zeit. Ich brauchte Wochen zur Herstellung eines Brettes, auch weil ich nur wenige und ungeeignete Werkzeuge hatte. Aber dadurch lernte ich Ausdauer. Manchmal übertrieb ich sie auch. So meißelte ich, von Fluchtgedanken besessen, mit unendlicher Mühe ein Kanu aus einem Baumstamm. Als es fertig war, konnte ich es nicht ans Wasser bringen, so sehr ich mich auch mühte. Es war zu schwer. Durch solche Enttäuschungen lernte ich sorgfältiges Planen. Schließlich übte ich mich noch im Sparen und Einteilen. Mein Pulvervorrat reichte bis zum Ende aus. Kein Schuß wurde vergeudet. Auch vom

Rum, den ich aus dem Schiff geborgen hatte, war noch reichlich vorhanden, als ich die Insel verließ. Ich ging mit meinen Kostbarkeiten sparsam um, weil ich nicht eines Tages ohne sie dastehen wollte.
SCHLÖSSER: Und doch hätten Naturkatastrophen, Hurrikane, Überschwemmungen, Gewitter, all Ihre Vorsorge jederzeit zunichte machen können. Haben Sie darüber manchmal nachgedacht?
CRUSOE: Nicht allzu oft. Aber zwei Mal glaubte ich doch, am Ende zu sein. Einmal erschütterte ein Erdbeben den Berg, in den ich meine Höhle gegraben hatte. Ich glaubte, er fiele in sich zusammen. Ich floh und war dabei sicher, daß alles mühsam Angesammelte jetzt verloren sei. Tagelang konnte ich mich von diesem Schreck nicht erholen. Aber es war nichts Schlimmes geschehen. So hatte ich wieder einmal Grund, der göttlichen Vorsehung für ihren Schutz zu danken.

Ein anderes Mal fuhr ich mit dem Boot hinaus, um die Umgebung der Insel zu erkunden. Dabei geriet ich in eine starke Strömung, die mich so weit von meinem Kurs abtrieb, daß ich fürchten mußte, nicht mehr nach Hause...
SCHLÖSSER: Also damit meinen Sie Ihre Insel, nicht wahr?
CRUSOE: Ja sicher. Meine Insel war schon ein Zuhause, verglichen mit dem offenen Meer. Daß ich also fürchten mußte, wollte ich sagen, nicht mehr zurückzukommen. Hätte sich der Wind nicht plötzlich gedreht, wäre ich im Ozean verschollen. Da fürchtete ich mich mehr, als bei dem großen Schiffbruch, der mich auf die Insel warf. Man soll sich nie zu weit ins Unbekannte hinauswagen, sonst verliert man den Überblick. Man muß seine Kräfte kennen und darf sich nicht überheben.
SCHLÖSSER: Das klingt fast wie eine Lehre, die Sie letzten Endes aus all Ihren Schiffbrüchen und Irrfahrten gezogen haben.
CRUSOE: Das ist meine Lehre. Sie zu erwerben war bitter genug. Aber noch in den schlimmsten Situationen erwiesen sich Zufriedenheit und Dankbarkeit immer als bester Weg zum Glück.
SCHLÖSSER: Und unter dieser Voraussetzung waren Sie selbst auf Ihrer unwirtlichen, menschenleeren Insel manchmal glücklich?
CRUSOE: Ich hatte zu essen, war gekleidet. Und beides aus eigener Kraft, wenn auch mit Gottes Hilfe. Irgendwann wurde einmal eine Seemannsleiche an Land geschwemmt. In ihrer Hosen-

tasche fand ich eine Tabakspfeife. So konnte ich sogar rauchen. Das hatte mir sehr gefehlt. Alles ist zu etwas gut, und wenn es noch so schlecht scheint. Ich hatte zwar die längste Zeit auf der Insel keine menschliche Gesellschaft um mich. Aber doch einen Hund, einen sprechenden Papagei, Katzen und Ziegen. Ich nannte diese Tiere gerne meinen Hofstaat. Denn ich konnte mich durchaus als König der Insel fühlen. Ich lebte ganz nach meinen - und Gottes - Gesetzen. Solange die Tinte reichte, führte ich ein Tagebuch. Als sie zur Neige ging, hörte ich zu schreiben auf. Meine Kameraden waren alle gestorben. Ich aber lebte. Und das war das größte Glück.

Lohn und Preis der protestantischen Ethik

Seit Generationen gibt man im europäischen Kulturkreis Kindern die Abenteuergeschichte über Robinson Crusoe zu lesen. Erwachsene unserer Zeit können sich dafür nicht mehr sehr erwärmen. Völlig auf sich allein gestellt, auf einer tropischen Insel, soll ein einfacher Seemann Ziegenzucht, Getreidebau, Töpferei und Festungsbau entfaltet haben, sich aus Hartholz einen Pflug und aus Riesenbäumen Kanus verfertigt haben - und dabei weder von Parasiten noch von Krankheiten geplagt worden sein (wenn man von einer einzigen frühen Erkrankung absieht, die Robinson mit Gebet und Tabak kurierte)?

Nein, Robinson Crusoe hat es sicher nicht gegeben. Die Anregung dazu, dieses Thema in seinen Abenteuerroman einzubeziehen, bekam Defoe durch den Bericht über den Matrosen Selkirk, der nur vier - und nicht 28 Jahre - allein auf einer Insel überlebte und nach den zeitgenössischen Beschreibungen „zum Tier geworden", also wohl durch Einsamkeit und Streß seelisch geschädigt und physisch heruntergekommen war. Doch Daniel Defoe malte daraus ein leuchtendes Phantasiebild, mit Happy-End, wie es sich für einen Publikumshit gehört.

Daraus wurde aber mehr, nämlich eine mythologische Symbolfigur für das anbrechende Zeitalter der Europäisierung der Welt, für den neuen Menschen der nachfeudalen Gesellschaft, für das Unternehmertum. Robinson ist die Verkörperung der protestantischen Ethik, jener Religion des Individualismus und der persönlichen Leistung, welche mit dem Aufschwung des Bürgertums verbunden war. Und damit ist Robinson bis heute als Mythos von Bedeutung, wenngleich er in die Kinderstuben verbannt wurde.

Es hat natürlich keinen Sinn, sich über das reale Lebensmanagement eines Mythos den Kopf zu zerbrechen. Doch kann die Befassung mit Robinson Crusoe deutlich machen, welche allgemeinen Regeln von Lebensgestaltung und welche Vorstellungen über passende Glückstechniken im Geist jener Zeit gängig und vorbildlich waren. Denn zweifellos wurde diese Symbolfigur als Vorbild gesehen und gebraucht.

Es sei also versucht, aus diesem Werk des religiösen und politischen Publizisten Daniel Defoe den angelsächsischen, also europäisch führenden Zeitgeist des beginnenden 18. Jahrhunderts (das Buch erschien 1719) auf seine Ratschläge und Meinungen zum Lebensmanagment abzuklopfen.

Für die *Wirklichkeit im Kopf* wird ein eindeutiges Rezept vorgegeben. Gegen die überall lauernden Ängste und Verzweiflungsgedanken, die einen der klaren Vernunft zu berauben drohen, gibt es nur zwei Mittel: tagtäglich die Sammlung der Gedanken in Gottvertrauen und Dankbarkeit, also das Positive Denken im Gebet - und im äußersten Fall einen Schluck Rum. Damit wird der Kopf frei für die einzig als sinnvoll anerkannte Ideenwelt: die Lösung von Problemen durch stetes Grübeln, Überlegen, Planen und Erfinden.

Noch einmal: Ein wirklicher Einsiedler auf einer Insel könnte kaum umhin, von Sehnsucht nach menschlicher Gesellschaft, von sexuellen Trieben (wenn es ihm wirklich so gut geht) und von vielerlei Schmerzen und Leiden *besessen* zu sein. Doch was soll das für einen Mythos, der das „rechte Leben" lehrt?

Leidenschaftlichkeit hat kein hohes Ansehen in der puritanisch-protestantischen Ethik. Sie wird am Symbol Robinson nur in der negativen Form gezeigt: Angst, Verzweiflung, Wut ist noch das angenehmste davon. Erotik kommt nicht vor. Freundschaft taucht nur in der Anhänglichkeit des „wilden" Dieners Freitag auf und in der Vertragstreue von Ehrenmännern wie dem portugiesischen

Kapitän, der über mehr als ein Vierteljahrhundert die Crusoe-Plantage in Brasilien als Wirtschaftstreuhänder verwaltet hat; da ist wenig von großer Gemütsregung auszumachen, hingegen viel an redlicher Prinzipientreue. Das soziale Leben von Robinson ist kalt.

Doch das stimmt gut mit der Ethik dieser neuen Zeit überein. Nicht mehr persönliche Lehenstreue zählt, nicht mehr das Zueinanderhalten von Familien, Clans und Adelscliquen - die von allen persönlichen Gefühlen losgelöste Vertragstreue regelt dieses System des weltweiten Handels und der Kapitalanlagen. Die Bank ersetzt den Eid auf die Person. Die alten Zeiten sollen vorbei sein, in denen der gesellschaftliche Rang und die Standeszugehörigkeit Macht verliehen und Angst das Leben durchzog. Vernunft und Verträge sollen diese Welt der leidenschaftlichen Emotionen überwinden und ersetzen. (Als Robinson sich zuletzt Gouverneur seiner Insel titulieren kann, macht er selbst mit Meuterern Verträge.)

Mit *Frohsinn* hat der Puritanismus schon gar nichts im Sinn. Das ist keine empfehlenswerte Kategorie für das Lebensmanagement jener Zeit. Wenn mit Robinson alles im Lot ist, was selten genug vorkommt, genießt er das Gefühl einer zeitweiligen, aber nie endgültigen Sicherheit in bescheidenem Wohlstand. Und nach seiner Rückkehr strebt er diesen Zustand als Dauerziel an - wird aber doch immer wieder von seinem Unternehmergeist zu neuen Wagnissen hingerissen.

Eines fällt ins Auge: Robinson ist nicht *von Bildern geformt*, er hat keine Vorbilder. Immer, aber am deutlichsten auf seiner Insel, setzt er sich selbst und völlig autonom seine Ziele - es gibt keine Person, nach der er sich ausrichten könnte. Gott, seine einzige Ansprache, ist weit über ihm, jedem menschlichen Maß entzogen: Nie stellt er sich Heilige von menschlicher Statur vor - die protestantische Religion verpönt derlei Personifizierungen.

Hier äußert sich die Rebellion des Bürgertums gegen die hierarchische Standesgesellschaft des Feudalismus, die jedem für sein Verhalten Idealgestalten vorgab. Robinson, der neue Mensch, kennt keine Autoritäten außer Gott, Staat und Recht - also Abstrakta. Er bewundert auch niemanden. Im Lebensmanagement nach dem Robinson-Mythos gibt es keine persönlichen Vorbilder - sich solchen zu unterwerfen, ist Anathema. Vergessen wir nicht, daß das Buch zu Beginn jenes Jahrhunderts erschien, das der englischen Revolution folgte und mit der französischen Revolution endete.

Der *Ehrgeiz* heftet sich bei Robinson an kurzfristige, klar definierte Leistungsziele: z. B. erfinden, wie man einen Sonnenschirm zusammenfaltbar macht oder Schießpulver trocken hält. Zum Selbstherstellen von Schießpulver aus lokalen Ressourcen setzt Robinson nie an - Bierbrauen reicht -, die Ziele sollen nicht zu hoch gesteckt werden.

Als Erfolgsrezept wird hier ein fast klassisches Syndrom optimaler Leistungsstrategie vorgeführt. In neun Zehnteln der Projekte, die sich Robinson als Einsiedler vornimmt, ist er auf Anhieb - wenngleich nie ohne Überwindung von Schwierigkeiten - erfolgreich. Gelegentlich versagt er, gelegentlich fällt ihm etwas aus purem Glück zu: etwa die Weintrauben, die wild auf der Insel wachsen, oder die zufällig mit dem Bergegut eingeschleppten Getreidesamen. Wenn er versagt, hat er wider den Geist gesündigt. Vor lauter Gier, sich ein großes Kanu zu bauen, vernachlässigt er die logistische Planung: Als das Schiff nach monatelanger Arbeit fertig ist, kann er das schwere Ding nicht ins Wasser bringen. Doch diese Mißerfolge zerstören letztlich nie seine unternehmerische Tatkraft, er lernt daraus und beginnt von vorn.

Das ist Leistungsethik in Reinkultur. *Ehrgeiz* und *Stolz* beziehen sich auf konkrete und exakte, also rechenhafte Ziele, die zwar mit Risiko und Unsicherheit behaftet, aber erreichbar sind. Der stete Erfolg bestärkt. Gelegentliche Mißerfolge regen zum Lernen an - und steigern letzlich auch noch die intrinsische Motivation, Scharten auszuwetzen.

Der Ehrgeiz ist nicht sozial, er richtet sich nicht darauf, andere zu übertrumpfen oder zu dominieren. Die wahre Leistung liegt in der Bewältigung von Schwierigkeiten, in materiellen Errungenschaften und in Erfindungen - in der Lebensbewältigungsfähigkeit. Robinson Crusoe ist die personifizierte „Coping Capacity" der modernen Psychologie. Und auch der Lohn eines solchen Ehrgeizes liegt im materiellen Wohlstand, nicht im sozialen Status. Genau das ist das Grundaxiom der calvinistischen Ethik: Gott kennzeichnet die Auserwählten durch materiellen Erfolg und damit durch Wohlstand - verbunden mit sozialer Bescheidenheit. Die traditionellen sozialen Stellungen werden damit revolutionär in Frage gestellt.

Stolz muß nicht mehr postuliert werden, wo solche autonome Leistungsgesinnung erreicht ist: Stolz tritt von selbst auf. An Selbstbewußtsein fehlt es dem Mythos Robinson nicht. Das äußert sich sofort stärkstens, sobald er wieder in soziale Beziehungen tritt: Er ist seinem Sklaven Freitag ganz Herr, den Eingeborenen gegenüber - trotz christlicher Tötungshemmung - Feldherr und Richter, den Flüchtlingen vom meuternden Schiff endlich Gouverneur der Insel. Man hat das Gefühl, für den Zeitgeist bürgerlicher Revolution war Stolz so etwas Selbstverständliches, daß man ihn in der unbefangensten Weise ohne besondere Betonung beschreiben konnte. Bürgerstolz, aber auch die Ideologie der Herrenrasse spiegeln sich hier.

Viel schwieriger ist es, aus dem Mythos Robinson die Lebensregeln der damaligen Zeit gegenüber der *Leiblichkeit* abzuleiten. Krankheit, zweimal im Leben Robinsons erwähnt, wird als akute lebensbedrohende Episode geschildert, der man nur mit Glück, Gebeten und Medizin (einmal Tabak, das zweitemal ein Aderlaß) entgeht. Dazwischen gibt es keine Erwähnung körperlicher Beschwerden, außer Müdigkeit.

Offenbar ist diese Krankheitsvorstellung noch von den Seuchen geprägt: Man stirbt oder übersteht - und das geht schnell. Minder bedrohliche, chronische Beschwerden nimmt man nicht zur Kenntnis, lebt damit, redet nicht viel davon. Krebs, Herzinfarkt, psychosomatische Leiden existieren nicht als Problem. Für das Mittelalter, für die Zeit nach der großen Pest im 15. Jahrhundert wäre diese Denkweise plausibel. Doch im England des Daniel Defoe müssen doch Gicht, Rheumatismus, Lungenkrankheit, Darmparasiten, Zahnschmerzen, gar nicht zu reden von eingeschleppten Tropenkrankheiten, für die meisten Menschen schwerere Probleme gewesen sein als lebensgefährliche Infektionen. Vielleicht sollte die Symbolfigur Robinson zeigen, daß die religiöse Leistungsethik auch vor Krankheiten bewahrt - was nach modernen psychosomatischen Einsichten zwar sicher übertrieben, aber nicht ganz unwahr sein dürfte. Und wir reden ja auch nicht von den Wehwehchen unsrer Heroen aus Sport, Film oder Politik.

Fitneß und Stärke werden ähnlich wie die Gesundheit idealisiert. Robinson ist einfach den Strapazen gewachsen, dank Gottes Hilfe. Genehmigt ist ihm nur die Müdigkeit und der regelmäßige

Schlaf; in dieser Beziehung erinnert das Einsiedlerleben stark an ein brav bürgerliches Dasein in England. Man wacht oder arbeitet nicht lange in die Nacht, man steht früh auf, man ißt regelmäßig und pflegt nach der Arbeit der Ruhe - wer mehr als acht Stunden gegangen ist, wird sehr müde und kann nicht mehr weiter. Für den Umgang mit Tier und Mensch benötigt man - sprich: Robinson - keine besondere Körperkraft. Die bessere Bewaffnung und die überlegene Strategie entscheidet. Und Robinson ist, mit seinen Gewehren und Musketen aus dem Bergegut, bis an die Zähne bewaffnet. Eine friedliche Gesellschaft war das Europa zur Zeit Daniel Defoes ja wahrlich nicht.

Für wen hätte Robinson schön sein sollen? Dennoch wurde er als eitel genug dargestellt, sich um eine halbwegs schickliche Form von Hose und Weste zu bemühen. Und als er nach achtundzwanzig Jahren wieder europäische Kleidung anlegen konnte, erfüllte ihn das mit tiefer Befriedigung. *Schönheit* heißt nach diesen Lebensregeln: gute Kleidung - und natürlich auch ein schönes Haus. Schönheit war Zeichen von Wohlstand und damit von Gottgefälligkeit. Der nackte Körper gefiel dieser bürgerlichen Ethik nicht, er war tabuisiert.

Die Tatsache, daß sogar die einfachsten Kulturen neben praktischen Geräten mindestens im gleichen Ausmaß - und oft viel mehr - auch Kunstwerke schnitzen, malen, bauen, daß sie Abbilder verehren, war in jener Zeit der Entdeckungsreisen wohl bekannt. Sie klingt sogar in den Szenen an, da Robinsons eingeborener Diener Freitag Dingliches zu verehren neigt und mit seinen religiösen Disputen seinen Herrn sogar in Verlegenheit bringt. Doch Robinson selbst, als Symbol strikter protestantischer Ethik, darf seine Geräte nicht kunstvoll verzieren oder gar bloße Kunstwerke schaffen. Das utilitaristische Leistungsethos verbietet seiner Symbolfigur jeden Schönheitssinn, der über das bloße Dekorum der Gesittetheit hinausgeht.

Dafür wird Robinson aus dem *Streckbett der Gesellschaft* völlig befreit. Die mächtigste Symbolik dieses Epos der kommenden Leistungsgesellschaft besagt: Wir brauchen die alte Gesellschaft nicht mehr. Es mag anfangs beschwerlich und grausam sein, sich daraus loszureißen. Doch dann schaffen wir mit reiner Vernunft und Arbeitskraft, aus einem kleinen Stock an notwendigen Gütern (Investitionen) alles selbst, was zu einem anständigen, gesunden und redlichen Leben im Einklang mit Gott nötig ist.

Das war die äußerst erfolgreiche Philosophie der Kolonisten und Siedler, die neue Kontinente eroberten, und die Triebkraft der Aufklärung und der bürgerlichen Revolution. Das war aber auch die Grundidee für jenen kapitalistischen Individualismus und Egoismus, der diese historische Entwicklung so grausam und unmenschlich gemacht hat - der die Naturvölker ausgerottet und den größeren Teil der Menschheit unterdrückt und ausgebeutet hat.

Robinson hat zwar aus seiner Bibel brav gelernt: Du sollst nicht töten. Doch er macht Notstand geltend, als er dieses Gebot - nach einigem Verhandeln mit seinem Gewissen - dann doch sehr energisch und letztlich sehr leichtfertig übertritt. Daniel Defoe ist hier sehr ehrlich und hält wohl seinen Zeitgenossen nicht unkritisch einen Spiegel vor. Dabei bleibt aber außer jeden Zweifel gestellt, daß Krieg etwas völlig Normales ist, bei Christen wie bei „Menschenfressern".

Robinson ist also gleichzeitig ein Einsiedler und ein braver Bürger seiner Kultur, in völligem Konsens mit dem größten Teil dieser Zivilisation und ihrer Sitten - außer, daß er keine Autorität über sich hat und anerkennt.

Der unerläßliche Grundstock für den „neuen" bürgerlichen Menschen wird als recht simpel und faßbar dargestellt. An Bildung genügt eine christliche Grundschule und die Bibel sowie einige Lehrjahre im Alltag einer Welt von Bauern, Handwerkern und Seeleuten. Als Investitionen für ein zivilisiertes Dasein auf der einsamen Insel reichen Gewehre, Blei und Schießpulver, ein Sortiment Äxte, Segelleinen, Saatgut und etliche Fäßchen Rum. Das Fernrohr müßte nicht sein. Aber Papier und Tinte kann man nicht entbehren, um über das Leben ordentlich Rechnung zu führen. Den Kalender hingegen kerbt Robinson mit dem Messer oder Säbel (die er auch noch vom Schiff gerettet hat) in einen Baumstamm.

Dieses Inventar ist im Umfang etwa den Gerätschaften vergleichbar, die von den Settlern auf ihren Planenwagen über die Prärien in den Wilden Westen Amerikas mitgeführt wurden. Eine Wagenladung Zivilisation reichte aus, um eine Farm zu begründen - allerdings eine Farm inmitten einer Gemeinde mit Pastor, Schmied und anderen Handwerkskundigen und mit einem steten Nachschub an Nägeln, Salz, Sensen und Schießpulver.

Das Selbstbild dieser Kultur, wie es sich im Robinson-Mythos darstellt, hat etwas von der naiven Eindimensionalität ideologischer Fundamentalismen. Von den vielfältigen Verflechtungen einer Gesellschaft, welche nach jahrtausendelanger Entwicklung ansetzt, die Welt mit ihrem komplizierten System von Handel, Industrie und Herrschaft zu überziehen, spürt man in diesem Buch keinerlei Bewußtsein. Robinson hat die diversen Fertigkeiten einfach in seinen Fingerspitzen. Daß die Natur nicht als sorgsam zu hütendes Erbe begriffen wird, nimmt weniger wunder - zu dieser Einsicht kehrt erst unser Zeitgeist allmählich zurück.

So wenig gesellschaftsbezogen das Ideal Robinson ist - der stete *Aufstieg* gehört zum Wesen dieses Mythos. Völlig arm und fast nackt (soweit das der Puritanismus zuläßt) wird Robinson an den Strand der Insel geworfen. Stück um Stück arbeitet er sich, von Gott nur hin und wieder etwas begünstigt, für jeden Fehler unerbittlich bestraft, zum bescheidenen Wohlstand empor. Und zuletzt wird er noch mit dem vollen Erfolgs-Status des Bürgertums belohnt. Er kann sich mit 55 Jahren und einem ansehnlichen Vermögen zur Ruhe setzen, ein Weib ehelichen und innerhalb von sechs Jahren (bis zu diesem Alter verweilt der Roman bei seinem Leben) drei Kinder zeugen.

In den Märchen heißt das: Und dann lebten sie glücklich und zufrieden - und wenn sie nicht gestorben sind, dann leben sie noch heute. Im Happy-End der britischen Kolonialepoche mündet das mühsame Abenteuerleben in Übersee in einen ebenso farblos und uninteressant beschriebenen Wohlstand mit Country House und Butler. Daniel Defoe deutet, wohl im Interesse einer denkbaren Fortsetzung, noch an, daß Papa Crusoe mit 61 sich neuerlich vom unternehmerischen Abenteuergeist zu weiteren Leistungen verlocken ließ.

Das Leistungsideal des Robinson-Mythos verträgt sich nicht gut mit einem geruhsamen Lebensabend. Aufstieg ist nach dieser Gesinnung kein einmaliges hektisches Erklimmen eines bequemen Platzes an der Sonne, sondern die wesentliche Glücksstrategie: der Weg ist das Ziel.

Eigentlich ist damit über *Glücksstrategien* und *Glückstechniken* schon alles gesagt. Die Empfehlungen sind klar: Arbeiten und Beten, Leistung und Positives Denken - dazu regelmäßig, aber mäßig essen, ein wenig Geselligkeit mit Papagei, Hund und dem Diener Freitag, ein offenes Auge für Schönheiten der Natur.

Spiel und *Zerstreuung* kommen nicht vor. Robinson hätte sich leicht ein Schachspiel schnitzen oder seinem Hund einen Ball werfen können. Er tat es nicht. Selbst die Jagd, der bevorzugte Sport des Adels, darf ihm nicht zu viel Spaß machen, sondern nur die Vorratskammern füllen.

Aber diese Askese vom Vergnüglichen, Ästhetischen und Spielerischen führt auch nicht zu den Wonnen der meditativen Versenkung oder der religiösen Ekstase - wie mönchische Einsiedler und heiligmäßige Anachoreten sie anstrebten. Dem Glücksrezept der materiellen Leistung, der praktischen Lebensbewältigung stünden wohl Glücksstrategien der Verinnerlichung und Versenkung oder gar orgiastische Glückstechniken im Wege. Diese protestantische Bürgerethik in Reinkultur gestattet alle diese Wege zu einem „veränderten Bewußtseinszustand“ nicht, jeder Eskapismus auch subtilster geistiger Natur ist verpönt.

Und was verspricht dieser strenge Mythos des fleißig-strebsamen Unternehmertyps an Glücksbelohnung?

Die *Glücksbilanz*, wie sie im Robinson-Roman auszunehmen ist, wirkt recht ärmlich. Glück heißt hier meistens Leidvermeidung, Linderung von Angst und Not. *Orgiastik* ist Laster. In seiner Seemannszeit hat Robinson auch mit den anderen zuweilen über den Durst getrunken und sich mit rauhen Worten Luft gemacht. Dafür wurde er von Gott gestraft - und geläutert. Sex kommt nicht vor. Feste feiern - papistischer Unfug. So richtig lustig kann man sich Robinson schwer vorstellen. Witze macht er nie.

Genau besehen, kennt dieser Mythos die intensiveren Formen des Glücks gar nicht. Der Begriff ist ihm fremd. Gut leben heißt: ohne starke Gefühle im praktischen Tun und Denken dem Leiden entgehen. Nicht Fasten und Völlern, nicht Rausch und Versenkung in sich selbst, nicht Liebe und Hingerissenheit - sondern Besonnenheit und Gleichmaß.

Diese Lebensregeln sind glasklar. Schwieriger ist auszudeuten, wie dieses strenge Lebensreglement zum *Risiko* steht. Robinson stürzt sich mit unternehmerischem Mut immer wieder in riskante

Unternehmen - und zwar immer aufgrund rationaler Spekulationen, nicht im orgiastischen Übermut. Es ist eine kühle Art von Hybris, Fehlkalkulation oder einfacher unglücklicher Zufall, wenn er wieder einmal in eine Bredouille gerät, aus der ihn nur das bewährte Amalgam aus eigener Tüchtigkeit und Gottes Hilfe rettet. Und bei allem warnenden Fingerheben bleibt der Ton der Bewunderung für diese Risikobereitschaft unüberhörbar. Kalkuliertes Risiko ist Unternehmertugend, gelegentliche Verluste auf dem Markt des Glücks sind in Gottergebenheit hinzunehmen - doch der Endsaldo muß stimmen. Stimmt er bei der Symbolfigur Robinson Crusoe? Nach Maßstäben des gesunden Menschenverstandes sicher nicht. Wer, bei gesunden Sinnen, möchte schon Robinson sein? Ja, die Lebensbewältigungskraft dieses mythischen Stehaufmännchens möchte man schon besitzen, insbesondere als schwaches Kind oder als hilfloser Untertan in einer Berufstretmühle. Da kann er Vorbild sein. Doch um seine Glücksbilanz kann ihn wohl niemand beneiden - den ewigen einsamen Abenteurer ohne Lust und Spaß und Freundschaft und Liebe, den Verbannten auf der Insel. Dazu ist das Happy-End zu mager. Und wer findet schon ein Opfer von 28 Jahren Einsamkeit und Plackerei lohnend, selbst wenn mit 55 dann das helle Glück käme. Und nicht nur ein fades Bürgerglück.

Man könnte sich über diese Frage hinwegturnen: Naja, ein Abenteuerroman, ein Krimi von damals, wer fragt da nach dem Glück des edlen Helden? Es genügt, wenn er siegt und überlebt. Doch die in diesem Abenteuerroman, der nun seit mehr als einem Vierteljahrtausend auf Leser wirkt, vermittelte protestantische Ethik, hat tatsächlich - wie die Geschichtswissenschaft zeigt - den Siegeszug der europäischen Zivilisation über die ganze Welt getragen. Der Verzicht auf das Glück um des Happy-Ends willen wurde zum Motor der Geschichte. Nie ist eine Mehrheit von Menschen diesem Lebensrezept gefolgt, doch es genügte, daß sich beachtliche Minderheiten ihm unterwarfen. Nur wenige Heilige der Religion des Adam Smith (wie die bürgerliche Unternehmensphilosophie nach dem Vater der Nationalökonomie genannt wurde) brachten es über sich, sich einem Lebensmanagement zu unterziehen, das voll und ganz diesen Idealen der Leistungsbesessenheit und des wohldosierten Maßhaltens, der nüchternen Rechenhaftigkeit entsprach. Und das waren wohl arme Krüppel. Arm wie Robinson Crusoe.

Ein Mythos ist nicht da, um gelebt zu werden. Robinson Crusoe kann nicht Lebensmanagement lehren. Doch hat er viele Generationen mit dem Geist des emsigen Leistungsstrebens befreundet und vertraut gemacht und damit eine Erziehung verschönert und überhöht, die mit Drill und Druck genug Menschen soweit geformt und programmiert hat, daß sich der gigantische geschichtliche Vorgang der Modernisierung in Gang gesetzt und ständig beschleunigt hat.

Oder bleiben wir bescheidener für unseren Helden: Er hat ein wenig dazu beigetragen.

STEFAN LENSSEN

„ES IST NICHT SCHLECHT, WENN MAN ES ANDERS MACHT ALS DIE ANDEREN"

SCHLÖSSER: Herr Lenssen, aus welcher Gegend stammen Sie?

LENSSEN: Also, ich bin aus der DDR. Der jetzigen Noch-DDR. Aufgewachsen bin ich in einer sächsischen Kleinstadt, Zeitz, zwischen Leipzig und Gera gelegen. Meine Kindheit war eigentlich sehr glücklich, vor allem für DDR-Verhältnisse. Sie war auch recht großzügig, weil mein Vater eine eigene Fabrik hatte. So habe ich an meine Kindheit nur gute Erinnerungen. Es ging allerdings nur so lange gut, wie der Staat es akzeptiert hat. Anfang der siebziger Jahre war das vorbei. Da wurden die noch übrig gebliebenen privaten Betriebe zwangsverstaatlicht. Das war für meinen Vater beruflich das Ende, und leider auch das Ende seines Lebens. Er ist darüber gestorben. Sein Herz und sein Leben hingen an der Firma. Er hatte sie von seinem Vater übernommen, und mein Urgroßvater hatte sie gegründet: Eine Lackfabrik. 1971/72 waren diese Zwangsverstaatlichungen. Ich war damals 17, stand vor der Berufswahl, und es kam für mich nicht mehr in Frage, in diese Branche einzusteigen. Ich habe dann also ganz bewußt einen anderen Weg eingeschlagen. Man wurde in der DDR als Kind schon in eine bestimmte Richtung getrimmt. Also beispielsweise mußte man in eine Pionierorganisation eintreten, wie die Erwachsenen in die Partei. Für die Jugendlichen kam dann die FDJ. Bei diesen Organisationen habe ich aber prinzipiell nicht mitgemacht. Damit war man aber schon vorgezeichnet für den späteren Weg. Nur dadurch, daß wir eine Firma hatten und mein Vater in der kleinen Stadt einen guten Stand hatte, konnte ich überhaupt Abitur machen, was eigentlich schon ausgeschlossen gewesen wäre.

SCHLÖSSER: Das heißt, Sie sind einfach zu Versammlungen und anderen Veranstaltungen nicht hingegangen?
LENSSEN: Nein, ich bin überhaupt nicht in die Organisation eingetreten. Ich gehörte einfach nicht dazu. Ich bin kirchlich erzogen worden, was ja auch nicht üblich war...
SCHLÖSSER: Evangelisch?
LENSSEN: Ja. Das war wie ein Gegenpol. Schon bei den Eltern gab es eine gewisse oppositionelle Haltung, die man als Kind einfach mitbekommen hat. Im elften Schuljahr war gerade die Sache mit der Firma, und mein Vater wurde krank. Da bin ich dann in den Maschinenbau gegangen, um einen Studienplatz zu kriegen. Später bin ich dann in die Grundlagenforschung hineingerutscht. Konstruktion und Berechnung. Das liegt mir eigentlich ganz gut. Aber es war Zufall.
SCHLÖSSER: Jetzt leben Sie aber im Westen, oder muß man sagen Noch-Westen? Wie kam es zu ihrer Übersiedlung?
LENSSEN: Ich habe an der technischen Universität in Dresden studiert. Daß ich einen Studienplatz bekommen habe, war Glück. Denn wenn man schon eine oppositionelle Haltung eingenommen hatte, hatte man kaum noch eine Chance. Aber wir hatten eben durch die Firma in Zeitz noch einen recht guten Ruf. Und da gingen irgendwelche Beurteilungen an die Hochschule. Also habe ich wahrscheinlich noch Glück gehabt. Denn so gut, daß ich unbedingt genommen werden mußte, war ich nicht. Ich war absoluter Durchschnitt.

Vor dem Studium war ich noch eineinhalb Jahre bei der Armee. Das läuft in der DDR nicht so ab wie in der Bundesrepublik und sicherlich auch in Österreich. Das ist Drill. Man wird kaserniert. Naja, das habe ich einigermaßen gut überstanden. Dann kamen fünf Jahre Studium. Und da mußte man schon viele Zugeständnisse machen. Angefangen bei der Forderung, daß man Reserveoffizier wird. Es war so eingerichtet, daß man das gleich bei der Immatrikulation mit unterschreiben mußte. Aber ich habe das nicht unterschrieben damals. Im letzten Studienjahr ging es dann darum, wo man danach hingeht. Ich wollte an der Uni bleiben. Die fachlichen Voraussetzungen habe ich auch erfüllt. Da mußte ich dann aber doch diese Unterschrift leisten.
SCHLÖSSER: Die Verpflichtung zum Reserveoffizier...

LENSSEN: Nur formell, ich bin's dann nicht geworden. Aber zur Unterschrift wurde man gezwungen. Ich war dann vier Jahre Assistent, habe in der Zeit meine Promotion gemacht und hätte normalerweise an der Uni bleiben können. Aber das nächste Zugeständnis wäre die Parteimitgliedschaft gewesen. Und da habe ich gesagt, jetzt ist es vorbei. Ich bin dann in die Industrie gegangen. Das war nicht schlecht, aber irgendwie war man vorgezeichnet. Wenn man eine gewisse Position erreichen wollte, ging nichts mehr ohne diese Staatspartei.

Meine Mutter war inzwischen ausgereist. Sie stammte aus München und war durch meinen Vater nach Zeitz gekommen. Nachdem er gestorben war, hat sie wieder geheiratet und ist in die Bundesrepublik übersiedelt. Auch meine restliche Verwandtschaft war hier, meine Tanten, mein Bruder - naja, da hat mich dann nichts mehr gehalten. Ich habe den sogenannten „Ausreiseantrag" gestellt und etwa drei Jahre lang gewartet. Das war eine harte Zeit.

SCHLÖSSER: Wann genau sind Sie aus der DDR weg?

LENSSEN: Im September 1989, genau zu der Zeit, als es dort losging.

SCHLÖSSER: Das war das Ergebnis von drei Jahren Wartezeit auf eine Ausreisegenehmigung.

LENSSEN: Da mußte man sich mächtig mit den Behörden anlegen. Meine berufliche Laufbahn war beendet. Ich durfte meine Firma nicht mehr betreten. Ich bin dann zur Stadtbeleuchtung in Dresden gegangen und habe die drei Jahre mehr schlecht als recht mein Dasein gefristet.

SCHLÖSSER: Und jetzt leben Sie in Nürnberg?

LENSSEN: Nach der Ausreise hatte ich natürlich relativ günstige Voraussetzungen durch die Verwandtschaft. Ich bin zu meinem Bruder nach Nürnberg gegangen, da konnten wir zunächst einmal wohnen. Und ich habe auch auf Anhieb eine Stelle gefunden. Als Berechnungsingenieur hat man gute Chancen. Jetzt mache ich also endlich wieder meinen Job. Das ist schön und macht wieder Spaß.

SCHLÖSSER: Darf ich fragen, wie alt Sie sind?

LENSSEN: 35 Jahre.

SCHLÖSSER: In Ihrem Leben sind also eine ganze Reihe von Entscheidungen gefallen, die in anderen DDR-Lebensläufen anders gefallen wären. Sie sagten mehrmals, daß Sie immer in Op-

position zum Staat standen. War das gut für Ihre Entwicklung oder eher schlecht?
LENSSEN: Ich bin der Meinung, wenn man etwas anders macht als die anderen, dann ist das eigentlich nicht schlecht. Das ist im Menschen so drin, glaube ich. Wenn die anderen einen Kindernachmittag hatten, wo sie alle hinmußten, habe ich Fußball gespielt. Ich bin dafür in die Christenlehre gegangen. Das war eben der kirchliche Weg. Den hatten damals in der DDR vielleicht 5 Prozent gewählt. Also war man nicht ganz allein. Es gab schon noch andere, die das auch so gemacht haben.
SCHLÖSSER: Nun wurde bei uns im Westen immer gesagt, die DDR sei eine konformistische Gesellschaft, die einen enormen Druck auf jeden ausübe, der sich ihr - aus welchen Gründen auch immer - verweigere.
LENSSEN: Das ist auch unbedingt richtig. Aber wenn das Umfeld, bei mir also die Familie, stimmt, dann erträgt man das. Es gibt auch Leute, die daran kaputt gegangen sind. Aber ich hatte die oppositionelle Haltung prinzipiell. Ich würde nicht sagen, daß das in mir selbst gereift ist. Das ist einfach ein Erziehungsprozeß gewesen.
SCHLÖSSER: Und Sie haben diese anerzogene Haltung nie bedauert?
LENSSEN: Nein, bedauert habe ich das nie. Ich habe mich in meiner Rolle wohlgefühlt. Aber meine Familie hat auch eine ganze Menge erleiden müssen dadurch. Im Endeffekt ist sie zerbrochen. Meine Schwester ist noch in Karl-Marx-Stadt - bald wieder Chemnitz - sonst ist dort von meiner Familie niemand mehr übriggeblieben. Dabei waren wir doch recht lange in Zeitz und Sachsen-Anhalt angesiedelt. Aber da ist nun niemand mehr. Das hat der Staat bewirkt. Was jetzt passiert, muß man abwarten.
SCHLÖSSER: Ich habe wohl richtig verstanden, daß Sie in enger Bindung an Ihre Familie, und dabei immer gegen den Staat gelebt haben. Und doch haben Sie ja die Staatlichen Institutionen durchlaufen: Schule, Armee, Universität. Haben Sie dabei nur einer lästigen Pflicht genügt, oder haben Sie auch etwas Positives mitgenommen?
LENSSEN: Ja, schon. Das ganz normale Leben ist in der DDR nicht anders gewesen als woanders. Ob an der Schule oder an der

Universität. Nur, daß es manche Fächer hier nicht gibt, und manche Auslegungen anders waren. Aber da hatte man als Gegenpol ja die Familie und Freunde.
SCHLÖSSER: Was waren das für Fächer?
LENSSEN: Also vor allem die sogenannte Staatsbürgerkunde. Damit stand ich immer auf Kriegsfuß. Aber mit der Zeit kriegte man eine Haltung dazu, mit der man auch dort durchkam. Damit wurde man natürlich auch zur Zweizüngigkeit erzogen. Das war, glaube ich, ein grundlegendes Problem der DDR, daß man nie aus sich herausgehen und frei seine Meinung sagen konnte. Die Leute hier fragen immer: Wie konntet Ihr das 40 Jahre lang ertragen? Das kann man ohne weiteres. Man schafft sich einen Schutzschild und kann damit leben. Man hat andere Werte als vielleicht hier. Diese Werte aber gehen jetzt verloren. Und es gab auch Gutes. Der Meinung bin ich schon.
SCHLÖSSER: Was, zum Beispiel?
LENSSEN: Ja, das bin ich schon oft gefragt worden in letzter Zeit. Denn ich bin ja nach wie vor der DDR-Bürger. Ob das auf der Arbeit ist oder bei Freunden, immer muß man sich verteidigen. Dabei will ich diese Verteidigungsposition gar nicht.
SCHLÖSSER: Aber meine Frage war doch keine Anklage!
LENSSEN: Nein, aber man nimmt gleich die Verteidigungsposition ein. Man muß ja die 35 Jahre, die man dort verbracht hat, irgendwie verteidigen. Sonst wären sie ja sinnlos gewesen. Es gibt schon Werte, die ich geschätzt habe in der DDR. Ich glaube, daß die Menschen anders miteinander verkehren als hier. Das habe ich jetzt schon gemerkt. Wir sind eigentlich sehr kontaktfreudige Leute, ich hatte einen riesigen Freundeskreis. Nun kenne ich das hier noch nicht so, aber ich habe den Eindruck, daß die Leute in der DDR freier und ungezwungener miteinander umgehen. Das liegt auch daran, daß dort keiner dem anderen ein Konkurrent ist. Die Wirtschaft ist daran kaputtgegangen, aber es gab einen anderen Zusammenhalt unter den Leuten. Man hat sich immer gegenseitig geholfen. Wie ich gehört habe, soll das aber jetzt genau in die andere Richtung umschlagen.
SCHLÖSSER: Das Konkurrenzprinzip hält also auch in der DDR Einzug?
LENSSEN: Sogar ganz extrem, weil alle verunsichert sind. Da

schlägt das dann um. Aber für mich gibt es Erfahrungen, die ich aus der DDR mitgenommen habe, und die bleiben. Zumindest sind sie mir bis jetzt nicht zerstört worden.

SCHLÖSSER: Das klingt, als ob Ihnen in der Bundesrepublik etwas fehlen würde.

LENSSEN: Ja, irgend etwas fehlt. Das stimmt. Jeder ist erst mal skeptisch dem anderen gegenüber. Man wartet erst mal ab. Der andere könnte einem ja in der Stellung schaden. Ich hatte schon Probleme, mich hier einzuleben. Nun kommt ja auch die DDR, im „Spiegel" und so weiter, nur noch schlecht weg. Also muß man da erst mal Voreingenommenheiten aus der Welt schaffen.

SCHLÖSSER: Glauben Sie, daß die Westdeutschen etwas gegen DDR-Leute haben?

LENSSEN: Wer bisher keinen Kontakt hatte mit DDR-Leuten, der ist voreingenommen. Es bleibt ihm ja gar nichts anderes übrig, wenn er ständig in den Medien mit Negativmeldungen überschüttet wird. Das muß man also aus der Welt schaffen. Das war bei mir nicht ganz einfach, zumal ich auch drei Jahre lang aus meinem Beruf draußen war. Das habe ich auch gemerkt.

SCHLÖSSER: Unterschied sich eigentlich Ihre Ausbildung von der bundesrepublikanischen?

LENSSEN: Also da habe ich Glück gehabt. Berechnung im Maschinenbau ist in der DDR genau dasselbe. Da ist man hier nicht weiter und da gibt es auch nicht so viel Neues. Das einzige, was die technische Mechanik, die ich mache, weiterbringt, sind die Computer. Aber sonst ist es dasselbe.

Ich muß sogar sagen, daß hier die Leute in meinem Fachgebiet nicht einmal so weit sind, wie wir waren, was Computer angeht. Also, ich meine jetzt in der Theorie. Wir waren ja nur Theoretiker. Die Leute hier kriegen einen Rechner hingestellt, das Programm ist installiert. Den nutzen sie dann perfekt, natürlich. Aber warum das Programm so und so installiert ist, braucht sie nicht zu interessieren. Uns, die wir mit kleinen Home-Computern im Untergrund gewühlt haben, hat das schon interessiert.

Ich habe mich mächtig angestrengt die letzten drei Jahre. Ich hatte mir einen Home-Computer von drüben besorgt und habe zu Hause meine Arbeit gemacht. Das hat sich gelohnt.

SCHLÖSSER: Umschulungsprobleme hatten Sie also keine beim

Wechsel von Ost nach West. Für viele Übersiedler liegen da ja große Schwierigkeiten.

LENSSEN: Ja, für meine Frau zum Beispiel ist das sehr problematisch. Sie hat Arbeitswissenschaften studiert, also etwa Arbeitsumweltgestaltung. Das gibt es hier überhaupt nicht. Das wird noch mal schwierig. Jetzt haben wir noch zwei kleine Kinder, die Tochter ist sechs, der Sohn neun, und da bleibt meine Frau eben erst mal zu Hause. Aber später wird sie irgendwie umlernen müssen. In dieser Hinsicht hatte ich in meiner Berufswahl Glück.

SCHLÖSSER: Nun ist die Ausbildung an den Schulen und den Universitäten in der DDR sehr straff organisiert. Da müßte man eigentlich annehmen, daß neben den fachlichen Kenntnissen vor allem Eigenschaften wie Fleiß, Ordnungsliebe und Disziplin gelehrt werden, die einem auch beim Umlernen zugute kommen. Stimmt das?

LENSSEN: Disziplin wird sicherlich gelehrt. Das Schul- und Universitätssystem hat aber auch zur Folge, daß die Individualisten fehlen, die auch die Wirtschaft braucht. Die Entfaltungsmöglichkeiten sind nicht da. Und die Leute, die danach gesucht haben, sind ausgereist.

SCHLÖSSER: Eine andere Möglichkeit gab es nicht?

LENSSEN: Es war von Anfang an so, daß Andersdenkende abgeschoben wurden. Zum Glück hat das nicht bis zur letzten Konsequenz geklappt. Wenn das noch einige Jahre so weitergegangen wäre, wäre wirklich alles zusammengebrochen. Jetzt ist vielleicht noch eine Chance.

Wenn ich noch einmal vor der Alternative stehen würde: Gehen oder Bleiben, würde ich unter den jetzigen Umständen erst mal bleiben. Aber damals... Ich meine, die drei Jahre, die ich durchgemacht habe. Da mußte man sich mit den Behörden in wirklich fiesester Weise auseinandersetzen. Auch in der Firma war das nicht ganz ohne. Und da nabelt man sich ab von diesem Land. Man lernt es hassen.

SCHLÖSSER: Somit wirkt ein Staat wie die DDR geradezu wie eine höhere Gewalt, die man nicht beeinflussen kann, von der man aber in wesentlichsten Lebensentscheidungen abhängig ist. Sie haben gerade kurz und nüchtern gesagt: Das war nicht ohne. Ebenso einfach zurück gefragt: Wie haben Sie das durchgehalten?

LENSSEN: Das frage ich mich jetzt manchmal auch. Man kannte es nicht anders. Wenn man die Freiheit nicht kennt, vermißt man sie auch nicht so sehr. Man war es halt gewöhnt, daß man sich nur in einem Land bewegen konnte. Ich habe aber manche Dinge auch gezielt vermieden: Einen Atlas wälzen oder Reiseberichte lesen z.B. So paßt man sich eben an das Leben an.
SCHLÖSSER: Und gab es irgendwelche Entschädigungen dafür?
LENSSEN: Also, daß in der DDR alle ziemlich sportbegeistert sind, liegt meiner Meinung nach daran, daß die Leute sich ja irgendwie ausleben müssen. Man betätigt sich sportlich, und nicht nur, weil das gesundheitlich gut ist. Ich habe das jedenfalls gemacht. Irgendwo mußte die Energie hin.
SCHLÖSSER: Dann dienen die guten Sportler sicher auch als Vorbilder für die DDR-Bürger?
LENSSEN: Für die Kinder schon. Das ist ja auch ganz gezielt ausgenutzt worden. Ich hatte aber keine sportlichen Vorbilder. Ich habe selber Sport getrieben. Ich wollte immer ein wenig besser sein als der Durchschnitt. Und dann habe ich aufgehört. Ich war nie in der Lage, etwas bis zum Letzten zu betreiben.

Als Kind mußte ich Klavier lernen, aber es hat mir keinen Spaß gemacht. Meine Eltern haben mich nicht gezwungen, also habe ich aufgehört. Und als Jugendlicher dachte ich: Du müßtest eigentlich Gitarre lernen. Das habe ich mir dann selber beigebracht, bis ich es einigermaßen beherrscht habe. Dann habe ich wieder aufgehört.
SCHLÖSSER: Bereuen Sie das?
LENSSEN: Ja, sehr. Mein Großvater spielte Cello und mein Onkel war Konzertmeister in Dresden und reist seit 1960 durch die Welt und macht Einmannopern und Brechtstücke. Also irgendwo war das Musikfeeling in der Familie da. Das hätte man vielleicht mehr fördern sollen. Ich bedaure, daß ich da nicht mehr mitbekommen habe. Deswegen werde ich meine Kinder erst mal zwingen, wenn sie nicht mehr wollen.

Aber ich möchte noch sagen: Vorbilder habe ich in dem Land da drüben zwar eigentlich nicht gehabt. Was meine berufliche Entwicklung angeht, allerdings schon. Das war mein Doktorvater und Lehrer an der TU. Den verehre ich heute noch sehr. Das war einer der ganz wenigen Professoren, die nicht in der Partei waren und doch Professor geworden sind. Einfach, weil er ein wirklicher Fachmann war, an dem niemand vorbei konnte. Also die Leute an der Uni haben mich sehr geprägt, das muß ich sagen. Die Schule war mehr ein Spiel. Ich habe sie wahrscheinlich vernachlässigt.

SCHLÖSSER: Aber war das nicht vielleicht eine Antwort auf den Zwang, den sie als Institution ausüben wollte?

LENSSEN: Möglich, daß das eine Reaktion auf den Druck war. Viele waren ja stolz darauf, daß sie dem System nacheiferten und alles taten, was verlangt wurde. Aber ich hatte eigentlich auch so alle Entwicklungschancen. Ich konnte studieren, viele andere konnten das nicht. Ich habe eben Glück gehabt.

SCHLÖSSER: Damit ist das Stichwort für den letzten Fragenkomplex gefallen: Glückstechniken und Glücksstrategien. Man fährt drei Tage in Urlaub, man betrinkt sich abends oder so ähnlich. Das sind Glückstechniken. Kurzfristige Freuden. Glücksstrategien dagegen brauchen eine langfristige Lebensplanung. Wie war das in der DDR, und wie war es für Sie? Sind die Leute glücklich oder unglücklich, oder war das überhaupt kein Thema?

LENSSEN: Das ist ein schwieriges Thema, glaube ich.

SCHLÖSSER: Ja.

LENSSEN: Das Gefühl, gut oder schlecht zu leben, ist ja mit Glück etwas gekoppelt. In der DDR gibt es Leute, die haben etwas und andere, die haben etwas weniger. Aber eine große Diskrepanz besteht da nicht. Das ist vielleicht nicht schlecht gewesen. Man konnte über alles sprechen. Gehaltsfragen, über die man hier ja nie etwas sagen würde, wurde drüben offengelegt. Das war ganz normal.

Und das Glück selbst? Für mich war Glück in der DDR, daß ich gute Freunde hatte. Ich versuche, mir auch hier wieder einen Freundeskreis aufzubauen. Aber ich hätte Probleme, mein Glücksgefühl hier schon zu definieren. Es ist noch nicht sehr ausgeprägt. In der DDR war es das schon. Aber da muß ich dazu sagen, daß ich nur im Rahmen der Familie und der Freunde glücklich war. Weiter ging es nicht. Gegen andere Dinge hat man sich abgeschottet. Reisen, andere Länder kennenlernen - all das hat man ignoriert. Nachdem ich meinen Ausreiseantrag gestellt hatte, habe ich mehr über solche Dinge nachgedacht und bin unglücklich gewesen. Aber vorher eigentlich nicht.

SCHLÖSSER: Das ist sicher auch eine Art Glückstechnik, daß man das Unangenehme vergißt, oder?
LENSSEN: Ich habe in der DDR viel verdrängt. Vor allem, was die Staatsdinge anging. Das mußte man, um leben zu können. Jeder wußte, daß es eine Staatssicherheit gab, und was die gemacht hat, wußte auch jeder. Jetzt wird es aufgedeckt und alle reißen die Münder auf. Aber gewußt hat es jeder, und alle haben es verdrängt. Ich genauso. Eine Glücksstrategie fürs ganze Leben habe ich mir so nicht geschaffen. Mehr im Kleinen, wie Sie sagten: Man hat sich mit Freunden getroffen, ist am Wochenende weggefahren, hat Sport getrieben, solche Sachen. Im Großen konnte man ja nicht planen. Das ist der große Unterschied zu hier. In der DDR war das Leben für mich vorgezeichnet, und eigentlich nach einem gewissen Zeitpunkt abgeschlossen. So verrückt das klingt, aber mit 30 habe ich gedacht: Das war's jetzt. Ich hatte meinen Trabant, viel mehr war sowieso nicht drin. Ich hatte eine sehr schöne Wohnung, die ich mir selber ausgebaut hatte. Mehr konnte ich nicht erreichen. Was blieb mir denn noch für die Zukunft? Das war auch ein Punkt, der mit zur Ausreise geführt hat. Alles war irgendwie abgeschlossen, war zu Ende. Man konnte noch 30 Jahre so weiterleben, aber etwas Neues passierte nicht mehr. Dazu ließ das System keinen Spielraum.

Ob es hier jetzt anders wird, ist eine andere Frage. Aber dort ging es zumindest nicht mehr weiter. Hier ist man viel mehr beruflich gebunden, so daß man viel weniger Zeit hat. Man lebt intensiver die Freizeit aus. Das ist für mich hier wesentlich: Daß ich gezwungen bin, die kürzere Freizeit intensiv zu nutzen. Aber mehr kann ich nach einem halben Jahr noch nicht sagen. Eine Glücksstrategie existiert noch nicht. Dazu ist alles zu neu.

Glück gehabt in jeder Gesellschaft

Was bedeutet der Unterschied zwischen zwei Gesellschaftsformen, zwischen DDR und BRD, für Glück und Lebensmanagement? Die Aktualität dieses Interviews ist beabsichtigt: Selbstverständlich wurde Herr Lenssen für ein Kapitel in diesem Buch ausersehen, weil er vom Osten in den Westen gewechselt hat, weil in seinem Leben die Auseinandersetzung mit Staat und Gesellschaft drüben wie hüben eine große Rolle spielt.

Doch das ist nur ein Anknüpfungspunkt. Es kann hier nicht darum gehen, die Lebensverhältnisse im östlichen und westlichen Teil Deutschlands und in West- und Osteuropa zu vergleichen, noch dazu die gestrigen Lebensverhältnisse - denn im Osten ist ja vor kurzem der Prozeß einer radikalen gesellschaftlichen Umwandlung eingeleitet worden. Hier ist eine viel weiter reichende Frage interessant: Wie wirken unterschiedliche Gesellschaftsformen auf das Glück der Menschen - und welcher Spielraum bleibt da der bewußten eigenen Lebensgestaltung? Stefan Lenssen, ein Betroffener, dem diese Frage alles andere als akademisch ist, kann dazu Beispiele und Stichworte bringen.

Es gibt eine bescheidene sozialwissenschaftliche Disziplin, die sich auch dieser Frage angenommen hat: die Glücksforschung. Seit etlichen Jahren wird überall in der Welt auch in Umfragen erkundet, wie glücklich und wohl sich die Leute befinden und wie zufrieden sie mit ihrem Leben sind. Die entsprechenden Fragen, sorgfältig formuliert, gehen von der Erfahrung aus, daß Personen, die in einem Interview Rede und Antwort stehen können, auch recht klar empfinden, wie es ihnen geht. Wer sollte es sonst wissen? Lust und Unlust, Glücklichsein und Unglücklichsein sind innere Zustände - und zweifellos von Wichtigkeit für jeden. Zugegeben, es steht auch eine humanitär-demokratische Philosophie hinter der Glücksforschung, die den Auffassungen widerspricht, daß die Menschen zu ihrem Glück „geleitet“ oder „gezwungen“ werden müßten oder daß das Glück des einzelnen unbedeutend wäre gegenüber dem Gemeinwohl oder dem „Gesetz der Geschichte“ (oder was es da sonst noch an übermenschlichen Idealen geben mag). Aber diese Philosophie hat auf die Ergebnisse keinen Einfluß.

Diese zeigen plausible Zusammenhänge. Armut, Einsamkeit, Streß im Beruf, Schicksalsschläge machen unglücklich. Krankheiten beeinträchtigen das Wohlbefinden, psychische noch mehr als körperliche. Bessere Bildung, ein reiches kulturelles Leben, interessante Hobbys, Freundschaften, ein gutes Familienleben und eine „vollwertige“ Wohnung heben die Zufriedenheit. Sehr großer Reichtum, rascher Aufstieg, hohe Positionen, Zweithäuser sind im statistischen Durchschnitt eher Anforderungen, mit denen die meisten Leute sich mehr Sorgen als Glück einhandeln. Aber auch Kinder bringen nicht nur reines Glück, sondern eine Menge Alltagssorgen.

Daraus läßt sich schließen, daß die Befragten im allgemeinen nicht nur wissen, wie es ihnen wirklich geht, sondern das im anonymen Interview auch sagen. Im Umgang unter Menschen ist das ja nicht so selbstverständlich. Es ist sehr oft von Anstand und Vorteil, auf die Alltagsfrage „Wie geht's?" keine präzise Auskunft zu erteilen. Die Glücksforschung hat freilich auch noch einige Tricks im Ärmel, um zu ehrlichen Angaben zu kommen. Neues bringt die Glücksforschung vor allem dort an den Tag, wo sie dieselben Menschen über längere Zeiträume beobachtet. Dann stellt sich nämlich heraus, wie Glücklichsein selbst wieder wirkt. Es sind ja nicht bloß Gesunde glücklicher, sondern Glückliche bleiben auch gesünder - und die zweite Wirkung scheint sogar bedeutender zu sein. Und es läßt sich auch durch längere Beobachtungen feststellen, wieso manche Menschen auch Schicksalsschläge und unvermeidbaren Streß viel besser überstehen: Sie haben geschicktere Strategien, ihr Leben zu bewältigen. Glücksforschung bringt damit Einsichten für ein bewußtes Lebensmanagement - aber ebenso für öffentliche Planung (etwa im Wohnbau, für Kultur und Sport) und letztlich auch für die Gesellschaftspolitik. Der Europarat hat deshalb ebenfalls begonnen, Fragen der Glücksforschung in seine Eurobarometer-Umfragen einzuschalten.

Aus dieser Glücksforschung liegen nun schon Befunde aus sehr vielen Ländern vor. Sie sind zum Teil recht umstritten. Schon bei der Übersetzung der Fragen beginnen die Zweifel; gerade so uralte, von Kultur und Religion geprägte Begriffe wie Glück oder Wohlbefinden oder Zufriedenheit haben in verschiedenen Sprachen unterschiedliche Bedeutungsnuancen. Es dürfte auch Unterschiede darin geben, wie üblich Jammern und Raunzen ist, wie sehr man Leiden mannhaft zu verschweigen hat. Doch über solche Subtilitäten hinweg tritt aus allen diesen Umfragen eines markant hervor: Die armen Völker in wirtschaftlich unterentwickelten Gebieten sind unglücklicher - am wohlsten fühlen sich die Bewohner kleiner westlicher Demokratien an der Spitze der Wohlstandspyramide wie Skandinavien, Holland oder Neuseeland.

Das wird nicht überraschen. Hunger und Infektionskrankheiten, der Tod der eigenen Kinder, Bettler und Terroristen im Land, Angst um die eigene Sicherheit, Kriegsangst - das alles sind Zustände, die unglücklich machen. Für die armen Länder sind sie aber beherrschend. Und daß es sich in einem Land besser lebt, das sich hohe persönliche Einkommen für den Großteil der Bürger und dazu noch soziale Sicherheit und Umweltschutz leisten kann, ist auch banal. Die Folgerung daraus wird aus dem Interview mit Stefan Lenssen deutlich: Es waren der Wohlstand und die Hoffnung auf noch mehr Wohlstand, die Westdeutschland attraktiv machten, und zwar gegenüber einem Osten, wo sich der dreißigjährige Akademiker, mit Auto und Wohnung im Einheitsstil schon sagen mußte: „Das war's jetzt."

Aber Wohlstand und Hoffnung, das ist noch nicht die Gesellschaftsordnung. Würde Stefan Lenssen ebenso in ein Land gestrebt haben, das ihm alle Freiheit des Westens, aber auf einem niedrigen Wohlstandsniveau geboten hätte - etwa Tunesien oder Portugal?

Die Glücksforschung hat dazu keine Antwort parat. Vielleicht kann es diese nicht geben, weil es fundamental unterschiedliche Gesellschaftsformen auf gleich hohem Wohlstandsniveau nicht gibt, zumindest nicht für lange. Wissenschaft und Technik, Bildung, Wohlstand, Demokratie und Sozialstaat entwickeln sich gemeinsam. Es ist unmöglich, Leute wie Stefan Lenssen als notwendige Experten für eine moderne Wirtschaft zu haben, ohne sie viele Jahre in den Schulen einer Denkkultur auszusetzen, die sie kritisch gegenüber Autoritäten macht und zur Selbstentfaltung und Mitbestimmung, auch im Politischen, anregt. Je mehr Bildung, um so mehr Demokratie - und ohne die Selbstmotivierung selbstbestimmter Bürger stockt auch die Modernisierung und damit der Wohlstand. Stefan Lenssen würde sicher nicht als normaler mittlerer Bürger in Tunesien oder Portugal leben wollen, nicht nur, weil er dort ärmer wäre, sondern auch, weil er dort nur als Angehöriger einer kleinen Elite so viel Freiheit und Ausdrucksmöglichkeiten hätte wie heute in Deutschland.

So gesehen, gibt es weiter entwickelte und fortschrittlichere Gesellschaftsformen und weniger moderne. In diesem „Wettlauf der Gesellschaften" in die Modernisierung geraten manche Völker wohl zeitweilig in eine historische Sackgasse oder bleiben stecken.

Es gibt auch viele kleinere Variationen. Aber im wesentlichen gibt es kein Ausbrechen aus diesem Evolutionsgesetz, und das gilt ebenso für die Entwicklung der Demokratie wie für die der Landwirtschaft, des Verkehrs oder der Medizin. Und das endgültige Kriterium für diesen Fortschritt wäre das Glück der Menschen. Doch das ist schon wieder Philosophie.

Die Glücksforschung können wir damit verlassen, mit der Erkenntnis, daß die Gesellschaftsordnung auf jeden Fall das persönliche Glück beeinflußt, da wie dort, und daß man überall eine Balance zwischen Anpassung und Widerstand finden muß, um aus dem eigenen Leben das Beste zu machen. Der statistische Durchschnitt, den die Forscher für eine Gesellschaft abtasten, besagt für den einzelnen nicht viel. Die eigene Lebensbewältigung wiegt mehr. Anders gesagt: In den günstigsten Gesellschaftsformen gibt es immer noch viele Unglückliche - in den ungünstigsten erleben viele Menschen wenigstens zeitweise intensives Glück.

Worauf kommt es also an?

Zuerst einmal auf die Herkunft und auf das Erbe. Den Eindrücken der Kindheit, der eigenen Erziehung kann sich niemand ganz entziehen, die Muttersprache und viele körperliche Eigenheiten trägt man ein ganzes Leben lang mit sich - freilich ist noch viel Spielraum, was man daraus macht oder darauf setzt. Stefan Lenssen hatte sich seine Eltern „gut ausgesucht". Vom Großvater her erfolgreiche Unternehmer, im Wohlstand und sicherlich auch genetisch ein gesunder Schlag. In der Lotterie der Geburt hatte er ein Gewinn-Los gezogen.

Es stimmt schon, auch das hat mit der Gesellschaftsform zu tun - allerdings mit der vergangenen. Ohne die französische Revolution und den Aufstieg des Bürgertums wäre Opa Lenssen wahrscheinlich ein bescheidener Handwerker geblieben, vielleicht sogar nur im Dienst eines Adelsherrn. So stieg die Familie auf: zur Spitze des Wohlstandes und der Selbstentfaltung. Von den Opfern, die dafür vielleicht gebracht wurden, wissen wir nichts.

Nun verlor Deutschland, das auf die Barbarei des Nationalsozialismus und die Rückwärts-Revolution eines Adolf Hitler gesetzt hatte, gegen die fortschrittlichen westlichen Demokratien einen Krieg. Ostdeutschland fiel dabei unter die Herrschaft des sowjetischen Verbündeten dieser Demokratien, einer Gesellschaftsordnung, die versuchte, direkt aus dem russischen Feudalismus, der kaum erst die Leibeigenschaft abgeschafft hatte, an die Vorderfront der Modernisierung zu springen. Das konnte nicht gelingen, da sich Lernzeiten und menschliche Entwicklungen nicht überspringen lassen - nicht „mit aller Gewalt", und schon gar nicht durch Gewaltanwendung. Heute versteht das, für das Beispiel des Kommunismus, alle Welt. (Für das eigene Lebensmanagement ist daraus die Lehre zu ziehen: Lernen braucht Zeit.)

Was in der DDR entstand, war eine Gesellschaft, die nicht nur wenig effizient, sondern auch für die große Mehrheit ziemlich beengend war. Man fühlte das lange nicht so, weil das nationalsozialistische Regime vorher noch beengender gewesen war. Sehr viel moderne Demokratie hatte Ostdeutschland bis dahin jedenfalls noch nicht erlebt.

In jeder Gesellschaft gibt es Gruppen, die besonders ungut behandelt werden: Außenseiter, Verfolgte, Geschädigte - mit einem Beschönigungsausdruck Unterprivilegierte genannt. Nach der Zwangsverstaatlichung der väterlichen Lackfabrik und dem Tod seines Vaters gehörte Stefan Lenssen dazu.

Was tun, wenn man in einer Gesellschaft zu einer benachteiligten Minderheit gehört, also Unternehmersohn im Kommunismus, Jude unter Antisemiten, Haschisch-Süchtiger in einer Alkoholkultur ist? Oder homosexuell unter Heterosexuellen, konzentrationsschwach in einer Leistungsgesellschaft? Doch genug der Beispiele, jeder weiß selbst am besten, wo er Außenseiter ist: Wie wird man damit fertig?

Anpassung und Widerstand, das liegt auf der Hand. Der Trick liegt im richtigen Mix.

Widerstand pur endet meist fatal. Jede bisherige Gesellschaft hat da recht harte Mittel: Gefängnisse, Irrenhäuser, Dauerarbeitslosigkeit, Verbannung in die schlechtesten Lebens- und Arbeitsverhältnisse, Entzug der Selbstbestimmung und Mitbestimmung, Brechen des Widerstands durch das stete Einhämmern der persönlichen Hilflosigkeit, im Extremfall die Tötung.

Anpassung pur vergiftet die eigene Entwicklung und Entfaltung - und drückt damit ebenfalls den Menschen in die Hilflosigkeit hinab.

Der aufrechte Gang, die freie Phantasie, das lustvolle Ich-Sein -

alle Voraussetzungen für ein glückliches Leben bedürfen jener Freiheit, die aus einer sinnvollen Mischung von Eigenwillen, Altruismus und Sich-Einfügen besteht. Lebensmanagement ist zum guten Teil das ständige Suchen nach dieser Mischung.

Stefan Lenssen zeigt das vor.

Er nutzte die bestehenden Beziehungen seiner Familie, um studieren zu können, und fügte sich dabei soweit ein, daß es nicht zum Bruch kam. Dabei tastete er seine Möglichkeiten zum Widerstehen sorgsam ab, überlegte sich jedes „Zugeständnis". In die Jugendorganisationen trat er gar nicht ein. Beim Studium wandte er sich der politisch weniger eingebundenen Grundlagenforschung zu. Die anderthalb Jahre in der Armee „überstand" er. Die Verpflichtung zum Reserveoffizier unterschrieb er trotz Widerwillen, „gezwungen". Sonst hätte er an der Uni nicht Assistent werden können.

An sich hatte dieser junge Mensch in der Gesellschaft seiner Heimat eine recht gute gesellschaftliche Position erreicht, ohne sich selbst aufzugeben. Warum entschloß er sich dann, um die Ausreisegenehmigung anzusuchen? Die Loslösung von Land und Gesellschaft, die Auswanderung, ist doch immer ein schwerer Entscheid, eine Lotterie mit unsicherem Ausgang, auf jeden Fall ein Verzicht auf viel Liebgewordenes und Vertrautes. Von einer durch Angst und Not erzwungenen Flucht kann ja in diesem Fall nicht die Rede sein.

Ein Grund war offenbar, daß Stefan Lenssen durch seine aus München stammende Mutter auch in Westdeutschland ein Stück Heimat hatte: Der Bruch mit der eigenen Kultur ging zweifellos beim Übersiedeln nach der Bundesrepublik viel weniger tief, als wenn er nach Amerika oder Australien ausgewandert wäre. Eine Berufung nach Zentralafrika oder Saudi-Arabien hätte er ohnedies niemals als Emigration auf Lebenszeit verstanden. Doch das erleichterte nur den Entschluß. Die Motivation lag schon in den gesellschaftlichen Umständen.

Da kommt wieder einiges untrennbar zusammen.

Das Regime schnitt die Aufstiegs-Chancen ab. Das galt für viele. Ohne volle politische Anpassung gab es wenig Wege nach oben. Nun sind ja auch im Westen für die meisten Menschen über fünfunddreißig Jahre die Chancen, reich oder berühmt zu werden, auf Spitzenstellungen gehoben zu werden, gleich null. Da bleibt dann höchstens noch die mikroskopische Hoffnung auf einen Lotto-Treffer oder eine große Erbschaft. Um so wichtiger werden die zuverlässig zu erwartenden, wenngleich kleinen Verbesserungen durch das stete Wirtschaftswachstum, die Gehaltserhöhungen und eventuellen Arbeitsplatzwechsel. Das gab es im Osten auch, aber eben in geringerem Ausmaß - gegenüber der Wohlstandsexplosion im Westen fast schon ein Rückschritt.

Doch die erfolgreiche moderne Konsumgesellschaft bietet dem halbwegs integrierten Mitarbeiter auch noch andere Ventile der Hoffnung, die den Aufstieg ersetzen oder ihn zeitweise simulieren. Allen voran der Urlaub, in dem auch der kleine Mann und die kleine Frau über die „Dienerschaft" der Kellner und Zimmervermieter verfügen können und in Bangkok oder Kenia sogar über farbige „Sklaven". Eine Skitour im Riesengebirge bringt kaum dasselbe königliche Gefühl, außer man gewinnt eine Medaille als Sportler. Nach dreißig sieht man dafür eher weniger Chancen. Die Reisebeschränkungen, die sich aus den Schwächen der Gesellschaftsordnung in der DDR ergeben mußten, verstärkten noch das verbreitete Unbehagen, mit fünfunddreißig schon an der Kippe zum Abstieg zu stehen. Bei einer bloßen Ausrichtung auf Sport und Erotik, also auf die körperliche Entwicklung, ergibt sich ja tatsächlich eine Lebenskurve, die steil aufwärts und dann (bei der modernen Lebensdauer) sehr lange abwärts geht; die Altersreihen der Glücksforschung machen darauf gnadenlos aufmerksam (und die Chance auf ein „besseres Jenseits" scheint, nach diesen Studien, nur bei einer kleinen Minderheit tief Religiöser, ein wirksamer Trost zu sein).

Die moderne Gesellschaft biegt jedoch die Lebenskurve des Wohlbefindens kräftig nach oben. Sie kann es zwar auch nicht verhindern, daß irgendwann ab vierzig die körperliche Fitneß allmählich nachgibt - doch lindert sie zumindest die damit häufiger werdenden Wehwehchen und Leiden so weit, daß sie leichter zu ertragen sind. Als Hoffnungs-Stimulans setzt die Moderne (aus einer alten Eliten-Tradition schöpfend) die Fähigkeit des Menschen ein, die geistige Breite und Tiefe noch bis ins hohe Alter und die soziale Position bis zum Tod zu steigern. In der ganzen Größe kommt auch in den modernsten Demokratien heute dieses Potential erst einer Minderheit von besonders Aktiven und Kreativen zugute, die bis in die Pension an Bildung, Kultur und gesellschaftlichem Leben teilnehmen und deren Ansehen durch ihre Werke und ihr Wissen sogar dann noch weiterlebt und steigt, wenn sie schon nicht mehr viel dazu beitragen.

Diese Idee, Glück bis ins hohe Alter zu bringen, lag dem „realen Sozialismus" mit seiner Erwachsenenbildung und seinem Drängen auf politische und gesellschaftliche Partizipation in den Parteiorganisationen sehr wohl auch zugrunde. Doch wurde dabei eines übersehen: Geistige Entwicklung in jedem Menschen beruht auf inneren Antrieben und Kräften, die ihrer Eigengesetzlichkeit folgen, also „autonom" sein müssen. Aktivismus und Kreativität, die von außen - noch dazu in Eile und mit Druck - aufgedrängt werden, werden steril und für den, der noch um die persönliche Autonomie weiß, vor allem „verlogen".

Nicht, daß es in irgendeiner modernen Gesellschaft so leicht wäre, „in Wahrheit zu leben". Dazu müßte es noch viel mehr Toleranz für die eigenen Wege, für Nonkonformismus in Kultur und Politik, für Autonomie in der Arbeitswelt geben - und noch viel mehr Ermutigung zur Selbstentfaltung bis ins hohe Alter. Doch Stefan Lenssen wählte sehr bewußt den Bruch mit seiner Heimat, weil er verstand, daß besser leben nicht nur mehr Geld und mehr Reisen bedeutet, sondern ebenso mehr Selbstausdruck und weniger Verlogenheit.

Einmal im Westen hat Stefan Lenssen rasch erkannt, daß es auch hier Widerstand zu leisten gilt. Er kritisiert Schwächen dieser Gesellschaft recht scharfsinnig, nicht zuletzt, weil er sie im Kontrast zu seinen Erfahrungen in der DDR erlebt.

Er merkt, daß zwar nicht Geld an sich den Charakter verdirbt, aber größere Unterschiede in der Wohlhabenheit die menschlichen Bindungen zerreißen. Er sieht das nur im Vergleich zur alten DDR. Er hat noch nicht erlebt, wie ihm Freunde fremd wurden, weil sie - oder er - zu reich wurden, um noch miteinander Urlaub zu machen, zu verkehren, zu reden. Er hat den „anderen Zwang", den in sich aufgenommenen Druck, Geld zu verdienen und deswegen Autonomie aufzugeben, noch nicht in aller Stärke verspürt. Bei seiner Frau wird er dessen aber schon gewahr, daß man von den unpersönlichen Kräften des Marktes genauso zu einem Berufswechsel gezwungen werden kann wie durch die Bürokratie einer Staatsverwaltung. Genau so? Nicht ganz, denn was uns ein Mensch antut, ist Ungerechtigkeit, was uns aber die Natur antut, Schicksal. Und unpersönliche Marktkräfte sind für viele „Natur".

Stefan Lenssen sieht sich in der westdeutschen Gesellschaft erst noch vorsichtig um. Er ist bereit zu lernen und sich umzustellen. Er arbeitet mehr und hat weniger Freizeit. Aber Arbeit wie Freizeit erlebt er intensiver. Seine Erwartungen sind angespannt. Diese Hoffnungen machen das Dasein prickelnder, als es der Alltagstrott vorher war. Die Chance auf das große Glück, wie vage auch immer, ist schon ein starkes „Glücksmittel".

Stefan Lenssen hat Glück gehabt, Glück in beiden Gesellschaften.

THOMAS BUDDENBROOK

„DIE FIRMA WEITERFÜHREN UND IHR ANSEHEN MEHREN…"

SCHLÖSSER: Herr Senator, in Ihrer Heimatstadt Lübeck genossen Sie zeitlebens ein hohes Ansehen. Sie bekleideten das Amt eines niederländischen Konsuls, schließlich wurden Sie sogar Mitglied des städtischen Senats. Aber diese öffentlichen Ämter spiegeln nur einen Teil Ihres Lebensweges. Auch als Privatmann Thomas Buddenbrook erregten Sie in der konservativen Hansestadt Aufsehen. Man redete über Ihre brillante Intelligenz, Ihre gefälligen Umgangsformen, Ihre überaus elegante Kleidung. 1856 vermählten Sie sich mit der ebenso schönen wie reichen Gerda Arnoldsen aus Amsterdam. Dann richteten Sie sich ein stattliches Haus ein. Und als im Jahre 1861 Ihr Sohn Johann auf die Welt kam, stand wie selbstverständlich der Bürgermeister Dr. Oeverdieck als Pate zur Verfügung. Auch sieben Jahre später, am 7. Juli 1868, konnten Sie sich kaum retten vor Glückwunschtelegrammen, Hochrufen der Arbeiterschaft und Blasmusik. Da wurde nämlich das hundertjährige Bestehen der Getreidefirma Johann Buddenbrook gefeiert. Festlich gestimmt überreichten Ihnen die Verwandten ein Bild, auf dem Sie neben allen früheren Inhabern des traditionsreichen Handelshauses dargestellt waren: Senator Thomas Buddenbrook, der vierte Chef eines gut eingeführten Familienunternehmens. Uns interessiert nun aber die Frage: Wie sind Sie dazu geworden? Erinnern Sie sich an Entscheidungen und Weichenstellungen, die Ihrem Lebenslauf die Richtung gaben?
BUDDENBROOK: Sie tun mir zu viel Ehre an mit Ihrer Beschreibung. Viel zu viel. Das Wenige, das ich für Firma und Bürgerschaft vielleicht habe leisten können, entsprang zum geringsten

Teil meinem eigenen Verdienst. Es war doch vielmehr so, daß man als Buddenbrooks' Ältester auf diese Welt gekommen ist. Und damit war das Wichtigste schon entschieden.

Vergessen Sie bitte eines nicht: Über den Porträts der vier Familienoberhäupter stand auch 1868 noch in altfränkischer Orthographie der Merkspruch zu lesen, den man in unserem Hause im Grunde immer beherzigte: Mein Sohn, sey mit Lust bey den Geschäften am Tage, aber mache nur solche, daß wir bey Nacht ruhig schlafen können. Daran hatte man sich zu halten, und damit genug.

SCHLÖSSER: Aber Herr Senator! Gewiß ist eine solche Devise für ein Firmenjubiläum gut und schön. Aber das ist nicht das Thema, über das ich mit Ihnen sprechen will. Sie stammen aus einer bedeutenden Familie mit ehrbaren Grundsätzen, gewiß. Und es ist gar nicht zu bezweifeln, daß diese Herkunft Sie durch und durch geprägt hat. Aber vielleicht wäre Ihr Leben doch völlig anders verlaufen, wenn Sie zu bestimmten Zeitpunkten andere Entscheidungen getroffen hätten!

BUDDENBROOK: Sicher. Fehlentscheidungen gibt es immer. Wahrscheinlich war es zum Beispiel unnötig, ein so luxuriöses Haus zu bauen, wie ich es tat, als die Firma finanziell nicht mehr völlig gesichert dastand. Und ganz sicher verfehlt war es, die Erbschaft meiner früh verstorbenen Schwester Clara ihrem Gatten, Herrn Pastor Tiburtius, zuzugestehen. Dadurch wurden dem Familienvermögen immerhin 127.500 Kurantmark entzogen, die wir anderweitig gut hätten gebrauchen können. Aber da vermochte ich mich nicht gegen meine Mutter durchzusetzen. Und derartige Familienrücksichten mögen auch wiederum ihr Gutes haben. Darum möchte ich eine solche Entscheidung nicht bedauern, obwohl sie zunächst für mich nachteilig zu sein schien.

SCHLÖSSER: Nun gut. Ich merke schon: Sie sind Kaufmann und haben offensichtlich wenig Lust auf Spekulationen. Was war, scheint Sie mehr zu interessieren als das, was hätte sein können. Ich halte also vorläufig fest: Alle Ihre Entscheidungen richteten sich vor allem nach dem Wohl der Getreidefirma Johann Buddenbrook. Heißt das, daß die Firma das einzige Ideal in Ihrem Leben war?

BUDDENBROOK: Ach Gott, was heißt schon Ideal? Sagen wir eher: Es war von Kindesbeinen an mein Wunsch, die Firma weiterzuführen und ihr Ansehen zu mehren. Ich kann mich nicht erinnern, jemals ein anderes Ziel verfolgt zu haben. Das könnten Ihnen übrigens auch Zeugen bestätigen. Mein Großvater hatte beispielsweise einen Freund, den Dichter Jean Jacques Hoffstedte. Einmal traf ich diesen Herrn Hoffstedte auf der Straße. Mein Bruder Christian war auch dabei. Wir kamen von der Schule. Hoffstedte war auf dem Wege zu unseren Großeltern. Wir begleiteten ihn. Und als wir in der Mengstraße angekommen waren, sprach er zu meiner Mutter: Thomas, das ist ein solider und ernster Kopf, er muß Kaufmann werden, darüber besteht kein Zweifel. Und das wurde er dann ja auch.

SCHLÖSSER: Aber doch waren Sie später nicht nur solide und ernst, sondern auch elegant, brillant, sogar ein wenig eitel sollen Sie gewesen sein. Sprechen aus diesen Eigenschaften nicht doch noch andere Ideale als kaufmännische?

BUDDENBROOK: Nun, es war bei den Geschäften am Ende nicht mehr allzu viel Freude. Familien, die man zu Zeiten meines Großvaters allenfalls vom Hörensagen kannte, namentlich die Hagenströms, waren weitaus erfolgreicher als wir. Meine Schwester, Tony, echauffierte sich über die Emporkömmlinge furchtbar. Aber Aufregung ändert ja nichts. Ich las daher lieber französische Romane und kleidete mich modischer als die anderen. Bei Verkaufsgesprächen oder an der Börse flocht ich gelegentlich eine kleine Gedichtzeile von Heine ein. Natürlich ist mir nicht entgangen, daß eine solch sorgfältige Lebenshaltung bei manchem braven Mitbürger auch ein wenig Argwohn nach sich zog. Aber das war in Kauf zu nehmen. Nur durfte man den Bogen nicht überspannen. Etwas, was mein Bruder Christian sein Lebtag nicht begreifen wollte. Er glaubte, als ein Buddenbrook könne er sich alles erlauben. Liaisons mit Schauspielerinnen, Glücksspiele und was weiß ich noch alles. Dabei verhält es sich gerade umgekehrt: Weil man ein Buddenbrook war, konnte man sich gerade nicht alles erlauben! Die Reputation des Hauses durfte nicht Schaden leiden.

SCHLÖSSER: So. Das sieht jetzt schon ein wenig anders aus. Am Anfang gaben Sie sich ganz als der bescheidene Kaufmann, der gehorsam das Werk seiner Väter fortsetzt. Ihre letzten Äußerungen aber zeigen deutlich genug, daß Ihr Lebenslauf sich darin nicht erschöpfte. Zwar übernahmen Sie bereitwillig die vorgeschriebene Rolle, erfüllten Sie aber mit einem neuen, eigenen Lebensstil. Wie kamen Sie dazu? Wer hat Ihnen dabei geholfen? Gerade erwähnten Sie Ihre Geschwister. Waren die für Ihre Entwicklung wichtig? Oder wer sonst?

BUDDENBROOK: Meiner Schwester Tony vertraute ich manchmal Dinge an, die ich niemandem sonst gesagt hätte. Ich weiß nicht, ob sie alles verstand. Aber sie hörte mir zu, und legte dann ihren Arm in meinen. Mein Bruder dagegen - ach, er war einfach ein Taugenichts. Hypochondrisch, faul und vor allem so nachlässig. Er kannte keine Haltung und keine Pflicht. Vor jeder Aufgabe schreckte er zurück und redete stattdessen von obskuren Krankheiten, die ihm ein tätiges Leben angeblich verböten. Nein, mein Bruder war mir keine Hilfe. Höchstens als Schreckbild: Komme, was da wolle, nie darfst du so werden wie er! Aber da rede ich so vor mich hin... Ich glaube, Sie hätten besser Christian Buddenbrook befragt. Der plauderte gerne über seine Seelenregungen. Ich wüßte eigentlich Besseres zu tun.

SCHLÖSSER: Erzählen Sie uns bitte trotzdem etwas über Ihre Eltern!

BUDDENBROOK: Was gibt es da schon zu erzählen? Meine Mutter war eine sehr gepflegte, taktvolle Dame. Wir respektierten einander. Mein Vater war ein tüchtiger Geschäftsmann. Wir waren in Geschäftsdingen durchaus nicht immer einer Meinung. Aber er hinterließ mir wesentlich mehr Vermögen, als ich angenommen hatte. Eine andere Wohltat vergesse ich ihm nicht: Als junger Mann arbeitete ich eine Zeitlang bei „van der Kellen & Comp." in Amsterdam. Ein üblicher Abschnitt in der Ausbildung. Dort ging es mir eigentlich recht gut. Nur gab es eine merkwürdige Nervosität, derer ich einfach nicht Herr werden konnte. Und plötzlich wuchs sie sich zur Krankheit aus: Lungenblutungen, nicht eigentlich schlimm. Aber mein Vater kam sofort gefahren und riet mir dringend zu einer Erholungsreise. So reiste ich dann mit dem Sohn meines Amsterdamer Prinzipals zusammen nach Pau, in Frankreich. Dort lernte ich manches, was später zu meinem „Lebensstil" - wie Sie es nannten - gehörte. Mein Vater hatte übrigens als junger Mann an ähnlichen Symptomen gelitten. Er wurde allerdings nur nach Ems geschickt, und nicht nach Frankreich.

SCHLÖSSER: Zum Stichwort „Holland" fällt mir natürlich Ihre

Gattin, Gerda Buddenbrook, ein. Was hatten Sie für ein Verhältnis zu ihr?
BUDDENBROOK: Eigentlich meine ich nicht, daß ich Ihnen darüber Rechenschaft zu geben hätte.
SCHLÖSSER: Rechenschaft? Aber Herr Senator! Sie sprechen weder mit einem Finanzbeamten, noch mit einem Kassenprüfer. Ich interessiere mich für Ihr Leben. Das ist alles. Also, Ihre Frau ...
BUDDENBROOK: Nein. Das ist kein Thema, das zwischen einander unbekannten Menschen erörtert werden sollte.
SCHLÖSSER: Zugegeben, Sie wissen nichts über mich. Aber mir sind Sie durchaus nicht unbekannt, ob Ihnen das recht ist oder nicht. Sie heirateten Ihre Frau Gerda, weil sie augenblicklich Eindruck auf Sie machte. Sie war fremdartig, sah anders aus als die Damen Lübecks, spielte Violine, davon verstanden Sie zwar nichts. Aber es reizte Sie, an der Seite einer Gattin zu leben, die dem tradierten Bild einer Konsulin Buddenbrook nicht mehr völlig entsprach. Freilich mußten Sie für diesen Reiz einen Preis zahlen. Die Unpäßlichkeiten Ihrer Gemahlin wurden häufiger. Sie entzog sich meist dem geselligen Verkehr. Nur mit Musikern gab sie sich ab. Sie, der Unmusikalische, blieben dabei ausgeschlossen. Den kleinen Johann, den man nach Willen seiner Mutter „Hanno" rief, Ihren Sohn also, den zog es immer tiefer in die musikalische Sphäre hinüber. Über die hatten Sie keine Gewalt. Sie begegneten Ihrer Gattin trotzdem immer mit größter Höflichkeit. Sie Ihnen auch. Aber eine leidenschaftliche, und - wie soll ich sagen - fruchtbringende Liebe war es doch wohl nicht zwischen Ihnen. Um die zu erleben, hätten Sie vielleicht an einem wichtigen Punkt Ihres Lebens ganz anders entscheiden müssen. Aber da sind wir wieder bei den Spekulationen, die Sie nicht schätzen...
BUDDENBROOK: Was wollen Sie damit andeuten?
SCHLÖSSER: Als ganz junger Mann liebten Sie doch ein Blumenmädchen. Anna, mit einem beinahe malaiischen Gesichtstypus... Man trennte sich aber. Aus Standesrücksichten, nicht wahr?
BUDDENBROOK: Das wissen Sie also auch. Auf eine weitere Ausmalung dieser Episode lege ich allerdings keinen Wert.
SCHLÖSSER: Aber vielleicht wäre die Erinnerung daran lehrreich. Die Frage „Was wäre gewesen, wenn..." lieben Sie nicht.

Aber angenommen, Sie wären als junger Mann über Ihren Schatten gesprungen und hätten das Blumenmädchen geheiratet?
BUDDENBROOK: Wechseln wir das Thema, ich bitte doch sehr darum!
SCHLÖSSER: Gut. Sprechen wir über Ihren Sohn Hanno, das schwache, aber kluge Kind.
BUDDENBROOK: Ich habe immer wieder versucht, ihn auf die tätige Seite zu ziehen. Aber es ist mir nicht gelungen. Und vielleicht war es ja auch wirklich nicht mehr erstrebenswert, was ich ihm anzubieten hatte. Geschäftsmann, Konsul, Senator - wie wenig das wiegt, im Vergleich, lernte ich im Laufe meines Lebens auch. Mein Sohn aber wußte es von Anfang an. Vielleicht war er klüger als ich, wer weiß... Vielleicht aber auch nicht. Man sollte nicht zu früh die Unbedeutendheit des Daseins durchschauen. Nicht, bevor man es probiert hat, meine ich. Sonst macht man es sich gar zu bequem.
SCHLÖSSER: Damit sind wir nun endgültig bei einem anderen Thema: Die Lehren, die man aus dem Leben zieht. Was, Herr Senator, haben Sie in Ihrem Leben gelernt?
BUDDENBROOK: Nun, ich verließ die Schule mit sechzehn Jahren. Ich hatte die realwisschenschaftliche Abteilung besucht, wo man lernte, was für einen praktischen Beruf nützlich war. Ganz im Gegensatz zu meinem Großvater hielt mein Vater wenig von Griechisch und Latein. Tote Sprachen zu lernen, sah er als Zeitverschwendung an. Mein Bruder durfte allerdings doch das Gymnasium besuchen. Weil er zum Kaufmann ohnehin nicht taugte. Ich aber trat nach der Schule bei meinem Vater in die Lehre ein, absolvierte dann meine Zeit in Holland - davon war schon die Rede - und damit war die Ausbildung eigentlich beendet. Fremdsprachen konnte mein Bruder sein Leben lang besser als ich, das muß ich ihm lassen. Zwar verstand ich Französisch, sprach es auch. Aber die englische Geschäfskorrespondenz überließ ich gerne meinem Bruder.
SCHLÖSSER: Verstehen Sie aber Englisch gut genug, um den Ausdruck „Lebensmanagement“ übersetzen zu können?
BUDDENBROOK: Ich bin nicht sicher. Meint er so etwas wie die Erfüllung der Pflichten? „Des Lebens ernstes Führen", wie Goethe sagte? Dann kann ich mir darunter etwas vorstellen. Wenn

er aber etwas anderes als das bedeutet, dann verstehe ich ihn möglicherweise doch nicht genau.

SCHLÖSSER: Gewiß, der Ausdruck meint all das, was Sie andeuteten, auch. Aber er greift noch darüber hinaus. Ich will versuchen, es Ihnen zu erklären. Sicherlich besteht das Leben zu großen Teilen aus Arbeit, Pflichten und Verantwortungen. Aber mit allem, was nicht Mühe und Arbeit ist, muß man auch zurechtkommen. Es gilt, eine Balance, um nicht zu sagen: eine Harmonie zu finden zwischen den verschiedensten Aspekten des Lebens. Also, direkt gefragt, haben Sie je gelernt, Verantwortungen auch einmal abzulehnen, Pflichten zu vergessen, Freiheiten zu beanspruchen?

BUDDENBROOK: Aber so etwas braucht man doch nicht zu lernen. Schauen Sie sich meinen Bruder oder leider auch meinen Sohn an! Die konnten das schon als Kinder. Aber sonst konnten sie auch nicht viel. Zu Müßiggang und Pflichtvergessenheit wollte ich nicht auf der Welt gewesen sein. Natürlich gab es aber Erholungen, wenn Sie das meinen. Man feierte Feste, man aß und trank, ab und an wurde eine Landpartie unternommen. Und im Sommer reiste man für einige Wochen nach Travemünde. Aber all das hat doch gar nichts zu tun mit den fragwürdigen Lehren, die Sie hier verbreiten.

SCHLÖSSER: Nun gut. Sie haben also vor allem Nützliches gelernt und Ihre Freizeit allenfalls zur Erholung genutzt. Das wird wahrscheinlich doch nicht alles gewesen sein. Wir werden noch einmal darauf zurückkommen. Zunächst aber möchte ich Sie noch nach etwas anderem fragen. In Ihren späteren Jahren ist Ihnen geschäftlich Manches mißlungen. Hatten Sie manchmal Pech, Herr Senator?

BUDDENBROOK: Unser Gespräch begann mit der Erinnerung an das hundertjährige Firmenjubiläum, 1868. Aber die Beschreibung war nicht vollständig. Inmitten des festlichen Treibens erreichte mich nämlich ein Telegramm: In Pöppenrade bei Rostock hatte ein unerwarteter Hagel die Felder des Herrn von Maiboom gänzlich vernichtet. Das Korn auf diesen Feldern aber hatte ich bereits gekauft, erlitt also einen sehr herben Verlust. Aber, ich glaube, das war gut so. Es verstieß nämlich gegen die Gepflogenheiten des Hauses Buddenbrook, Korn schon auf dem Halm zu kaufen, um damit nachher spekulieren zu können. In diesem einzigen Fall ließ ich mich zu einem solchen Manöver hinreißen. Und es glückte nicht. Ich hätte es wissen können.

SCHLÖSSER: Herr Senator, zu Beginn unseres Gesprächs betonten Sie sehr stark die Bindungen und Verpflichtungen, denen Sie sich lebenslang freiwillig unterstellten. Jetzt aber klingt doch etwas durch von Ihrer individuellen Handlungsfreiheit. Im Falle des Kornhandels mit Herrn von Maiboom verstießen Sie gegen alte Gepflogenheiten und es zahlte sich nicht aus. Gab es in Ihrem Leben aber auch Eigenmächtigkeiten, die für Sie erfreulich waren? Haben Sie sich manchmal Vergnügungen gegönnt, die kein Buddenbrook vor Ihnen kannte?

BUDDENBROOK: Ich rauchte gerne russische Zigaretten. Sie waren schwarz und sehr stark. Natürlich wußte ich, daß sie meiner ohnehin nicht sehr kräftigen Gesundheit schaden würden. Aber das war mir gleichgültig. Das Rauchen mußte sein, wie die elegante Garderobe und das gepflegte Wohnhaus.

SCHLÖSSER: Und sonst? Ihr Bruder spielte Karten im Casino, trank, besuchte wohl auch zu Zeiten Damen von fragwürdigem Ruf. Derlei wird von Ihnen nicht überliefert. Und das Lebenselexier Ihrer Gattin war die Musik. Auch damit konnten Sie nichts anfangen.

BUDDENBROOK: Wie alle Buddenbrooks...

SCHLÖSSER: Vergessen Sie nicht Ihren Sohn! Auch er hatte bei all seinen Leiden das Klavierspiel als Trost. Aber Sie? Wo waren Ihre befreiten, glückhaften Augenblicke? Nur im Rauch der russischen Zigaretten?

BUDDENBROOK: Nein. Einmal las ich ein Buch, das mir zufällig in die Hände fiel. Sein Titel tut an sich wenig zur Sache, aber es handelte sich um „Die Welt als Wille und Vorstellung" von Arthur Schopenhauer. Ich war zwar in der Lektüre solcher Bücher keineswegs geübt. Aber dieses ergriff mich. Erst als das Dienstmädchen - wir sagten „Folgemädchen" - mich zu Tisch bat, hörte ich zu lesen auf. Aber das Buch ließ mich nicht los. Und in der Nacht erwachte ich aus sehr tiefem Schlaf und verfiel in einen Wachtraum. Eine Vision. Oder war es einfach nur ein Gefühl der Befreiung und Entlastung? Nennen Sie's, wie Sie's wollen. Auf die Worte kommt es, von heute aus gesehen, nicht mehr an.

Sie wären alle auch durch andere zu ersetzen. Trotzdem weiß ich noch genau, welche Worte mir in dieser einzigen Nacht zum Ausdruck meines Glücks zur Verfügung standen. Hören Sie zu: „Ich trage den Keim, den Ansatz, die Möglichkeit zu allen Befähigungen und Bestätigungen der Welt in mir... Wo könnte ich sein, wenn ich nicht hier wäre! Wer, was, wie könnte ich sein, wenn ich nicht ich wäre, wenn diese meine persönliche Erscheinung mich nicht abschlösse und mein Bewußtsein von dem aller derer trennte, die nicht ich sind! Organismus! Blinde, unbedachte, bedauerliche Eruption des drängenden Willens! Besser, wahrhaftig, dieser Wille webt frei in raum- und zeitloser Nacht, als daß er in einem Kerker schmachtet, der von dem zitternden Flämmchen des Intellekts notdürftig erhellt wird! In meinem Sohne habe ich fortzuleben gehofft? In einer noch ängstlicheren, schwächeren, schwankenderen Persönlichkeit? Kindische, irregeführte Torheit! Was soll mir ein Sohn? Ich brauche keinen Sohn!... Wo ich sein werde, wenn ich tot bin? Aber es ist so leuchtend klar, so überwältigend einfach! In allen denen werde ich sein, die je und je Ich gesagt haben, sagen und sagen werden: besonders aber in denen, die es voller, kräftiger, fröhlicher sagen."

SCHLÖSSER: Kurze Zeit nach diesem Glücksmoment starb der Senator, im Alter von nur 48 Jahren, an den Folgen einer mißglückten Zahnbehandlung. Man hätte ihm einen würdigeren Tod gewünscht. Immerhin war seine Beerdigung ein großes repräsentatives Ereignis im Lübeck des Jahres 1875. Die Geschichte der Buddenbrooks neigte sich aber dem Ende zu. Andererseits begann sie erst. Denn 1875 kam in Lübeck auch Thomas Mann zur Welt. Sein erster Roman erschien 1901: „Buddenbrooks", ohne den wir den Senator und die Seinen ja gar nicht kennen würden. Ausdrücklich dieses Romans wegen wurde dem Autor 1929 der Nobelpreis zuerkannt. Die Geschichte vom Mißerfolg oder „Verfall" einer Familie wurde also für den, der sie erzählte, zum größten Erfolg. Zumindest in der Nacht nach seiner Schopenhauer-Lektüre hätte Thomas Buddenbrook gegen dieses Paradox nichts einzuwenden gewußt.

Der versäumte Paradigmenwechsel

Ein Besessener war Thomas Buddenbrook, wie ihn Thomas Mann vor sich sah, bestimmt nicht. Hingegen muß Thomas Mann, als er um die Jahrhundertwende als junger Schriftsteller an diesem klassisch gewordenem Werk schrieb, mehr in seinen Figuren gelebt haben als in Alltagsgedanken. Und durch das ganze Buch klingt als Basso continuo der Vorwurf an die dekadente Enkelgeneration der Buddenbrooks, unfähig zur fruchtbaren Besessenheit zu sein.

Wenn wir nach der *Wirklichkeit im Kopf* des Thomas Buddenbrook fragen, der durchaus als Schilderung einer wirklichen Person verstanden werden kann, so drängt sich ein Paradoxon auf: Er mußte am meisten und längsten an das denken, was ihn im innersten wenig interessierte - an seine Geschäfte und an den Erfolg seines Handelshauses.

In jüngeren Jahren widmete er den Großteil seiner Gedankenwelt vorwiegend aus Pflichtgefühl dem ererbten Handelsunternehmen. Später drängten sich die Sorgen um den Geschäftsgang immer beherrschender in seine Ideen und Gefühle. Beide Motive bewogen ihn dazu, jene Gedanken und Emotionen, die aus seinem ureigenen Innern kamen, stetig zu unterdrücken. Er beendete seine ursprüngliche und erste große Liebe zu dem Ladenmädchen mit den malaiischen Gesichtszügen mit Seufzer und großer Geste, als die Familienraison ihn abberief. Er bezwang seine künstlerischen und bohemienhaften Neigungen und spannte sie in den Dienst einer ästhetisierenden Geckenhaftigkeit, was immerhin zum Selbstbild eines Lübecker Konsuls und Handelsherren paßte. *Besessenheit* blieb ihm immer suspekt. Da stand das Bild unbeherrschter *Leidenschaftlichkeit* und bemüht angestrebten *Frohsinns* in der Person seines Bruders Christian ein Leben lang als Warnung vor seinen Augen. Dieser jüngere Bruder, besser gebildet, weiter in der Welt herumgekommen als er, verzettelte sich in seiner manisch-depressiven Selbstaufgabe in Geselligkeit, Erotik und Egozentrik, bis er, von der Gesellschaft verachtet, von einer Kokotte ausgenützt, im Asyl endet. Die Botschaft begleitete Thomas ein Leben lang: Leidenschaft liefert aus, Frohsinn wird Wahnsinn. Der traurige Playboy Christian ist in dem Roman der Negativfilm zum traurigen Ritter der Familienehre Thomas - dessen wahre Besessenheit es war, Haltung zu bewahren.

Die *Vorbild-Orientiertheit* von Thomas Buddenbrook - und auch seiner Schwester Tony - gehört zum Hauptthema des Romans. Der Gründergroßvater des Familienunternehmens Buddenbrook, die „Alten“ ganz allgemein, stehen immer hinter all ihrem Handeln und Tun, vage und unerreichbar, angebetet, aber auch angezweifelt: Würden sie in der neuen Zeit auch noch bestehen? Denn nicht weniger intensiv wirken auf Thomas negative Vorbilder - die Neureichen, die Rücksichtslosen, die Banausen, denen aber Zeitgeist und Erfolg recht geben. Nur nicht so sein wie jene! Und dennoch - warum werden gerade sie reich, warum kommen sie zu Ämtern und Ehren?

Dabei erscheinen die eigenen Vorfahren zwar in ihrer Redlichkeit und Lebenskraft unerreichbar, aber in der sozialen Position sind sie eigentlich längst eingeholt. Thomas Buddenbrook leistet sich ein teureres Haus und viel mehr Luxus, als sich diese deftigen Lübecker Handelsherren vergönnten. Und nach oben ist der Weg ohnedies versperrt. Zum Adel kann man nicht aufsteigen, auch wenn Schwesterchen Tony als Kind davon träumt. Das Bürgermeisteramt wäre noch ein Ziel des *Ehrgeizes*, aber Thomas resigniert schnell, als sich davor Hindernisse türmen.

Thomas bescheidet sich damit, Handelsherr, Konsul und elegant zu sein. Sein Ziel ist eigentlich niedrig gesetzt: das Unternehmen zu erhalten und das Kapital halbwegs zinsengerecht zu mehren. Nein, ein ehrgeiziger, dynamischer Unternehmer ist dieser Thomas Buddenbrook sicher nicht. Auf den Aufstieg der neuen Industriebarone und der Gründerzeitspekulanten blickt er mit gequälter Verachtung.

Ist Thomas stolz? Sein Bruder Christian und seine Schwester Tony sind Paradebeispiele des abhanden gekommenen und gebrochenen Stolzes. Es gehört zu den menschlich bewegendsten Szenen des Romans, wie Thomas den durch zwei unvernünftige „Vernunftehen“ zutiefst beschämten und vernichteten Stolz seiner Schwester Tony mit der Familienehre der Buddenbrooks zu stützen sucht. Immerhin verbleibt Tony dieses Haltungskorsett eines (für Außenstehende eher lächerlichen) Standesdünkels. Bruder Christian verliert zuletzt jeden Rest von Stolz. Man könnte diesen Roman auch als Geschichte des verlorenen Stolzes charakterisieren. Thomas kämpft nun bis zuletzt um Haltung. Der würdelose Tod im besten Mannesalter durch einen eitrigen Zahn, der Sturz des Sterbenden in den Straßenschmutz, vernichtet auch davon den letzten Rest. Doch die Frage bleibt offen: Hat Thomas Buddenbrook auch seinen inneren Stolz eingebüßt?

Der Autor zeichnet zwar das Bild eines Menschen, der durch ein falsches Lebensmanagement in die Ausweglosigkeit gerät und seinen Lebensmut verliert, dessen Lebensbewältigungs-Strategien in einer modernen und geänderten Zeit versagen und dessen zaghafte Versuche, sich anzupassen, erst recht scheitern. Doch läßt er gerade an der Figur von Thomas auch deutlich werden, daß Haltung und Fassade dazu helfen, wenigstens ein Minimum an Stolz aufrechtzuerhalten. Eine Selbstverständlichkeit in der traditionellen Standesgesellschaft, wo innerer Stolz und äußere Würde fast als Einheit begriffen wurden - zugleich eine Botschaft für die Moderne, die Würde und Haltung eher als Oberflächentünche verachtet oder bestenfalls als Dekoration anerkennt.

Als Ideal wird dieses verzweifelte Haltungbewahren nicht gepredigt. In dem Roman treten auch Musterbilder eines innerlich gefestigten Stolzes auf: Morten, der Student aus einfacher Bürgerfamilie, selbstbewußte Arbeiter und Handwerker. Freilich karikiert Thomas Mann auch recht bissig die kriechende Unterwürfigkeit anderer kleiner Leute. Da malt er, in Randfiguren, zuweilen auch schwarzweiß und läßt Anklage spüren.

Erstaunlich modern kritisiert Thomas Mann die körperfremde Lebensführung der Buddenbrooks, durch die resignativen Einsichten, die er den Hausarzt Doktor Grabow denken läßt: „Oh, er würde schon wieder essen, der junge Mann! Er würde leben wie alle Welt. Er würde, wie seine Väter, Verwandten und Bekannten, seine Tage sitzend verbringen und viermal inzwischen so ausgesucht schwere und gute Dinge verzehren... Nun, Gott befohlen! Er, Friedrich Grabow, war nicht derjenige, welcher die Lebensgewohnheiten aller dieser braven, wohlhabenden und behaglichen Kaufmannsfamilien umstürzen würde...Er hatte, so jung er war, die Hand manches wackeren Bürgers in der seinen gehalten, der seine letzte Keule Rauchfleisch, seinen letzten gefüllten Puter verzehrt hatte und, sei es plötzlich und überrascht in seinem Comptoirsessel oder nach einigem Leiden in seinem soliden alten Bett, sich Gott befahl. Ein Schlag, hieß es dann, eine Lähmung, ein plötzlicher und unvorhergesehener Tod ...ja,ja, und er, Friedrich Grabow, hätte sie ihnen vorrechnen können, alle die vielen Male, wo es nichts auf sich gehabt hatte, wo nur vielleicht nach Tische, wenn man ins Comptoir zurückgekehrt war, ein kleiner, merkwürdiger Schwindel sich gemeldet hatte."

Zu viel und zu schweres Essen, zu viel Trinken, zu wenig körperliche Bewegung: Thomas Buddenbrook kann auch als medizinische Fallstudie eines körperlich-seelischen Niedergangs nach der Lebensmitte gelesen werden, mit körperlichem Erschlaffen und mit psychosomatischen Beschwerden bis zum verfrühten Tod an einem Schock nach einer Zahnoperation bei gebrochener psychischer Widerstandskraft. Obwohl es die Begriffe Streß, Coping Capacity, psychosomatische Symptome, Exhaustionsphase noch nicht gab, als das Buch entstand, sind die entsprechenden Phänomene wie in einer modernen Krankengeschichte beschrieben.

Die Freude an der Leiblichkeit wurde, nach den etwas freieren Jahren der Jugend, auf die Gaumenfreuden eingeengt. Von der Erotik in der Ehe mit der musikalischen Frau Gerda erfährt man nichts. Es wird nur angedeutet, daß zuletzt auch diese Beziehung in Haltung erstarrt. Ebenso dürr wird das Vater-Sohn-Verhältnis zwischen Thomas und Hanno, dem Erben, der sich dem Erbe versagt mit den Worten: „Ich dachte - ich dachte - es käme nichts mehr."

Thomas Buddenbrook selbst nahm hier kein Problem wahr. Man gewinnt aus der Schilderung den Eindruck, daß er seine körperlichen Schwächen, die sich schon früh manifestiert hatten, durchaus als das hinnahm, was nach manch neueren Theorien Krankheiten oft sind: Flucht vor Belastungen in das kleinere Übel, vom Körper erzwungene Erholungspausen, heilsame und rettende Kuren. Er machte schon gern einmal Pause. Körperliche Stärke faszinierte ihn nicht, das Wort Fitneß hätte ihm nichts gesagt, auch wenn es genau expliziert worden wäre. Der Körper galt ihm als Schicksal. Er hätte gegen den Titel „Im Körper gefangen" nichts einzuwenden gehabt.

Zumindest nicht, soweit das Körperkraft und Gesundheit betraf. Schönheit verstand er anders. Da konnte der widerspenstige Leib einbezogen werden in das Machbare und Erreichbare. Er „machte" sich jeden Tag eine Stunde lang „schön" - und je schlechter es ihm in späteren Jahren ging, um so länger widmete er sich dem Kunstwerk seiner Äußerlichkeit. Zuletzt schon täglich anderthalb Stunden, mit Pflege von Bart und Haar, mit sorgfältiger Auswahl der Kleidung.

Nicht, daß dies sehr lang wäre. Mit einer modernen Erziehung zur Leiblichkeit würde er, ebenso in Geschäftsbedrängnis und seelisch aus dem Lot, sicher täglich ebensolang joggen und Tennis spielen oder in der Sauna schwitzen und sich massieren lassen. Es sei dahingestellt, ob ihm das mehr hülfe. Doch vielleicht hätte es Thomas weniger in die finanzielle Bredouille gebracht, hätte er sich mehr auf Gesundheit und Fitneß konzentriert als auf Schönheit. Nicht, daß der Friseur, der täglich zum Rasieren kam, oder die Wässerchen und Pomaden so viel gekostet hätten. Doch Schönheit endet nicht mit der Haut. Da kommt die Kleidung dazu. Und die äußerste Hülle des Selbst, das Haus. Schönheit drängt danach, hergezeigt zu werden, viel mehr als Fitneß. Und die Kosten seines eleganten Domizils, die Ausgaben für die Gastlichkeit, die damit auch verbunden waren, bedrängten Thomas Buddenbrook zunehmend.

Durch die Lebensstrategie, sich selbst durch Ästhetik auszudrücken, fügte er sich völlig in das Streckbett der Gesellschaft. Er mußte seine Rolle als Muster an Eleganz, Haltung und Vornehmheit auch dann noch spielen, als es ihm schon bitter schwer fiel.

Lebte Thomas Buddenbrook im *Konsens* mit seiner Gesellschaft? Nach außen hin sicher - auch wenn er daran zerbrochen ist. Doch so einfach war sein Verhältnis zur Welt um ihn nicht - das hätte auch nicht einen so großen Roman ergeben. Thomas litt an dem Widerspruch dieser Gesellschaft selbst. Er wußte um den Verlust der alten Ordnung, in der seine Vorfahren gediehen waren wie der Fisch im Wasser. Das Neue, voll Aufbruch und Umsturz, machte ihn bange. Und es faszinierte ihn: die Dynamik der beginnenden Industrialisierung, die rücksichtslose Expansion brutalen Unternehmertums, die rebellische Selbstsicherheit von Dienstleuten, die sich nicht mehr als Untertanen, sondern als Schaffende und Fortschrittsträger fühlten - auch wenn sie das noch längst nicht klar sagen oder gar in Politik umsetzen konnten. Er ahnte, daß hier Zukunft keimte. Aber er konnte nicht mitgehen. Das Erbe hielt ihn.

Thomas Buddenbrook verdankt alles dem *Erbe*: Position, Geschäft, Bildung, Verbindungen. Der Bruder Christian hat versucht, sich davon loszureißen. Er floh davor nach London, bis Valparaiso, zuletzt nach Hamburg. Die Schwester Antonie ging zweimal weg, sogar bis München, das ihr zum Schock der Fremdheit wurde. Beide waren gescheitert, vom Vätererbe abhängig geblieben. Thomas hatte Fremde nur im Schutz seines Erbes kennengelernt: zur Lehre in Amsterdam, zur Erholung in Südfrankreich.

Seine Erziehung war auf dieses Erbe zugeschnitten. Mit sechzehn Jahren wechselte er von der Schule ins Comptoir. Er hatte solide Kenntnisse für seine Geschäfte mitbekommen, aber sonst wenig: Kein Handwerk und keine Wissenschaft hatte er erlernt, seine Bildung ging nicht tief. Sein Weg war vorgezeichnet.

Es war anfangs auch ein Weg, der nach oben zu führen schien. Thomas erwartete und erlebte einen *Aufstieg*, der in den Augen der Bürgerschaft und seiner Mitpatrizier beachtenswert war. Am deutlichsten verkörperte sich das in seinem neuen prachtvollen Haus. Ihn selbst quälte allerdings schon früh die Unsicherheit, ob ihm das Geschäftsglück hold bleiben würde, ob er sich nicht übernommen habe. Der Familienroman der Buddenbrooks wird meist als Geschichte eines Abstiegs verstanden. Im engeren Sinn des sozialen Abstiegs stimmt das aber nicht. Thomas blieb bis zu seinem verfrühten Tod ein angesehener Handelsherr und Patrizier, er wurde nie deklassiert, er verlor keineswegs die Achtung seiner Mitmenschen. Was er an Pech im Geschäft erlebte, an Fehlspekulationen und Einbußen, hielt sich im Rahmen unternehmerischen Risikos. Eine robustere Persönlichkeit mit besserem Lebensmanagement hätte sich dadurch keineswegs beirren lassen, hätte vielleicht etwas sparsamer gewirtschaftet, besessener Geschäfte betrieben, seinen sozialen Ehrgeiz leicht zurückgenommen.

Thomas Buddenbrook ist besser zu begreifen als Opfer seines Erbes, als feinfühlige Natur, eher zum Künstler oder Grübler geboren, aber schon von Kindheit in eine Tradition zwanghaft eingebettet, die ihm sehr viel an Wohlstand und sozialen Chancen bietet, nur nicht die Freiheit, sein eigenes Leben zu leben. Und daran zerbricht er, unauffällig und mit Haltung.

Zur Selbststeuerung hatte er wenig Zugang. Als *Genußmittel* leistete er sich seine edlen Zigaretten und gutes Essen und Trinken, nicht sehr exzessiv, aber doch wohl mehr, als ihm gesundheitlich guttat. Er genoß auch Gesellschaft, hörte - schon seiner Frau zuliebe - Musik, pflegte der Ruhe. Kurz, er hatte im Rahmen seiner Tradition und Gesellschafts-Subkultur ein gutes Leben. Nur blieb er dabei immer im Rahmen.

Und dieses Streckbett der Gesellschaft gab ihm zwar viel Komfort, gestattete ihm aber wenig an wirklich ablenkender *Zerstreuung* und noch weniger ein Ausbrechen in veränderte Bewußtseinszustände, in die Ekstasen des Lasters und der Leidenschaft oder der Hingabe und der Versenkung. Er erlebte auch nie die Extreme von Hunger, Härte und Erschöpfung, von urhaftem körperlichem Triumph. Erst gegen Ende seines Lebens versuchte er vereinzelt, sich dem Zustand der *Konzentration* zu nähern, unbeholfen, durch Lektüre und Nachdenklichkeit.

Wie sieht die Glücksbilanz eines solchen Lebens aus? Darauf geht der Roman nicht ein. Tatsächlich wäre ein Mann wie Thomas Buddenbrook viel zu verhalten, viel zu eingesperrt im Panzer seiner Haltung, als daß er selbst über seinen Glückszustand Auskunft gäbe. Und der Autor hat sich - wozu er alles Recht hat - einer Interpretation dazu enthalten.

Die Analyse fällt deshalb schwer, weil recht unklar bleibt, ab wann Thomas schon an seinem depressiven Selbstbild zu leiden begann, wann sich die Zweifel an seinem Glück so durchsetzten, daß ihm die Freuden seines „guten Lebens“ vergällt wurden. Vermutlich war er bis zu seiner Heirat mit Gerda und noch eine Weile danach den größeren Teil seiner Zeit recht glücklich, wohlig die Freuden des Lebens genießend, mit mehr zerstreuenden Gedankenausflügen weg vom Comptoir, als sein trockener Kompagnon vermutet hätte. Sein Selbstbewußtsein war da auch noch halbwegs intakt. Nehmen wir das einmal an - und die Schilderung seines Lebens unterstützt diese Hypothese.

Dann liegt der Fehler seines Lebensmanagements darin, daß er nicht rechtzeitig eine Lebensbahn eingeschlagen hat, die sein Interesse stärker gefesselt hätte und ihn damit mehr leisten hätte lassen, was ihm wiederum die Risiken erspart hätte, die er einging, als sich schon Mißerfolge abzeichneten. Die Deutung scheint plausibel: Er zweifelte schon sehr früh, daß er „gegen“ die Dynamik seiner Zeit als Geschäftsmann Erfolg haben würde, spekulierte dann halbherzig, wider seine Neigung und Überzeugung, wurde unsicher, machte weitere Fehler, hatte zudem Pech (doch das hat irgendwann jeder), und zerbrach daran seelisch, bis zum Fall eines tiefen Selbstzweifels.

Er nahm zu viel Risiko auf sich, nicht absolut, aber für seine schon labile Seelenlage. Das büßte er dann mit einigen Jahren steigender Bitternis und Freudlosigkeit, zuletzt wohl mit dem Leiden einer Depression. Und das zählt, nach dem, was wir wissen, zu den ärgsten Leiden überhaupt. Denn aller Schmerz ist in unserem Kopf. Man kann sogar annehmen, daß der verfrühte Tod ihm willkommene Erlösung war.

Das Muster ist nicht ungewöhnlich, es war damals vielleicht statistisch der häufigere Fall als das lange glückliche Leben mit einem guten „eigenen“ Tod. Heute mag sich das Verhältnis allmählich verschieben, dank der Emanzipation der Menschen zu sich selbst, dank der lindernden Mittel der Medizin (sogar für Depressionen) und allmählich nun auch schon dank der Ausbreitung eines gekonnten Lebensmanagements.

Nach dieser Analyse stellt sich die Frage: Hätte Thomas Buddenbrook die Chance zu einem langen glücklichen Leben gehabt? Wann hätte er dazu aber aus seiner Lebensbahn „aussteigen“ müssen?

Etwa nach der Hundert-Jahr-Feier der Firma. Herr Konsul Buddenbrook zieht sich, mit Rücksicht auf seine Gesundheit, aus dem Geschäft zurück und verkauft. Er behält sich ein komfortables Quartier in Lübeck, lebt aber für die meiste Zeit des Jahres dort, wo es seinem Sohn Hanno und seiner Frau Gerda behagt - in einer Metropole mit hoher Musikkultur. Er ermutigt Hanno liebevoll, sich der Musik als Lebensinhalt zu widmen. Er entwickelt in den Museen und Galerien ein tiefes Kunstverständnis, nützt vorsichtig und nur als Hobby sein kaufmännisches Geschick auf dem Kunstmarkt, nicht ohne Gewinn, da er sich nie in die Risikoklemme begibt. Seine gepflegte Erscheinung wird in Künstlerkreisen geschätzt. Tagsüber kann man ihm bei langen Spaziermärschen begegnen, für die er sich romantisch salopp kleidet, mit Schlapphut und Knotenstock. Die Kuraufenthalte in Südfrankreich und die

Sommerfrischen am Meer stärken seine angegriffene Gesundheit. Von den Lübecker Bürgern hat er sich aber schon zu weit entfernt, als daß es ihn stören würde, wenn sie manchmal brummen: Der hat es sich aber leicht gemacht!

Vielleicht wäre das aber schon zu spät gewesen. Man wirft seine Prägungen nicht so leicht ab. Zu tief hatte er es verachtet, als Herr Permaneder, der bayrische zweite Gatte seiner Schwester Tony, die Buddenbrooksche Mitgift dazu gebrauchte, um sich als Privatier sein Leben zwischen Häuslichkeit und Hofbräuhaus zu teilen. Vielleicht wären dann auch bei ihm, wie bei Permaneder, Haltung und Stolz in der Sinnleere der Ziellosigkeit rasch zerbröselt.

Ein günstigerer Zeitpunkt, sein Leben in die Hand zu nehmen, wäre sicherlich nach dem Tod des Vaters gegeben gewesen. Thomas Buddenbrook zahlt den alten Kompagnon aus und strafft die Firma. Er zieht in ein bescheidenes Haus, das günstig zum Hafen liegt. Er nützt seine Weltläufigkeit und baut neue Handelsverbindungen auf. Er lernt Englisch. Er sucht seinem Bruder Christian eine resolute ehrliche Frau aus einfachen Verhältnissen, die sich aber aufs Pflegen eines Kränklichen versteht. Er bringt Tony mit Morten zusammen. Obwohl zu manchem seine Mitpatrizier schmunzeln, pflegt er in sich das Gefühl, daß er das „wahre Erbe" der Buddenbrooks verwalte - die Kaufmannsehre seines Großvaters in einer neuen Welt. Manchen vergeht das Lächeln, als er sich politisch mit dem Volk verbindet. Dazu kommt ein wachsender Wohlstand durch neue Geschäfte, wo er zwar nie „Spekulationsgewinne" erntet, aber den Kreis ausweitet, in dem man ihm größere Transaktionen zutraut. Die musikalische Neigung seiner Frau und später seines Sohnes achtet er hoch und bezieht sie auch in seinen Lebenskreis ein: Er organisiert mit ihnen Wohltätigkeitskonzerte und gründet eine Musikschule für begabte junge Leute aus dem Volk.

Ein erfreuliches Bild. Leider muß man bezweifeln, ob ein Thomas Buddenbrook zu diesem Zeitpunkt seines Lebens noch die Kraft zu einem solchen Ausbruch gehabt hätte, ob er vor allem so viel Engagement für einen Beruf aufbringen hätte können, der ihm schon lange zur trockenen Pflicht geworden war - und bestenfalls zum Glücksspiel. Man darf, wohl mit dem Autor, vermuten, daß schon von der frühkindlichen Erziehung an in Thomas die protestantische Leistungsfreude verschüttet worden war, daß er sich nie zur unternehmerischen Autonomie entwickelt hatte, sondern sich am glücklichsten in der Sicherheit eines gediegenen Dienstverhältnisses gefühlt hätte, als hoher Beamter oder Diplomat. Nun, eine solche gesicherte Einordnung in Größeres hätte er vielleicht gewinnen können, wäre er mit seiner Frau Gerda in Amsterdam geblieben und hätte er sein finanzielles Erbteil in ein großes holländisches Handelshaus eingebracht, als Teilhaber und Prokurist, als solider Zweiter oder Dritter mit deutschen Verbindungen. Allerdings hätte das den Bruch mit seinem Vater bedeutet, den „Verrat“ am Erbe.

Wenn er zu einem solchen Bruch seelisch fähig gewesen wäre, so hätte er ihn wahrscheinlich schon früher vollzogen. Dann wäre er mit seiner ersten Liebe durchgebrannt, nach Amerika. Doch sollten wir nicht vergessen, daß Thomas Buddenbrook in der Mitte des 19. Jahrhunderts lebte, nicht um 1900, als das Buch geschrieben wurde, nicht in der ersten Hälfte unseres Jahrhunderts, da Amerika die große Zuflucht aller Freiheitssuchenden wurde. Amerika bedeutete für die Zeitgenossen von Thomas noch hartes Pionierdasein, Planwagen, die in den Wilden Westen zogen. Körperkraft und Fitneß zählten dort noch - und notfalls mußte man auch schießen können. Nicht gerade das, wonach sich der junge Thomas sehnte. Zudem ging es ihm zu Hause sehr gut. Entbehrungen hatte er nie als Glückstechnik zu nutzen gelernt.

Die Buddenbrook-Geschichte verführt zum Fatalismus. Und tatsächlich ist das „Aussteigen“ nur selten ein guter Rat. Reformen sind allemal angenehmer und weniger gefährlich als Revolutionen (freilich oft schon nicht mehr möglich). Ein wahrer Arzt oder Seelsorger hätte dem Herrn Senator Buddenbrook auch sagen können: Sie sind krank. Ihnen fehlt es an körperlicher Bewegung, am Kontakt mit der Natur und an der direkten ehrlichen Begegnung mit den Menschen. Kaufen Sie sich ein Pferd und feste Stiefel, reiten Sie mindestens jede Woche einmal ein paar Stunden übers Land, dorthin, wo das Getreide wächst, das sie kaufen und verkaufen, reden sie mit den Leuten, stapfen sie durch die Felder und an der Küste entlang. Und wenn Sie dann in Wind und Sand ganz allein sind, schreien Sie einmal alles hinaus, ihren Kummer und ihre Freude. Schämen Sie sich dessen nicht, es ist ein Gebet.

GÜNTHER NENNING

„ICH ENTSCHEIDE GAR NIX ...“

SCHLÖSSER: Herr Nenning, das Thema, über das ich mit Ihnen reden will, heißt „Lebensmanagement”. Was stellen Sie sich darunter vor?

NENNING: Ich bin dagegen. Management und Leben schließen sich aus, weil Management immer eine künstliche Komponente in sich enthält. Die Grundvorstellung des Managers ist: Wenn ich nicht manage, steht die Welt still, der Betrieb still, die Wirtschaft still. Es ist ein Malheur, wenn ich nicht manage. Beim Leben aber ist es genau umgekehrt. Wenn man ihm an den Kragen geht, es einteilt, so ist es genau dieses Stück weniger Leben, um das es eingeteilt wird. Lebensmanagement ist ein hölzernes Eisen.

SCHLÖSSER: Soll das heißen, daß Sie alles, was Sie betrifft, dem Lauf der Dinge selber überlassen?

NENNING: Es gibt das Einwirken des Management auf mein Leben. Das ist aber zum Glück immer noch nicht dasselbe wie Selbst-Management. Letzteres wäre eine Art von protrahiertem Selbstmord. Das andere muß man freundlich entgegennehmen, denn, ja, es gibt andere Welten, darunter auch die des Management, inklusive Kultur- und Medienmanagement, die in mein Leben einwirken. Aber das ist noch immer nicht das, was in manchen Erfolgsbüchern zu lesen ist: „Du mußt dein Leben einteilen, erst dann wird es Leben!”

Die Organisation zerstört das Leben, weil es organisch ist. „Organisieren“ - das Wort hat drei Silben zu viel.

SCHLÖSSER: Nun gibt es aber trotzdem Entscheidungen, die getroffen, Pläne, die gemacht werden müssen. Oder rechnen Sie Pläne auch schon zum falschen Management?

NENNING: Jeder Plan wird bald durch den nächsten ersetzt, weil er als Plan nicht lebenstauglich ist. Mit den Entscheidungen ist es etwas anderes. Sie haben eine bestimmte, geheimnisvolle Struktur, die das Gegenteil von etwas Organisiertem ist. Es gibt einen bestimmten Punkt, den Kairos, und zu diesem fällt die Entscheidung. „Es fällt die Entscheidung" - diese Fügung ist ja ein sehr schöner Hinweis. Es heißt eben nicht: „Ich mache eine Entscheidung". In anderen Sprachen sagt man vielleicht so: „I make a decision", das könnte schon sein. Aber dies Decision-Making ist genauso etwas wie das Lebensmanagement. Die Entscheidung, die ich meine, fällt in einem bestimmten Augenblick, wie wenn eine unsichtbare Hand sich öffnet. In meinem Leben bin ich jedenfalls daraufgekommen: Die richtigen, die haltbaren, die glücklichen Entscheidungen waren solche, die nicht organisiert zustande gekommen sind.

Darum halten ja auch die politischen Entscheidungen nicht. Die wirklichen historischen Entscheidungen, die kommen über die Politiker und sie wissen gar nicht woher. Siehe zum Beispiel das Kapitel „Deutsche Einigung". Sämtliche Planungen, Managements, Decision-Makings waren zunächst einmal reine Theorie. Dann kam über Nacht die historische Praxis. Und nun läuft das Decision-Making hilflos und wunderbar anzuschauen hinterdrein und sagt: Wir müssen eine Entscheidung machen. Aber morgen ist sie schon wieder unsinnig. Das macht mich ganz glücklich.

SCHLÖSSER: Sie sprechen jetzt aber über einen Vorgang, an dem viele Menschen, Massen beteiligt sind. Ist es bei Ihrer individuellen Biographie genauso? Wo kommen da die Einflüsse her, die die Entscheidungen vorbereiten?

NENNING: Je näher das moderne Leben an das normale Lebens-Leben heranreicht, desto mehr gilt dies: Ich entscheide gar nix! Der Lebensstrom fließt dahin, und wenn ich was tun muß, so geschieht dies mit einer gewissen Automatik. Wenn ich das Gefühl habe, nicht zu wissen, was ich tun soll, dann heißt das eigentlich, daß die Zeit noch nicht reif ist. Der Kairos ist noch nicht da. Und meine Erfahrung ist: Der kommt dann schon!

SCHLÖSSER: Aber in einem sehr grundsätzlichen Sinn ist dieses Warten doch auch eine Entscheidung, oder wenn das nicht, so doch eine Lebenshaltung?

NENNING: Ist diese Grundentscheidung getroffen, purzeln sozusagen sämtliche anderen Entscheidungsvorgänge nach. Die Grundentscheidung aber heißt: Mach dir nichts vor, alles entscheidet sich erst zu einem bestimmten Zeitpunkt, denn nur dann stimmt es überein mit deinem Leben, mit deiner Person, mit der menschlichen Umgebung, in der du dich befindest.

SCHLÖSSER: Ist diese heitere Geduld ein Zeichen von Altersweisheit, oder haben Sie schon immer so gedacht?

NENNING: Ja, es klingt wie Altersweisheit, aber ich war immer schon ein in manageriellem Sinne unentschlossener Mensch. Eben darum - so behaupte ich einmal etwas arrogant - war ich auch ein Mensch, der sich im entscheidungsträchtigen Augenblick rascher entschieden hat als andere.

SCHLÖSSER: Diese raschen Entscheidungen sind es ja auch, die man in der Öffentlichkeit besonders an Ihnen wahrnimmt. Als Publizist und als Politiker haben Sie die verschiedensten Positionen bezogen: Man kannte Sie als engagierten Katholiken, fand Sie aber auch am linken Rand der SPÖ und des ÖGB. Schließlich konnte man Sie einer ökologischen, grünen Bewegung zuordnen. Und neuerdings befassen Sie sich mit Österreichs Rolle in einem neuen Mitteleuropa, besetzen also in einem gewissen Sinne ein Thema für Patrioten. Das sind sicher noch nicht einmal alle Facetten Ihrer Tätigkeit. Wie aber soll die Öffentlichkeit diese Wandlungsfähigkeit verstehen? Als Dynamik oder als Unentschlossenheit?

NENNING: Das ist das Problem der Öffentlichkeit, die ja der Meinung ist: Wenn sich jemand entscheidet, war er vorher dieser und nachher ist er jener. Ich habe mich eigentlich, nach meinem Gefühl, nie so entschieden, daß ich z. B. sagte, 25 Jahre bist du schon Journalisten-Gewerkschafts-Häuptling. Jetzt setz dich einmal hin mit deinen Lieben und denk nach, ob du noch ein 26. Jahr willst. - Als ich dann aber von dort gewalttätig entfernt wurde (lacht), hat sich herausgestellt: Es war genau der richtige Moment. Meine Entscheidung war schon die ganze Zeit: ich scher mich nicht drum, ob ich bleibe oder nicht. Entweder ich setze mich durch in diesem Kafkaschen Schloß ÖGB, oder ich flieg raus. Das bringt dann irgendwann den Kairos mit sich. Das ist aber nicht Decision-Making, behaupte ich. Sondern aus allem, was war, folgt lebenslogisch das, was jetzt zu tun ist.

SCHLÖSSER: Das heißt, Sie folgen einem versteckten Ideal vom organischen Lebenslauf, der die äußeren Entscheidungen an der richtigen Stelle schon von selber bringt?

NENNING: So ist es. Ich sehe das ganz absichtsvoll, und wenn man so will, ideologisch, als Gegenbild: Die Tautologie „organisches Leben" sehe ich als Gegenbild zum hölzernen Eisen „Lebensmanagement". Das eine ist in sich widersprüchlich, das andere ist eine Tautologie. Macht aber nichts. Wenn man das richtige Wort hat, darf man es auch in zweifacher Gestalt haben.

SCHLÖSSER: Wahrscheinlich sogar in mehr als zweifacher Gestalt. Ich habe mich gerade in Ihrem Büro ein wenig umgeschaut. Da hängen Bilder an der Wand, die in anderen Büros nicht so einträchtig beieinander hängen würden: Plakate von der Oktoberrevolution, daneben ein Buntdruck von der Jungfrau Maria, da findet sich ein Porträt von Balzac, schließlich ein Kalender mit dem Habsburgischen Adler und dem Schriftzug „Mitteleuropa" in Gotisch-Fraktur. Sammeln Sie Ideale?

NENNING: An der Wand wird aufgehängt, was ich für wichtig halte in meinem Leben, und in der Geschichte rund um mich herum. Und da ich mein Leben lebe, anstatt es zu organisieren, habe ich auch nicht diese Logik-Probleme, die ein anderer hat.

Wenn man ganz einfach sagt: „So, das gefällt mir!" - dann beginnen die Kreuz- und Querverbindungen zu schießen zwischen dem, was logisch gesehen in einem Leben widersprüchlich ist. Weil Sie zum Beispiel das wunderbare Plakat von der Oktoberrevolution erwähnten: Der Soldat der Reiterarmee des Budjonny ist, wahrscheinlich sogar absichtsvoll, aber jedenfalls wenn man genau hinschaut, ein Heiliger Georg, der den Drachen tötet. Also der paßt zur Maria. Wir haben auch noch eine elektrische Maria, die Sie nicht entdeckt haben, mit Lämpchen rundum. Das heißt einfach: Um zum guten Leben zu gelangen, gibt es verschiedene Versuche, und sie gehen immer dann schief, wenn sie „nichts als" sind: Nichts als Christentum, nichts als Sozialismus. Sie finden immer auf dem seltsamsten, kompromißhaften, illogischesten Weg zueinander und bewirken was. Da haben wir dann auf einmal an der Spitze der Tschechoslowakei einen Präsidenten, der ein abstrakter Dichter ist, ein gläubiger Christ, ein guter Sozialist, ein Demokrat und weiß der Teufel was alles noch. Das sind Dinge, die für jeden wissenschaftlich-logisch Denkenden lauter Widersprüche sind. Das Verkehrte an der Wissenschaft ist aber, daß sie nichts als logisch sein will.

SCHLÖSSER: Also sehen Sie jemanden wie den Präsidenten der Tschechoslowakei als Genossen?

NENNING: Ja. Ich meine, der Václav Havel kann sich schon selber sein Leben ausdeuten. Aber wenn da einer sagt: manage dein Leben und mache Entscheidungen! - also dann ist das Leben des Havel ganz komisch, oder sagen wir, bedenkenswert.

SCHLÖSSER: Das bringt mich auf die Frage nach Einflüssen von Personen. Gibt es Menschen, denen Sie für Ihr Leben etwas zu verdanken haben?

NENNING: Es gibt ununterbrochen im Leben Menschen, denen man was verdankt. Sonst wär's irgendwie auch traurig, nicht? Das wäre so das Schopenhauersche Bild vom Individuum, das in einem Nachen auf stürmischem Meer sitzt, und zwar ganz allein. Der Individualismus paßt in ein organisches Leben nicht hinein. Das aber heißt: Was du bist, das bliebst du andern schuldig. Und diese anderen Leut', die gibt's ununterbrochen. Ich bin kein Heldenverehrer, dazu bin ich wahrscheinlich zu arrogant, zu eitel, zu einsiedlerisch oder so wie, aber spätestens sehr spät hinterdrein komm ich drauf: Von dem Mann, oder der Frau, hast du das und das. Oder eigentlich muß die Reihenfolge sein: Von der Frau und von dem Mann. Nicht aus feministischen Gründen, sondern so war's halt in meiner Biographie.

SCHLÖSSER: Die Frauen waren für Sie wichtiger und bestimmender?

NENNING: Sie sind viel wichtiger. Wobei man sich davon lösen muß, daß Einfluß immer nur ein geistiger ist. Ich glaube, im Leben beeinflußt einen wirklich, daß neben deinem Leben ein anderes Leben lebt, und daß sich daraus tausendundeine Verbindung aufmacht, die dich ändert und wohl die andere, den anderen auch.

SCHLÖSSER: Nun klingt all das bei Ihnen immer so, als ob das eigentliche Leben nur ganz spontan passieren könnte. Lassen sich denn wesentliche Erfahrungen gar nicht in lernbarer Form organisieren, in Schulen, Seminaren, wo auch immer?

NENNING: Die einzige Schule, die hält, ist die Schule des eigenen Lebens zusammen mit anderen. Daß sich das organisieren läßt, glaube ich nicht. Denn das setzt ja voraus, daß der Lehrer weiß, wie's geht, und der Schüler weiß nicht, wie's geht. Die typische Schulsituation ist aber heute genau die umgekehrte. Der Schüler weiß, wie's geht im Leben und der Lehrer weiß es nicht. Ich würde nie so etwas Heikles, Zerbrechliches und Unzerstörbares wie das Leben einem Kurs „wie sollst du leben?" anvertrauen. Daran glaube ich nicht. Ich halte es für einen guten Kurs, wenn man mit Leuten zusammen sitzt, auch und insbesondere mit solchen, die ganz anderer Meinung sind. Ich halte es für einen guten Kurs, wenn man möglichst viel unter Leuten ist, ohne daß das geplant ist. Es ist ein guter Kurs, wenn man in die Kirche geht ... All das halte ich für gute Kurse.

SCHLÖSSER: Aber es gibt doch auch Dinge, die man können und wissen muß. Berufliche Qualifikationen, Kenntnisse aller Art. Soll sich die staatliche Schule darauf beschränken, diese Kenntnisse zu vermitteln, und das eigentliche Leben in Ruhe lassen?

NENNING: Ich klammere unser sogenanntes modernes industrielles Leben einmal aus und rede von einem Lebenslauf, der sich nicht auf einem Sechstel der Erde und nicht in einem - was weiß ich - tausendsten Bruchteil der menschlichen Geschichte abspielt. In diesem normalen Lebenslauf spielt sich der Erwerb lebensnotwendiger Kenntnisse ab wie bei der Bärin und ihren Jungen oder so ähnlich. Das heißt, was zum Leben notwendig ist, das Fressen, Trinken, Hausbauen, die Kenntnisse dazu, die Himmelsbeobachtung, das Einmaleins, aber auch sehr viel kompliziertere Dinge, erwirbt man normalerweise, indem man sie mit den Seinen durchlebt. Also mit dem, was in einem weiten, nicht biologisch verstandenen Sinne Familie ist.

Insoweit die Schule, obwohl sie staatlich ist, doch eine solche Gemeinschaft ist - Bärin und Bärenjunge - gibt sie natürlich auch etwas. Ich habe in meiner Erinnerung eine ganze Reihe von Lehrern, bei denen ich möglicherweise gar nicht mehr weiß, was sie gelehrt haben, oder wo ich das, was sie gelehrt haben für einen Blödsinn halte. Aber der Mensch, mit dem zusammen ich eine Zeitspanne in der Klasse oder Schule verbracht habe, von dem habe ich etwas gelernt.

SCHLÖSSER: Nun sind Sie ja ein gebildeter und akademisch qualifizierter Mann. Dr. phil. ***und*** Dr. rer. pol., ausgewiesen durch zahlreiche Publikationen. Wieso werten Sie all dies so ab? Spielt sozial organisierte Kenntnisansammlung für Sie wirklich eine so geringe Rolle?

NENNING: Ja. Das ist jetzt sozusagen der Gipfel der Arroganz oder der Gipfel des Luxus, aber ich glaube, daß ich im Leben immer nur das gemacht habe, was ich wollte. In der Schule hat mich irrsinnig interessiert Naturgeschichte, Latein und Geographie - paßt ja eigentlich auch nicht zusammen - gehaßt habe ich Mathematik und so. Und das habe ich halt gemacht und es hat eigentlich auch gereicht. Auf der Universität desgleichen. Religionsgeschichte hat mich interessiert, Sprachgeschichte hat mich interessiert, das habe ich gemacht. Mit Arroganz und Luxus meine ich in diesem Zusammenhang: Der aller-allergrößte Teil meiner Mitmenschen kommt nicht in diese wunderbare Lage. Für die werden nämlich die Lebenspläne entworfen. Ich würde geradezu sagen, Freiheit heißt: Ich habe niemanden über mir, der mir die Lebenspläne entwirft und aufzwingt, einschließlich auch der industriellen Manipulation. Inserat: Wenn du glücklich leben willst, so komme in unseren Kurs.

SCHLÖSSER: Nun ist aber doch evident, daß sehr vieles einer solchen autonomen Lebensgestaltung im Wege steht. Wie gehen Sie mit den Dingen um, die Ihnen aufgezwungen werden?

NENNING: Wenn man meint, daß das Leben gelebt gehört, so gehört zu einem solchen Leben natürlich auch der äußere Zwang. Schicksal, nicht wahr! Ich fahre mit dem Schiff in die Ferien, es geht unter. Das Flugzeug fällt runter. Ich schreibe aufmüpfige Sachen und werde eingesperrt. Die Nägel werden mir ausgerissen und so. Da habe ich irgendeine innere Gewißheit, daß ich durch solche Situationen trotzdem durchkomme und daß sie eigentlich nichts ändern an meiner Theorie. Theorie heißt ja etwas sehr Schönes, nämlich „Anschauung". Ich glaube eben, daß es in jeder Situation eine Möglichkeit gibt, sie durchzustehen, ohne sich zu beugen. Dies deswegen, weil man den Tod mit einschließt.

SCHLÖSSER: Und mit dem Tod haben Sie keine Schwierigkeiten?

NENNING: Aber natürlich habe ich entsetzliche Schwierigkeiten damit, Alpträume! Ich denke mir, wie ungerecht, daß jemand wie du stirbt. Warum stirbt nicht jemand anderer? Aber das ändert ja nichts an der Theorie. Deswegen heißt sie ja so. Also, ich meine

Theorie nicht im abstrakten Sinn, wie sie in Büchern steht, sondern als eine Anschauung des Lebens aus deiner Lebenserfahrung heraus. Ob das dann hält, weiß niemand. Angst habe ich furchtbare
SCHLÖSSER: Die schließt aber das Glück nicht aus, oder?
NENNING: Nein, denn es ist ja genau die Angst, die im Sinne Kierkegaards die Freiheit ist. Ich habe doch nur dann keine Angst, wenn ich sage: „was heißt Freiheit, ich will Sicherheit!"

Aber das ist die Wurzel, warum die Politik heute so verkehrt ist. Weil den Leuten immer nur Sicherheit geboten wird. Und die ist immer nur der Vorhang vor der bibbernden Angst. Da ist es gleich gescheiter, daß man sagt, ich habe Angst, aber ich glaube, das soll so sein.
SCHLÖSSER: Sicherheit bedeutet also für Sie eher nichts Gutes.
NENNING: Ich freu mich natürlich irrsinnig, wenn auf dem Frühstückstisch alles an seinem Platz ist, oder wenn auf dem Schreibtisch eine solche Ordnung ist, daß ich auch im Finsteren weiß, wo das Buch, der Bleistiftspitzer oder die Schere liegt. Das freut mich natürlich. Aber ich habe irgendwie das Gefühl, wenn dies alles zusammenstürzt, und das gehört zum Leben dazu, so komme ich mit meiner Art zu leben trotzdem oder gerade deswegen durch.
SCHLÖSSER: Und so hat Ihr Leben Glücksmomente genug ...
NENNING: Wenn einem ein schönes Leben beschert ist, ist es Teil der Angst, daß man denkt, um Gottes Willen, so schön, wie es jetzt war und ist und anscheinend sein wird, kann es doch eigentlich gar nicht wahr sein.
SCHLÖSSER: Gut. Das wäre die größte Angst. Und das Glück bestünde dann darin, daß sich das Leben doch als wahr erweist?
NENNING: Ja, aber vor dieser Folie der Angst. Wenn man die nicht hat, nicht auslebt und austräumt, so fehlt eine ganz wesentliche Dimension, nämlich: Daß außer Leben auch Nicht-Leben sein kann. Ich will einmal sagen, das Wesen der Angst, mit der sich leben läßt und die man zu Leben braucht, ist, daß es den Tod gibt.
SCHLÖSSER: Und es ist gut, wenn man sich rechtzeitig mit diesem Gedanken befreundet? Das wäre ein sehr christliches Motiv.
NENNING: Ja, man befreundet sich. Man befreundet sich und redet darüber. Und trotzdem ist man der tiefsten Überzeugung: Der Tod wird ***Dir*** nicht passieren. Man ist Aristokrat des Lebens. Dar-

an ändert auch das Anschauen meinem Gefühl nach gar nichts. Aber das ist einer der Widersprüche des Lebens, und wahrscheinlich sogar ein notwendiger. Also kein Wegschieben. Nun kann man sagen: „Du bist ein besonderer Genußspecht! In deinen Lebensgenuß beziehst du auch noch die Betrachtung des Todes mit ein." Das stimmt auch sicher.

SCHLÖSSER: Ach, mir klingt das eigentlich einfach realistisch. Sich abfinden mit dem Unvermeidlichen. Das ist ein sicherer Weg zum Glück.

NENNING: Ja, aber in dem Sich-Abfinden steckt drinnen, daß es eine bunte, explodierende Fülle von Leben und Lebensereignissen geben kann. Der Tod drückt das Lebensniveau nicht herunter, sondern er hebt es. Ohne diesen Hintergrund wäre ja alles schal und banal. Wenn ich ewig lebte und nie krank würde - was wäre da eigentlich noch schön am Leben?

Die Orgiastik des Widerspruchs

Es ist leichter, über eine literarische Figur eine Analyse zu schreiben als über einen lebenden Menschen. Und die Vereinfachung einer Persönlichkeit auf einige prägnante Formeln wird noch schwieriger, wenn man mit diesen prominenten Zeitgenossen auch noch vereinzelte persönliche Eindrücke verbindet. Man weiß dann über diese Person mehr, als bloß aus dem Interview und der offiziellen Biographie herauszulesen ist; man weiß aber erst recht viel zu wenig, um sagen zu können, daß man sie gut kenne. In einem solchen Fall muß betont werden: Auch diese Deutung beruht auf Vermutungen und ist nur ein Spiel, auch Günther Nenning - wiewohl persönlich bekannt - leiht hier nur sein Bild als Charaktermaske für eine Theorien-Puppe. Er wird das, vielleicht am besten von allen prominenten Interviewpartnern, verstehen.

Die *Wirklichkeit in seinem Kopf* ist schwer auf einen Nenner zu bringen. Ein Günther Nenning läßt sich nicht einordnen, weder als Sozialist, noch als Katholik, nicht einmal als Grüner oder Rebell oder Oppositioneller. Es hat alle großen ideologischen Strömungen in sich, ohne sich einer völlig hinzugeben. Lau oder trocken ist er trotzdem nicht. Bruno Kreisky belegte diese engagierte Zwiespältigkeit (was heißt „zwie“? Vielfach!) mit dem Etikett „Wurschtl“. Ein Hofnarr hält den Mächtigen den Spiegel vor, das trifft schon. Aber Nenning leistet sich gleichzeitig auch die Rolle des Guru, er identifiziert sich durchaus mit den unterschiedlichen Glaubenslehren. Allerdings verabscheut er die „reinen“ Lehren. Er ist süchtig nach dem Widerspruch.

Eine solche Leidenschaftlichkeit fürs Konträre wirkt für viele weniger engagiert und passioniert als die monotone Predigt der Fundamentalisten. Ihr fehlt das beruhigende Element der Voraussehbarkeit, sie läßt sich schwerer einkalkulieren. Aber man sollte nicht glauben, daß sie weniger gefühlhaft ist. Der Widerspruch kann auch zum Fundamentalismus werden.

Es entsteht sogar der Eindruck, daß die emotionale Grundstimmung von Günther Nenning auf Ambivalenz beruht. Er kokettiert mit Angst und Tod, er bezieht in den Lebensgenuß auch noch die Betrachtung des Todes ein. Ein bißchen Masochismus, schwarzer Humor und Metaphysik-Theater paßt recht gut zu einem so „österreichischen Typ”.

Wenn hier das Rätsel Günther Nenning mit dem Schlüsselwort „österreichischer Typ“ näher an eine Lösung gerückt wird, so soll damit nicht angedeutet werden, daß es unter Österreichern eine überdurchschnittliche Neigung zum Manisch-Depressiven gebe. (Eine solche Hypothese regionaler Unterschiede im Auftreten von Charaktertypen wäre, selbst wenn man sie vertreten wollte, völlig uninteressant für das Thema Lebensmanagement - denn die individuellen Unterschiede, also die eigenen Eigenarten, sind auf jeden Fall viel größer als irgendwelche regionale oder nationale Differenzen.) Nein, nicht eine klinisch-psychologische Typologie ist hier angesprochen, sondern die kulturelle Beliebtheit typischer Denk- und Verhaltensmuster. Kurz: Günther Nenning ist deshalb über so viele Jahre und Loyalitäten hinweg populär, weil er seine Gefühle so handhabt (oder zumindest zu handhaben erklärt), wie es in Österreich besonders viele versuchen und wie es in dieser Kultur auch als schicklich gilt.

Eine simple Beschreibung dieser Gefühlsstrategie sei versucht.

Erstens: Man zeigt Gefühl. Nicht das im Triumph und Unglück gleich steinerne Poker-Face ist Ideal, sondern der laut lachende und klagende, der polternde und schimpfende und raunzende „ehrliche“ Mensch.

Zweitens: Aber man gibt sich dem Gefühl nicht ganz hin, man „widerfühlt“ ihm. In Schmerz und Trauer witzelt und gustiert man, in Hochgenuß denkt man an Ende und Tod. Der bäuerliche Leichenschmaus und das Gastmahl im „Jedermann“ setzen Vorbilder dafür. Doch diese Gefühlsmanipulation ist auch auf die trivialen Wechselfälle des Alltags anzuwenden. Man macht sich bei allen kleinen und nicht so kleinen Gefühlen - ob schmerzlichen oder erhebenden - kräftig Luft und dämpft sie gleichzeitig mit Skepsis und Gegengefühlen.

Drittens: Man steuert damit die eigene Gefühlslage auf ein stetes bescheidenes Behagen. Wer das meistert, bewahrt sich weitgehend vor Traurigkeit und Mißstimmung, aber auch vor der Hybris des Übermuts und der Überheblichkeit. Es sei hinzugefügt: solange diese Gefühls-Strategie nicht überfordert wird. „Gleich-Mut“ ist ein Wort, das dieser dritten Regel entspricht. Einer der österreichischesten Österreicher, Bruno Kreisky, hatte über seinem Schreibtisch in der Löwelstraße, hinter dem Burgtheater in Wien, eine Mahnung zu Gleichmut an der Wand hängen.

Nicht allen behagt diese Strategie. Es gibt den Vorwurf, daß sie unempfindlich für tiefes Mitgefühl mache - das „goldene Wienerherz”, die auf der Zunge liegenden Mitfreude und Mitleidigkeit, sei daher verlogen und „falsch”. Schweigende Dulder verachten sie als oberflächlich und geschwätzig. Sucher intensiver Glücksspitzen müssen diese „vorsichtelnde“ Gefühls-Verwässerungs-Strategie sowieso ablehnen.

Wissenschaftlich betrachtet, ist es eben eine in sich konsequente Glücksstrategie unter vielen möglichen. Sie ist besonders geeignet, durch Glück und Unglück mit stetem leichtem Frohsinn durchzusteuern. Ihre Schwächen dürften sein, vor extremen Gefühlen zu versagen - und eventuell zu einem steten Zustand leichten Unglücklichseins zu führen. Man weiß ja nie, ob einer, der gewohnheitsmäßig im Wohlbehagen jammert, nicht schon wirklich unglücklich ist - und ob einer, der mit seinem Leiden in der Tafelrunde witzig spricht, nicht schon an der Verzweiflung würgt. Vielleicht weiß er es sogar selber nicht.

Damit erklärt sich auch, warum über Günther Nennings vorherrschende Stimmungslage nichts weiter gesagt wird. Sie ist unbekannt.

Und Nennings Liebe zum Widerspruch und zur Ambivalenz lassen ihm wohl auch den Versuch absurd erscheinen, aus dem Auf und Ab der Gefühlslagen einen mathematischen Durchschnitt zu kalkulieren und dafür zudem noch eine Null-Linie und Plus-Minus-Grade festzulegen. Wo doch Lust und Unlust immer zugleich in einem sind (was von der Gehirnpsychologie mit dem Nebeneinander entprechender Zentren bestätigt wird).

In seinem Interview betont Günther Nenning, daß er nicht *von Bildern geformt* wurde, sondern von Frauen und Männern „etwas gehabt" hat, also auch heute etwas hat.

Es lohnt sich, bei dieser Unterscheidung zu verweilen.

Es gibt zwei Arten zu lernen. Im üblichen Lehrbetrieb von Schule und Bildung wird vorwiegend ein Stoff vermittelt, der einen zumindest für den Augenblick existentiell nicht berührt, also unwichtig und daher langweilig ist. Extremfälle sind wohlbekannt: Jahreszahlen, Deklinationen, Formeln, Vokabeln. Ohne künstlich darauf gesetzte Anreize würde man das nie erlernen - daher gibt es Prüfungen, Belohnungen, Aufstiegshoffnungen, Karriere-Erwartungen, bei Musterschülern das verinnerlichte Lob für jedes Beherrschen uninteressanter Anfrage-Inhalte, je abstruser, um so hochgelobter.

Im günstigsten Fall erwachsen daraus Interessen - und aus den abstrakten Interessen dann Aktivitäten, in die sich der ganze Mensch einbringt.

Die zweite Art des Lernens nennt man zumeist nicht Lernen, obwohl sie die weitaus effizientere Form ist: das völlig unbewußte Sich-Aneignen von Erfahrungen. So lernt das Kind die Muttersprache, der Bergbauernbub das Skifahren, der Zen-Buddhist das Bogenschießen. Nur so gelangt man zu jener traumwandlerischen Sicherheit, die Meisterschaft ausmacht. Dieses Aufbauen von inneren „Programmen", die weitgehend unbewußt und daher blitzschnell (genauer: bit-schnell) reagieren, wird heute zunehmend in die Schulungs-Techniken integriert: Learning-by-Doing, Immersions-Methoden, selbstgesteuertes Training, Biofeedback. Es besteht ein verbreitetes Gefühl, die westliche Zivilisation habe hier einiges aufzuholen oder neu zu finden.

Auch Vorbilder kann man sich auf beide Arten einverleiben.

Die erste Art führt zur Nachahmung - ihrer Frisuren oder Tanzschritte, ihres Sprachstils oder ihres Nobelpreises. Die zweite Art mündet in die Identifikation und Nachfolge, ins Einswerden als subjektives emotionales Erlebnis. Der Unterschied ist wie zwischen „erlernter" Fremdsprache und Muttersprache.

Günther Nenning meint, daß er nur in der zweiten Art von Vorbildern berührt sei - die erste Art habe er immer abgelehnt.

Er würde wohl auch der Ansicht sein, daß nur aus solcher Identifikation „gesunder" Ehrgeiz und „echter" Stolz erwachse. Und wenn er damit auf seine eigene Art von Ehrgeiz und Stolz anspielt, so dürfte das eine zutreffende Beobachtung sein und zudem eine Hypothese, die für das Lebensmanagement nicht uninteressant scheint.

Die Idee läuft ungefähr auf folgendes hinaus: Wenn ein Günther Nenning sich zum Ziel gesetzt hätte, den Titel Minister zu erringen, so hätte er diesem Ehrgeiz vieles opfern müssen, was heute seinen Stolz ausmacht - und seiner Wirkung auf Zeitgeist und Geschichte zugrunde liegt. Er hätte, nach Maßstäben des diplomatischen Zeremoniells und der Pressemeldung, weit mehr erreicht, doch hätte er andererseits auf die Freiheit des Widerspruchs verzichten müssen. Wer hingegen an seinen Vorbildern nicht Position, Titel und Kompetenz sieht, sondern sich von ihnen zu Leidenschaftlichkeit, Ehrlichkeit und Selbstausdruck motivieren läßt, der hinterläßt eine eigene Spur.

So neu ist das nicht, die Alternativen hat es immer gegeben: Fürst oder Weiser, Höfling oder Jünger, kühler Rechner oder Impuls-Mensch.

Da mag es für manchen, darunter auch Günther Nenning, ganz klar sein, wohin er gehört. Doch die meisten Menschen stehen irgendwo dazwischen und haben eine „gemischte Strategie". Das hat seine Vorzüge. Doch heißt das auch, sich oftmals und immer wieder neu entscheiden zu müssen, zwischen den beiden Arten, von Menschen zu lernen - Nachahmung und Nachfolge - oder an ihnen zum eigenen Selbst zu reifen.

Das Thema der *Leiblichkeit* wurde im Interview kaum berührt. Körperfeindlich ist Günther Nenning sicher nicht, eher bejaht er die Freuden des Leibes, auch in Widerspruch zum Fitneß-Kult.

Aber das ist nur eine verschwommene Image-Lokalisierung.

Wie gesund ist er? Was hat er an seinem Körper erlebt - wie hat er ihn erlebt? Was tut er für seine Fitneß, seine Potenz?

Sicher läßt sich darüber auch gescheit philosophieren, ohne etwas Genaueres zu wissen. Doch warum sollte man gerade einen Günther Nenning zum Anlaß nehmen, sich über Gesundheit, Fitneß und Schönheit Gedanken zu machen? In all dem hat er sich weder als Heroe noch als tragischer Fall einen Namen gemacht und die Phantasie der Öffentlichkeit besonders geweckt. Um es klar zu sagen: Wenn er vielleicht im Erotischen irgendwem irgendwann Anlaß zu Bewunderung und Neid gegeben hat, so auch wohl eher durch seinen Mut, Normenschranken zu überspringen, als durch das Springen selbst.

Eine Theorie der Leiblichkeit gerade an ihm anzuknüpfen, hat daher wenig Logik für sich. Wenn diese Erläuterung noch abgerundet werden soll, dann mag die Vermutung genügen: Günther Nenning wird auch in diesem Bereich jene Ordnung im Chaos verfolgen, zu der er sich mit seinem Glauben in die schöpferische Natur des Chaotischen bekennt.

Der Gesellschaft dient Günther Nenning, indem er ihr widerspricht. Um das zu erreichen, bedarf es einer besonderen Anpassung. Kritik von außen prallt ab. Zudem kennt sie meist das kritisierte System zu wenig, oft macht sie sich durch kleine Fehler lächerlich. Die schärfsten Gegner einer Ideologie, eines Glaubens, einer herrschenden Elite sind daher meist ihre besten Kenner: Abtrünnige, die den Glauben verloren haben. Doch Nenning ist kein scharfer Gegner irgendwessen - und kein Abtrünniger. Er gehört dazu, er ist selbst Gläubiger und Glied, sogar Sprecher und Ideologe - doch wenn ihm dann viele, alle zuhören, widerspricht er, zeigt die Fehler und Schwächen auf.

Das hat er als Marxist, als Sozialist, als Katholik, als Grüner so gemacht.

Sein Widerspruch kommt nicht aus der Überzeugung, den besseren Weg zu kennen. Er gleicht nicht jenen österreichischen Offizieren, die gegen den Befehl angriffen, um nach dem Sieg für ihre Eigenmächtigkeit den Maria-Theresien-Orden zu bekommen - oder zu sterben. Er gehört auch nicht zu den Ketzern, die eine neue Fraktion gründen, welche die Vorhut der Geschichte sein soll.

Er will kein Rebell sein. Er widerspricht nur, wohlwollend, aber insistent, nicht bösartig, aber mit einer Unendlichkeit an Argumenten. Und er tut das, unbeirrt, bis man ihn ausschließt, seiner Funktionen und schließlich seiner Mitgliedschaft beraubt. Er nimmt das hin, wohl wissend, daß es geistige Funktionen und Mitgliedschaften gibt, die nicht aberkannt werden können, weil sie im eigenen und im öffentlichen Bewußtsein besiegelt sind.

Damit ist Günther Nenning zu einem ziemlich einzigartigen sozialen Phänomen geworden, ohne klare *Rolle* und *Status*, nicht einmal ein „richtiger" Einzelkämpfer, da immer in irgendwelchen Organisationen aktiv, nicht einmal ein „purer" Intellektueller, da stets wieder Parteigänger.

Wenn sich irgendwer dem *Streckbett der Gesellschaft* zu entziehen vermochte, so kann man das von ihm behaupten. Er liegt seit je prächtig in diesem Bett, läßt sich aber nicht in die Anpassung zwingen. Wo andere sich fügen oder aus dem Bett fallen, rekelt er sich nur spöttisch.

Daß damit kein sozialer Aufstieg im üblichen Sinn zu machen ist, liegt auf der Hand. Doch hat Günther Nenning zweifellos auf diese Art viel an öffentlichem Interesse und Prominenz gewonnen.

Man mag spekulieren, wie weit er es in der politischen Karriere hätte bringen können - wäre er ein braver „Parteisoldat" (sprich: Spitzenpolitiker) geworden - oder wohin ihn eine konsequente akademische oder publizistische Karriere gehoben hätte. Ab wann, ist die unvermeidbare Frage: ab dem zweiten Doktorat, vom Gipfel des Ansehens als sozialistischer Theoretiker weg oder schon als Lebensziel nach dem Abitur?

Ein Minister Nenning läßt sich ausdenken, von Korruptionen und Skandalen unberührt, aber ständig durch die Medien gezerrt wegen seiner unrealisierbaren Ideen und skurrilen Aussprüche, bei jeder Regierungsbildung in Frage gestellt, mit Hinweis auf mangelnde Fachkompetenz, aber gestützt durch seine Popularität bei einem sonst schwer ansprechbaren Wählersegment. Ein Bundeskanzler Nenning ist unvorstellbar, selbst unter heroischen Annahmen über die Anpassungsfähigkeit der menschlichen Natur.

Im wissenschaftlichen oder publizistischen Feld fällt es schon schwerer eine Karriere zu visualisieren, die Günther Nenning einen größeren Namen verschafft hätte, als er schon hat. Der Manie, sein Innerstes in den trügerischen Schein der Worte zu fassen, welche den großen Schriftsteller ausmacht, verfällt man wohl nur aus Übererlebnissen - die flotte Schreibe Nennings deutet kaum darauf hin. Wissenschaft ist an sich ein bescheidenes Handwerken am kollektiven Bauwerk der Erkenntnis, und selbst die begabten Popularisierer (wofür Nenning sicher das Talent hat, aber erst die Ausdauer hätte entwickeln müssen) verdienen vielleicht mit großen Buchauflagen mehr Geld, aber liegen im sozialen Status kaum höher als er. Ein Einstein aber, oder auch nur ein Nobelpreisträger, wäre Günther Nenning wohl kaum geworden, obwohl ihm dabei sein Widerspruchsgeist gut gedient hätte. Ein wissenschaftlicher Durchbruch in Neuland glückt nur dem besessen an einer einzigen Idee Bohrenden - wenn er gelingt. Auch diese seltene „Verirrung" von der normalen Vielfalt des Denkens muß schon früh eingeprägt werden.

Ab einem recht frühen Zeitpunkt, könnte man schließen, hat Günther Nenning sein Leben eigentlich recht weise, als Unikat, geplant und organisiert, aus dem Unbewußtsein, das er „Kairos" nennt.

Zur *Glücksbilanz* von Günther Nenning fehlt die exakte Buchführung. Er sagt dazu wenig, was dafür spricht, daß er weder ganz unglücklich ist noch sich in Wohlbehagen suhlt. Er dürfte bei einem verläßlichen Glückstest gut über der Mitte abschneiden - aber sicher ist das nicht.

Wozu diese Spekulationen? Es wäre vielleicht nicht uninteressant festzustellen, wieviel eine Lebensstrategie des Widerspruchs nützt. Nun, in der Gesellschaft läßt sich damit Beachtliches erreichen - das ist die grundlegende Lehre solcher „Nenningologie". Die hier relevante Frage bohrt aber tiefer: Macht es auch glücklich, allem, was man selber glaubt, auch selber zu widersprechen - und damit Widerspruch zu provozieren? Eines gewissen Genusses dürfte es nicht entbehren, immer noch gescheiter zu sein und sich keiner Glaubenslehre ganz zu fügen. Macht es glücklicher, als im Chor der Gemeinschaft ergriffen mitzusingen? Da steigen, wenn man Günther Nenning und gleichzeitig widerspruchsfreie Konformisten kennt, Zweifel auf. Und zwar gerade, weil man ihn für ehrlich halten darf. Das heißt: Er widerspricht auch sich selbst, er stellt sogar den Widerspruch in Frage (daher immer wieder die Konversion zur Gläubigkeit). Stört das wirklich? Dämpft das auch

Hochgefühle? Und wenn? Entspricht es nicht dem Menschen von heute, von morgen, den Extremen zu mißtrauen und das Glück in der Mitte zu suchen, gleich weit weg von Ekstase und Schmerz?

Diesem vorsichtigen, klugen, zeitgeistgemäßen Schluß sei im Sinne Nennings aber sofort widersprochen. Wieso Mittelmaß der Glücksbilanz? Der Widerspruch selbst ist doch Orgiastik, erregender Genuß, Salz des Lebens. Wer davon besessen ist, hat schon eine Glücksstrategie.

ULRIKE PÖSTINGER

„ICH BIN ARBEITERIN UND STEHE DAZU“

SCHLÖSSER: Frau Pöstinger, vielleicht fangen wir so an, daß Sie Ihr Leben erzählen...

PÖSTINGER: Ich bin als Einzelkind geboren, wurde dann in ein Heim gegeben, weil es im 44er Jahr günstiger war, das Kind in ein Heim zu geben, wenn man mit einem Ausländer was gehabt hat. Nach vier Jahren wurde ich dort wieder herausgenommen und bin dann bei einer Ziehmutter in einem Gasthaus aufgewachsen. Dies Leben war nicht sehr rosig. Im 70er Jahr habe ich dann einen Freund kennen gelernt und habe von ihm ein Kind bekommen. Und von dem Moment an habe ich eigentlich einen Sinn gesehen im Leben, und zwar weil ich mich für etwas verantwortlich gefühlt habe. Ich bin zuerst vor der Frage gestanden: Soll ich abtreiben oder nicht? Da hat's zum Glück gute Freunde gegeben, die mir nicht nur finanziell, sondern auch physisch und psychisch sehr geholfen haben. Als dann mein Sohn auf der Welt war, habe ich mir gedacht: Das nutzt garnichts, wenn ich jetzt dem Vater nachjammere, der ist fort. Er hat zurückmüssen, wie die großen Unruhen in Uganda waren.

SCHLÖSSER: Das heißt, er war aus Uganda.

PÖSTINGER: Ja. Während der Erziehung meines Sohnes ist meine eigene Jugend wieder hochgekommen. Meine unglückliche Jugend war eine gute Grundschule für die Erziehung meines Sohnes. Er ist inzwischen achtzehn Jahre alt, wir haben ein gutes, partnerschaftliches Verhältnis.

Aber sehr geholfen auf diesem Weg haben mir meine Freundinnen. Da gibt es in Linz eine einmalige Einrichtung, das österreichische Betriebsseminar. Dort habe ich das erste Mal erlebt, was es heißt, ernstgenommen zu werden. Ich habe immer vorher gedacht, was soll *ich* denn reden, aber bei denen habe ich mich wahnsinnig wohl gefühlt.

Als mein Bub dann auf der Welt war, bin ich mir trotz positivem Denken immer wieder minderwertig vorgekommen. Ich habe gedacht, was mache ich denn schon, außer ein Kind erziehen. Ich habe den Buben mögen, das hat mir geholfen. Aber dann habe ich Genossinnen kennengelernt, die gesagt haben: Steh zu dem, was du bist! Arbeiterin, das ist nichts Schlechtes, ohne Arbeiterinnen könnte es auch keine Chefs geben. Das habe ich dann mal überdacht und habe gemeint, eigentlich haben sie recht. Das war ein sehr harter Prozeß, aber ich bin dadurch sehr viel selbstbewußter geworden und geniere mich nicht mehr, wenn ich sagen muß: Ich bin Arbeiterin. Ich weiß, daß ich eine bin und dazu stehe ich.

SCHLÖSSER: Aber Sie mußten erst mühsam lernen, dazu zu stehen?

PÖSTINGER: Sicher. Das war ein Mordsprozeß. Mit der Zeit habe ich dann Lieder darüber gemacht. Ich bin jetzt schon 30 Jahre Arbeiterin, und ich singe Lieder aus der Arbeitswelt: „Was mich in der Firma am meisten freut, das sind die kapitalen Leut“ mit entsprechender Betonung, ja? „Wann i die Chefitäten sieh, wachst jedes Mal in mir die Freud“ Oder: „Der liegt mir im Magen, den will ich nicht sehen, der tut immer zum Chef hingehen“ - in der Richtung. Das singe ich zu bekannten Melodien. Das ist auch bei verschiedenen Gruppen, egal ob SPÖ oder ÖGB, sehr gut angekommen. Und voriges Jahr habe ich dann den Josef-Luitpold-Stern-Preis bekommen, was mich auch recht gefreut hat. Das spornt einen einfach an, wenn man anerkannt wird.

Aber das wichtigste von allem ist, daß man sich zu sagen traut, was man denkt, wenn man auf der Bühne steht. Ein kurzes Beispiel: Wie mein Sohn auf die Welt gekommen ist, haben meine lieben Verwandten gesagt: „Gib den Buben in ein Heim, da hat er ein Dach überm Kopf und es geht ihm nicht schlecht.“ Also, die haben einer alleinstehenden Frau nicht zugetraut, daß sie ein Kind erziehen kann. Und da bin ich stolz geworden und hab gesagt, und justament, ich kann das.

Und als mein Sohn später in der Schule ein gutes Zeugnis gehabt hat, habe ich das natürlich mit Freuden herumerzählt, bis zu dem Moment, wo jemand gesagt hat: „Sagen Sie mal, was war eigentlich der Vater von Beruf? Das Kind ist so intelligent!“ Und da sage ich heute in meinen Veranstaltungen, daß die männliche Intelligenz ja schon was sehr Gewaltiges sein muß, wenn ich mir vorstelle, daß der Vater bei der Zeugung das letzte Mal Kontakt mit meinem Sohn gehabt hat und meine achtzehnjährige Erziehung dagegen ein Schaaß sein soll. Solche Sachen haben mich gestört, darüber hab ich Lieder gemacht und die sind beim Publikum gut angekommen. Das gibt einem Kraft.

SCHLÖSSER: Sie geben also Konzerte, wo Sie singen und Gitarre spielen?

PÖSTINGER: Konzerte sind das sicher nicht. Ich kann keine Noten lesen, ich habe mir alles selbst eingelernt, aber für meinen Gebrauch reicht das aus.

SCHLÖSSER: So sind Sie also heute. Darf ich aber noch einmal zurückkommen zu Ihrer Kindheit: Waren Sie da schon so ähnlich wie heute, oder waren Sie völlig anders?

PÖSTINGER: Ich glaube, ich war völlig anders. Da hat vor allem die Erziehung mitgespielt. Meine Ziehmutter war selber nicht mehr sehr jung und hat keine Kinder gehabt, deshalb hat sie mich aus dem Kinderheim geholt. Aber sie hat immer nur Zeit für die Gäste gehabt. Ich habe das Gasthaus schon verflucht, vor allem auch, weil ich dort habe bedienen müssen. Da hat es fünf oder sechs Leute gegeben, die Kellnerin, die Köchin, die Ziehmutter und so weiter, die alle zugleich gesagt haben: „Tu das, tu das, tu das.“ Mir hat kein Mensch was Selbständiges zugetraut. Und da hat es eine lange Strecke gebraucht, bis ich mir selber mal was zugetraut habe. Ohne die Freunde, die ich später kennengelernt habe, im Betriebsseminar und in der Partei - ich weiß nicht, ob ich da überhaupt noch leben würde.

Ich bin zum Beispiel immer in die Heimstunden gegangen von der Jungschar, da hat meine Ziehmutter nichts dagegen gehabt, sie war überchristlich fromm. Und da habe ich nach der Heimstunde mit Begeisterung die Leute irgendwo hin heimbegleitet, in der Hoffnung, daß mich wer umbringt, wenn ich heimgehe. Ich selber war zu feig dazu, aber das habe ich immer gehofft.

SCHLÖSSER: Aus dieser schlimmen Zeit haben Ihnen Freunde und Freundinnen herausgeholfen. Aber der wichtigste Wendepunkt in Ihrem Leben war dann wohl Ihr Kind?
PÖSTINGER: Ja, auf alle Fälle. Wenn ich zum Beispiel daheim etwas gefragt habe, hieß es immer: „Frag net so deppert". Und das ist etwas, was ich mir bei meinem Sohn Christoph abgewöhnt habe. Und wenn er hundertmal gefragt hat, habe ich so gut wie möglich versucht, ihm alles zu erklären. Oder wir haben Rollentausch gemacht. Ich war der Christoph und der Christoph war ich. Wenn wir eine wütende Phase gehabt haben, da haben wir uns nicht angeschrien, sondern da haben wir gesagt: „Jetzt schreien wir mal laut und kräftig!" Da ist die Nachbarin gekommen und hat gefragt, was los ist. Da haben wir gesagt: „Wir tun Stimmen trainieren". Dann haben wir miteinander geschaut, daß wir einen Mittelweg finden. Und das hat uns verbunden.
SCHLÖSSER: Und der Vater von Christoph war sehr bald weg?
PÖSTINGER: Eines Tages ist der Brief gekommen, daß er zurückmuß und einen Monat später bin ich erst draufgekommen, daß ich schwanger bin. Das war gerade in der Zeit, wo in Uganda und Kenia die großen Unruhen waren. Man hat also überhaupt nichts mehr von ihm gehört. Ich habe ihm damals drei eingeschriebene Briefe geschickt, weil ich mir gedacht habe, er hat das Recht zu wissen, daß er der Vater von einem Sohn ist. Aber ich habe keine Antwort erhalten.
SCHLÖSSER: Sie haben also nie mehr etwas von ihm gehört.
PÖSTINGER: Ich habe dann gedacht, so wird's auch gehen, wir werden uns schon zusammenraufen. Und wir verstehen uns bestens. Der Christoph ist ein Supersportler, Leichtathlet, ist auch sehr oft im Fernsehen. Ich gehe meiner Arbeit nach, bin ehrenamtlich in der Partei tätig und schreibe meine Lieder. Und jeder respektiert jeden. Ich glaube, das ist das Schönste.
SCHLÖSSER: Das heißt aber, Sie haben in der Erziehung Ihres Sohns alles genau anders gemacht, wie Sie es selbst erlebt haben, und deshalb ist's gut gegangen.
PÖSTINGER: Ja. Aber das habe ich auch meinem Freundeskreis zu verdanken.
SCHLÖSSER: Und mit Ihrer Familie haben Sie keinen Kontakt mehr?

PÖSTINGER: Ich lebe mit meinem Sohn alleine. Mit meiner richtigen Mutter habe ich aber erst durch den Sohn Kontakt gekriegt. Sie war eigentlich von Anfang an recht lieb zu ihm, so ist eine Brücke gebaut worden. Wir haben uns ja vorher nicht gekannt, ich habe sie vielleicht ein, zwei Mal im Jahr gesehen. Nach meinem Vater habe ich mich nie zu fragen getraut. Bis in die Schulzeit. In der zweiten Klasse sprachen wir vom „Vater Staat". Und dann hieß es, in der Familie ist der Vater das Oberhaupt. Die Lehrerin hat gefragt: „Wie heißt dein Vater, wie heißt deiner..." Das ist dann auch zu mir gekommen und ich habe gesagt: „Das weiß ich nicht." Das Lachen ist mir heute noch in den Ohren. Als ich danach einmal daheim gefragt habe, habe ich zur Antwort gekriegt: „Das verstehst du nicht, du bist noch zu jung". Da habe ich nicht mehr gefragt.
SCHLÖSSER: Bis heute nicht?
PÖSTINGER: Nein. Heute ist es mir auch egal.
SCHLÖSSER: Und Ihre Mutter hat es Ihnen nie von sich aus erzählt?
PÖSTINGER: Nie. Da hätte ich schon aufgepaßt. Wie ich gehört habe, war er ein Franzose oder ein Italiener, manche sagen auch, er war aus Steyr. Ich habe mir den Franzosen als Idealbild ausgesucht. Aber ich will damit nur sagen: Selbst da, wo man ein Recht hat, zu wissen, hat man Hemmungen gehabt zu fragen.
SCHLÖSSER: Und was weiß Ihr Sohn von ***seinem*** Vater?
PÖSTINGER: Ich hab dem Christoph ein Album zusammengestellt. Ich habe fünf, sechs Bilder von seinem Vater. Die sind da drin, weil ich mir gesagt habe, daß er ein Recht hat zu wissen, wer sein Vater war. Und da habe ich einmal gesehen, wie sich die Buben unterhalten haben, und auf einmal ruft er: „Freilich hab ich einen Vater, freilich hab ich einen Vater!" Und er rennt zum Album hin, schlägt ihn auf und sagt:"Schau, ***da*** ist mein Vater, da ist er!" Da war ich sehr froh, daß ich das so gemacht habe.
SCHLÖSSER: Wir haben jetzt schon viel über Personen und ihre Einflüsse geredet. Ich möchte noch etwas anderes fragen. Sie waren ja auch in der Schule, und haben dort natürlich auch irgendwas gelernt. Haben Sie davon im Leben profitiert?
PÖSTINGER: Eigentlich nicht recht. Ich habe die Pflichtschule gemacht, weil man sie machen muß. Und gleich nach der Schule

habe ich leider Gottes im Gasthof helfen müssen. Heute tut's mir leid, daß ich nicht mehr gelernt habe. Aber wo hätte ich den Ehrgeiz hernehmen sollen? Mir hat ja niemand etwas zugetraut. Als ich mir später einen Arbeitsplatz gesucht habe, haben alle gesagt: „***Du*** willst arbeiten? Du hältst das doch keine 14 Tag lang aus!" Das haben sie zwar eigentlich nicht beureilen können, weil ich ja bis dahin immer daheim war. Aber sie haben es trotzdem gesagt und ich habe sofort Minderwertigkeitskomplexe gehabt, so daß ich die Stelle wieder abgesagt habe. Dann war ich wieder eine Zeitlang daheim.

Später habe ich mir einen Job gesucht, ohne daß ich was daheim gesagt habe. Das war in einer Maschinenfabrik mit 650 Arbeitnehmern und Arbeitnehmerinnen. Dort war ich gute sieben Jahre, bis zum Sohn. Und dort habe ich schon angefangen, mich zu interessieren: Hier sind so viele Maschinen, aber wie viele Menschen sind denn eigentlich da? Und es war mir wahnsinnig wichtig, daß die Menschen nicht untergehen, daß sie nicht zum Produkt der Firma werden. Damals war der Akkord ja noch nicht so rasend, wie er zur Zeit ist. Man hat noch leichter menschlich miteinander reden können. Da bin ich mir dann schon mehr Mensch vorgekommen, und ich denke, das darf auch nicht untergehen.

SCHLÖSSER: Und diese Entwicklung, die kam ganz aus Ihnen selber? Haben Sie sich auch selber entschlossen, in die SPÖ einzutreten, oder kam das mehr von anderen?

PÖSTINGER: Geworben hat mich niemand. Aber es waren die Freunde da. Wir haben ein Schattenspiel aufgeführt: „Hausfrau-Berufstätige = Gegensatz?" Da habe ich mitgemacht. Und durch diese Gruppe, durch das Texten und Überlegen, sind wir echt zusammengewachsen. Und dann habe ich erfahren, daß die in der Partei sind, und bin dann wirklich aus Idealismus auch in die Partei eingetreten.

SCHLÖSSER: Bei Ihren Pflegeeltern sind Sie wahrscheinlich nicht politisch erzogen worden.

PÖSTINGER: Absolut nicht. Meine Ziehmutter war Gastwirtin, also Unternehmerin und sie war schwarz bis in die Sohlen. Die hat nur für die ÖVP und die Kirche gelebt. Ich weiß noch, wie ich zum ersten Mal zur Wahl bin, habe ich gefragt: „Wie geht das vor sich, wie muß ich das machen?" Da hat sie gesagt: „Bei der

ÖVP mußt dein Kreuzel machen!" Das war ihre Aufklärung über den Wahlvorgang. Schrecklich.

SCHLÖSSER: Ihre persönliche und politische Entfaltung hat also eher spät angefangen, war aber dann sehr stark. Stimmt das?

PÖSTINGER: Ja.

SCHLÖSSER: Und wie Sie darüber reden, klingt es so, als wären Sie ganz plötzlich aufgewacht. War das so, oder ging es doch ein bißchen langsamer?

PÖSTINGER: Es ist schon langsamer gegangen. Aber das war positiv. Mir hat das Arbeiten Spaß gemacht, weil ich andere Menschen getroffen habe, und niemand von daheim. Und weil ich gespürt habe, daß mich die anderen Menschen ernst nehmen. Das finde ich mit das Wichtigste nach wie vor, weil es leider Gottes eh schon so viele gibt, die nur egoistisch denken. Und das finde ich sehr gefährlich. Wenn jeder nur fragt, wie komme ***ich*** zu was, was kann ***ich*** unternehmen, dann stirbt der letzte Rest der Menschlichkeit auch noch weg.

SCHLÖSSER: Ja, das glaube ich auch. Aber es gibt viele, gerade junge Leute, die gar nichts anderes kennen als ihren eigenen Vorteil. Wenn Sie andere Menschen getroffen hätten, würden Sie vielleicht auch ganz anders denken. Es ist ja immer auch Zufall, wen man trifft. Wie schätzen Sie ein, was mit Ihnen passiert wäre, wenn Sie bestimmte Leute nicht getroffen hätten?

PÖSTINGER: Das heißt, wenn ich zum Beispiel bei meiner Pflegefamilie geblieben wäre?

SCHLÖSSER: Zum Beispiel.

PÖSTINGER: Ich weiß nicht, ob ich dann überhaupt noch existieren würde. Erstens hätte ich den Christoph nicht, seinen Vater habe ich in Linz kennengelernt. Und zweitens glaube ich nicht, daß ich überhaupt noch leben würde. Ich habe mich ja wirklich auf gefährlichen Gratwanderungen bewegt, nur war ich zu feig, was zu ändern.

SCHLÖSSER: Sie hätten also Ihre Lage nicht alleine ändern können?

PÖSTINGER: Sicher nicht. Obwohl ich fest überzeugt war, daß ich niemand brauche.

SCHLÖSSER: Achso, Sie haben schon gedacht, daß Sie alles alleine schaffen...

PÖSTINGER: Ich war überzeugt davon. Dabei habe ich zum Beispiel keinen Sinn gehabt für Geld. Mir hat niemand gezeigt, wie man spart. Dann war's soweit und der Christoph war da, und ich mußte irgendwo eine Wohnung haben. Da hat mir eine gute Freundin gesagt, Du, in Leonding werden Eigentumswohnungen gebaut, da wäre noch eine kleine Wohnung frei. Als ich schwanger war, bin ich nach Wien in eine Wohngemeinschaft gezogen, wo diese Freundin auch gewohnt hat. Den Schritt bereue ich bis heute nicht, das war sehr gut und lehrreich. In der Wohngemeinschaft war auch eine Krankenschwester, die hat gefragt: „Wieviel brauchst du?“ - Laut Vorschrift 50.000 Schilling Anzahlung. Das war für mich so viel wie heute eine Million. Da hat sie gesagt: „das wäre genau so viel, wie ich von meinem Bruder für ein Haus ausgezahlt kriege.“ Da habe ich versprochen: Ich fange jetzt zu sparen an, in fünf Jahren hab ich das Geld heraußen, das mir die Krankenschwester vorstreckt. Also durch diese Hilfe ist es mir gelungen, zu einer Eigentumswohnung zu kommen. Aber ich brauchte ja auch eine Einrichtung. Da habe ich dann geschaut, daß ich günstige Sachen kriege, in denen sich das Kind auch wohlfühlt. Und die Wohnung hat mich wahnsinnig stolz gemacht. Ein anderes Mal hat mir der Bub geholfen. Da hat er mich überredet, daß ich den Führerschein mache. Da war ich gerade in einer Phase, wo ich mir nichts zugetraut habe. Aber da hat er mich dazu gebracht...
SCHLÖSSER: Da war er noch ein Kind?
PÖSTINGER: Ja, ja ein kleiner Bub. Da hat er mich so weit gebracht, daß ich mir einen Stoß gegeben habe und es halt probiert habe. Ich habe dann zum Fahrlehrer gesagt, ich muß aber meinen Sohn mitnehmen. Und der Fahrlehrer war human und ich habe den Bub mitnehmen können. Er hat mir dann immer wieder Mut gemacht. Und so ist es gelungen, daß ich die Fahrschule auch bestanden habe. Das waren einfach gewaltige Erfolgserlebnisse für mich.
SCHLÖSSER: Also, Sie haben sich immer Ziele gesetzt, oder vielleicht waren sie auch plötzlich da...
PÖSTINGER: Das kann man sagen, ja, sie waren plötzlich da...
SCHLÖSSER: Und wenn Sie eines erreicht hatten, kam das nächste. Haben Sie auch mal ein Ziel nicht erreicht?
PÖSTINGER: Ich glaube, so hohe Ziele habe ich mir garnicht

gesetzt. Die höchsten Ziele waren, daß mein Bub klarkommt, daß ich eine Wohnung kriege, in der er auch daheim ist. Und die Fahrschule, wie gesagt, das war eine Selbstbestätigung. Sonst habe ich im Betrieb gearbeitet, ich bin in der metallverarbeitenden Industrie in der Produktion tätig. Da habe ich oft mit den Kollegen und Kolleginnen gegen unternehmerfreundliche Ideen unseres Betriebsrats mitgearbeitet. Das ist auch manchmal nicht gutgegangen, aber damit rechne ich sowieso, weil der Mensch ja nicht immer recht haben kann. Das heißt nicht, daß ich keine Angst habe, ich habe Angst wie jeder. Aber mein Ziel ist die Solidarität unter den Kollegen.

SCHLÖSSER: Wenn Sie manchmal Angst haben - wie überstehen Sie die?

PÖSTINGER: Entweder ich schreibe mir ein Lied, zum Frust abbauen, oder ich treffe gute Freundinnen von der Partei, wo ich das Gefühl habe, die nehmen mich ernst, die horchen mir zu, und da hilft mir das schon. Und dann passieren auch Sachen, die mir über die Angst weghelfen.

Zum Beispiel hat es da einen Vorgesetzten gegeben, der hat mich anfangs immer mit „Fräulein Pöstinger“ bezeichnet. Aber ich war immerhin schon 28 Jahre, als ich meinen Sohn gekriegt habe. Und da habe ich immer „Herrlein“ zu ihm gesagt. Da habe ich dann mit ihm ein Gespräch gehabt, und seitdem bin ich die Frau Pöstinger. Bloß, weil ich allein lebe, bin ich doch nicht ewig ein Fräulein für ihn.

SCHLÖSSER: Frau Pöstinger, das eigentliche Thema unseres Buches ist ja die Frage, wie man glücklich lebt. Darum frage ich Sie am Ende unseres Gesprächs auch: Leben Sie glücklich?

PÖSTINGER: Das kann man schon sagen. Es gibt so viel Positives, so viel Echo. Mein Freundeskreis wird immer größer. Ich habe einen engen Freundeskreis, wo ich auch mit persönlichen Sachen hingehe. Aber ich habe auch einen erweiterten Freundeskreis, wo ich weiß, da fühle ich mich verstanden und angenommen. Vor allem habe ich meinen Sohn, der mir immer soviel Freude bereitet. Und schließlich ist es schön, wenn Leute, die mich von früher her kennen, sagen: „Also, daß du das geschafft hast, das ist einfach super!“ Da bin ich dann schon stolz. Sicher geht's mir manchmal so, daß ich am Montag schon auf den Freitag warte, weil der Ak-

kord einen einfach fertig macht. Aber dann gibt's auch wieder was, was mich tröstet. Oft fragt mich jemand: „Wie schaffst du das alles, ohne Mann?“ - Aber wie schaffen die Frauen das, die mit einem Trottel verheiratet sind, der sie schlägt, die Kinder mißhandelt und das Geld versäuft? Wie schaffen die das?
SCHLÖSSER: Also letztlich meinen Sie, daß es für Sie gut war, wie es war?
PÖSTINGER: Auf alle Fälle. Ich komme mir wie eine Kaiserin vor. Ich glaube, schwierig hat's ein jeder, man muß es halt positiv sehen. Aber den Akkord werde ich nie positiv sehen. Da bin ich dafür, daß er abgeschafft wird. Und ich bin auch dafür, daß so schnell wie möglich die 10.000 Schilling Mindestlohn kommen, und ich finde, daß die 35-Stunden-Woche eigentlich schon längst kein Thema mehr sein sollte.

Wir haben keine Chance, aber wir nutzen sie

Unehelich und vaterlos, die ersten Lebensjahre in unpersönlicher Heimpflege, als Ziehkind von allen unterdrückt und zur Arbeit kommandiert, keine Ausbildung, keine Ermutigung, als Hilfsarbeiterin in die Fabrik, schließlich geschwängert von einem Afrikaner, der verschwindet und die werdende Mutter allein läßt. So erzählt, klingt Ulrike Pöstingers Leben wie das Plädoyer eines Verteidigers, im Zusammenhang mit einem mitleids- und grauenerregenden Kriminalfall. Da ist eine Häufung von negativen Lebensumständen, die nach statistisch belegten Theorien der Soziologie zu Aggressivität, Integrationsmängeln, zu Delinquenz und Lebensuntüchtigkeit hätten führen müssen - oder zu Kränklichkeit, Lebensschwäche, zu psychischer und physischer Invalidität. Oder zu einem frühen Tod. Und so fern hätte der heranwachsenden Ulrike eine Verzweiflungstat nicht gelegen. Sie erinnert sich: „Ich habe immer gehofft, daß mich wer umbringt.“

Doch diese Ulrike Pöstinger bringt ihr Kind zur Welt, schafft ihm ein Heim, zieht es gegen alle Hindernisse zu einem erfolgreichen jungen Mann auf, wird angesehene Liedermacherin, findet eine soziale Heimat in der sozialdemokratischen Arbeiterbewegung. Mit einem Wort: Ihr Leben ist ein Erfolg.

Ein solcher Erfolg fordert Deutungen heraus. Es sei versucht, hier drei gängige, weit verbreitete Interpretationsmuster an dieses Leben der Ulrike Pöstinger anzulegen. Warum gleich drei? Vielleicht weil das Wissen und die Einsicht für ein einziges nicht reichen. Vielleicht auch ein wenig, um dem Leser eine eigene Deutung nahezulegen - ihn aber zugleich auch daran zweifeln zu lassen.

Die biologische Deutung

Das Leben der Ulrike Pöstinger ist ein Beispiel dafür, wie sehr es darauf ankommt, mit den richtigen Anlagen geboren zu werden. Begabung setzt sich gegen alle widrigen Umstände durch, an denen andere scheitern. Diese Ulrike ist eben in der Heimpflege nicht an mangelnder Zuwendung zerbrochen, nicht dem Hospitalismus erlegen. Vermutlich hat sie sich genug Zuwendung ertrotzt. Sie hat auch später das Fragen nicht aufgegeben, obwohl sie keine Antworten bekommen hat. Sie hat soviel sprachliche Intelligenz und künstlerische Begabung in ihr Arbeitsleben mitgebracht, daß sie den Streß und die Frustration der Akkord-Schinderei nicht in Alkohol ertränkt oder in Apathie begraben hat, sondern sich in ihren Liedern frei gesungen hat. Sie hat gewonnen, weil sie von Geburt an ein besseres Los gezogen hat. Da mag das biologische Erbe ihrer Eltern durchaus eine Rolle gespielt haben. Nein, nein, hier wird keineswegs einer nationalsozialistischen Vererbungsideologie das Wort geredet. Natürlich ist es blanker Unsinn, daß jemand mit der genetischen Anlage zum Liedermachen oder zu einem hohen Intelligenzquotienten auf die Welt kommt. Ein derart primitiver Biologismus war nie wissenschaftlich respektabel, und beim heutigen Wissensstand sind einige Dinge sehr klar geworden: Die Gene setzen das Leben auf bestimmte Bahnen. Aber von der ersten Zellteilung an, schon im Mutterleib und in der gesamten kindlichen Entwicklung, werden Wachstum und Formung durch Einflüsse aller Art angeregt oder unterdrückt - in anfänglich sehr breiten Spielräumen, die mit der Reifung der Person immer enger werden.

Ulrike Pöstinger hätte demnach Ärztin, Hausfrau und Mutter von sechs Kindern, Schriftstellerin, Ministerin werden können, wären ihr nur die entsprechenden Chancen geboten worden. Mit Pech wäre sie vielleicht auch in die Rauschgiftszene oder ins Terroristen-Milieu geraten. Aber eines scheint sicher: Sie kam als gesunder und lebenskräftiger Säugling zur Welt, sie war genetisch gerüstet, die Härten eines Lebens als Heimkind und Ziehkind durchzustehen, sich ihnen anzupassen.

Das ist nicht trivial. Ein beachtlicher Prozentsatz von Kindern wird schon mit Schäden und Schwächen geboren, die ihnen das Leben erschweren, die sie abhängig machen von besonderer Zuwendung und Fürsorglichkeit - solche Kinder hätten eine so harte Kindheit vielleicht gar nicht oder zumindest nicht ohne bleibende Beeinträchtigungen überstanden. Noch eines: Viele solcher körperlicher und seelischer Empfindlichkeiten bleiben ein Handicap fürs ganze Leben, manche werden auch weiter vererbt. Sie sind für den Betroffenen Schicksal, auch wenn die Gesellschaft schuld daran ist: Nie mehr läßt sich beweisen, ob die Beschädigung eines genetischen Codes in der Doppel-Helix von der Chemie im Alltag, von einer Röntgen-Bestrahlung, von einem Kernkraftswerks-Unfall oder von der natürlichen Hintergrund-Strahlung herrührt, die auch nicht überall und immer gleich bleibt. Und was ist natürliche Strahlung aus dem Weltraum und was die durch das menschengemachte Ozonloch dringende?

Biologisches Schicksal heißt längst nicht mehr, daß die Kinder ein simpler Präge-Abdruck ihrer Vorfahren sind. Schon in die Keimzellen der Eltern, die einmal ihre genetische Botschaft weitertragen werden, können Strahlungen und Chemismen „einschlagen", und bis zur Geburt geht das Bombardement von außen weiter. Aber auch die Kräfte der Regenerierung, die Reparaturmechanismen in den Zellen, sind ständig am Werk.

Und was soll die Grenzziehung mit dem Geburtsakt? Das biologische Schicksal bleibt nachher wie vorher unausweichlich: Auch Krebs und AIDS beruhen auf den Einbruch von übermächtigen Kräften in die Körperprozesse.

Man kann also wohl sagen: Ulrike Pöstinger hat biologisch Glück gehabt, eine gute genetische Verfassung mitbekommen zu haben und allen Schädigungen aus der Umwelt entgangen zu sein. Reicht das aber? Ist „normale Fitneß" so selten, daß es nur wenigen Waisenkindern ohne Berufsausbildung gelingt, sozialen Erfolg zu erreichen? Oder hat Ulrike Pöstinger doch etwas mehr als Schadlosigkeit mitbekommen, so etwas wie eine überdurchschnittliche „Begabung”?

Auch darauf gibt die moderne Biologie eine Antwort.

Heimkinder treten wahrscheinlich sehr oft, in der Mehrheit sogar, mit einem vererbten Handicap ins Leben. Es sind meist schon geschwächte und geschädigte Eltern, die ihren Kindern nicht persönliche Zuwendung und ein Heim bieten können. Da ist es dann tatsächlich seltener, daß ein Kind mit „normaler Fitneß“ zur Welt kommt.

Man muß auch nicht annehmen, daß überdurchschnittliche Intelligenzleistungen von Differenzen in den Genen herrühren (obwohl auch das nicht ganz auszuschließen ist). Die entscheidenden Unterschiede in Gehirnleistungen beruhen, wie wir heute wissen, auf der Entfaltung der Nervenbahnen, die im größten Umfang in den ersten Lebensmonaten erfolgt, aber nie, selbst bis ins hohe Alter nicht, völlig zu Ende gehen muß (im Gehirn werden zwar keine neuen Nervenzellen mehr gebildet, im Verlauf des Lebens sogar immer mehr abgebaut, aber es gibt dabei immer noch Nervenzellen, die neue „Leitungen“ ausbilden können).

Nach diesen Erkenntnissen ist es viel wahrscheinlichr, daß der Säugling Ulrike auch im Heim soviel an Umwelteindrücken und gehirnentwickelnden Reizen gewinnen konnte, daß seine Intelligenz wacher wurde als beim Durchschnitt der Heimkinder. Vielleicht wandten sich die Pflegerinnen im Heim Ulrike mehr zu, weil sie lebhafter, freundlicher, fröhlicher war oder auch fordernder, energischer, trotziger - oder auch einfach anregender für den Pflegetrieb und das natürliche Mitgefühl.

Dieser Startvorteil, gepaart mit „normaler Fitneß”, mag durchaus genügt haben, Ulrike soviel Entwicklungsvorsprung zu geben, daß sie in ihren an sich so ungünstigen Lebensumständen immer wieder zu Widerstand und Selbstbehauptung fähig war und ihr eigenes Muster der Daseinsbewältigung aufbauen konnte.

Die soziologische Deutung

Was wäre aus Ulrike Pöstinger geworden, wenn sie nicht in Gemeinschaften gefunden hätte, die ihr Stütze und Chancen zur

Selbstentfaltung gaben? Sie sagt dazu selbst: „Ich glaube nicht, daß ich dann noch leben würde."

Was sie damit meint, läßt sich nach der soziologischen Theorie auf eine einfache Formel bringen: Der Mensch ist ein soziales Wesen, er kann nur in einer Gemeinschaft überleben, nur in Harmonie mit dieser Gemeinschaft gedeihen und glücklich werden - und wie hoch er in der Gesellschaft kommt, hängt von seinem Erfolg in der sozialen Rangleiter seiner eigenen Gesellschaft und Gemeinschaft ab. Die Gesellschaft, in die Ulrike Pöstinger gegen die herrschenden Normen als „Fremdling" hineingeboren wurde, hatte das ungeliebte Kind abgeschoben, an den Rand gestellt ("marginalisiert" heißt das im schonenden Fachjargon). Ihre Überlebenswahrscheinlichkeit war unterdurchschnittlich. Doch Gemeinschaften nahmen sie auf, die eigens für die Benachteiligten geschaffen wurden und ihnen Hilfe bieten, die Arbeiterbewegung und die Gewerkschaften - andererseits Gemeinschaften, die sie in die Selbsthilfe einschlossen, wie die Wohngemeinschaft, in der sie großzügig das Geld für ihre Eigentumswohnung vorgeschossen bekam und dadurch das Sparen lernte (in der modernen Großgesellschaft lehren das sonst, unpersönlicher, Sparerziehung und Geldinstitute).

Wenn Frau Pöstinger von „der Partei" redet, meint sie die Sozialistische Partei Österreichs. Aber für sie ist das nicht bloß ein Apparat, der mit schlagwortartigen Programmen (wie „Fünfunddreissig-Stunden-Woche" oder „10.000 Schilling Mindestlohn") um Wählerstimmen wirbt und Kandidaten für politische Ämter ausbildet und nominiert. Sie erlebt diese Partei als große Familie. Die Grußformel „Freundschaft" drückt für sie einen realen Sachverhalt aus, und als „Genossin Pöstinger" fühlt sie sich auf einer Rangstufe mit dem Parteiobmann und Bundeskanzler (den sie mit „Du" anredet) und mit der verzweifelten Arbeiterin, die sich an sie wendet, weil es ihr so schlecht geht wie einstmals Ulrike Pöstinger selbst.

Nein, nein, hier wird nicht eine linke Traumwelt gepredigt. Natürlich hat es immer wieder zu grausamster Unmenschlichkeit geführt, wenn man alle Menschen in eine universelle Gemeinschaft von Familien- oder Peer-Group-Charakter (also von Kindern Gottes, Brüdern, Volksgenossen, Genossen, Kameraden und dergleichen mehr) hineinzwingen wollte. Soziale Integration, das

Zueinanderfinden von Individuen in einer Gemeinschaft, läßt sich zwar durch Organisation und Regelung begünstigen, mit Geld und Infrastruktur fördern, aber auch das nur im Einklang mit den Gesetzmäßigkeiten menschlicher Natur. Druck und Gewalt, auch in bester Absicht, ein geplantes Paradies zu schaffen, scheitern da - oder bringen (was noch gut sein kann) Gemeinschaften des Widerstands und der Notwehr hervor. Denn das Naturgesetz bleibt immer gültig: Gemeinschaften brauchen die regelmäßige persönliche Zuwendung untereinander, also gute Taten, gute Worte, gute Gedanken und vor allem echte Gefühle, sonst wachsen in ihnen die sozialen Distanzen zu Gräben und Klüften. Liebe und Freundschaft sind aber en gros nicht möglich. Daran scheitern immer wieder Fundamentalisten und Radikale. Doch unter dem Mantel gepredigter Ideologien haben sich auch immer wieder funktionierende Netzwerke lebendiger Gemeinschaften gebildet.

Die christlichen Dogmen haben das Reich Gottes nicht gebracht. Aber in einer Vielzahl von christlichen Vereinen und Gruppen, aller Denominationen, Nationen und Kulturen, finden sich junge Paare zum Tanzen und fürs Leben, sitzen Betschwestern beim Kaffeekränzchen, wenn sie heute auch mit dem eigenen Auto gekommen sind und über den letzten Club Zwei räsonnieren.

Auch die Partei der Ulrike Pöstinger hat nicht mehr viel mit jener klassenkämpferischen Arbeiterbewegung gemein, als die sie vor einem Jahrhundert begann. Gruppendynamische Betriebsseminare, Wohngemeinschaften, Frustabbau durch kreative Selbstentfaltung - das alles klingt bei Frau Pöstinger eher nach akademisch inspirierten Social Relations, nach Corporate Identity oder Alternativkultur. Nun, Kirchen, Parteien, Gesellschaften müssen sich eben mit ihren Kulturen mitentwickeln, wollen sie überleben.

Wesentlich für Ulrike Pöstinger ist nur, daß sie ihre eigene soziale Einbettung gewonnen hat. Ohne diese hätte sie ihren Sohn nicht erziehen können, würde niemand ihre Lieder anhören, wäre ihr der Ausdruck ihres Selbst versagt geblieben. Ohne ihre Gemeinschaft wäre sie viel ärmer, wenn nicht, wie sie selbst meint, am Ende ihrer Kraft.

Die kybernetische Deutung

Diese Ulrike Pöstinger verdankt alles ihrem starken Willen. Sie entschließt sich nach dem Ende der Schulzeit, von Ziehmutter und Wirtshaus wegzugehen und eine ihr völlig fremde Arbeit in der Fabrik anzunehmen. Alle sagen: Das hältst du keine vierzehn Tage aus, sei nicht verrückt. Alle raten ihr, doch lieber in der vertrauten Umgebung ihre Chancen zu nutzen. Sie hält aber an ihrem Entschluß fest und wird Arbeiterin - und sie macht daraus das Beste, sie setzt sich in der Arbeiterbewegung ein. Sie leidet, wie viele andere auch, unter der Eintönigkeit ihrer Arbeit, unter Akkord und Zeitdruck. Doch sie schluckt ihren Ärger nicht hinunter, sondern singt ihn in humorvoll-bitteren Liedern aus sich hinaus. Sie will ihren Sohn allein großziehen und setzt das gegen alle Schwierigkeiten durch. Es gelingt ihr, obwohl sie es nie vorher gelernt hat, konsequent zu sparen, um für ihr Kind und sich eine eigene Wohnung zu haben. Es gelingt ihr, weil sie es sich vorgenommen hat.

Diese Frau besticht nicht durch besondere Begabung und Intelligenz, sie ist eine Arbeiterin geblieben, sie kann als „Liedermacherin" nicht einmal Noten lesen - in einer Bildungsgesellschaft mit Berufsbildungskursen, Abendgymnasien und künstlerischen Volkshochschulen.

Sie hat auch nicht nur Glück gehabt, weder bei ihrer beruflichen Laufbahn noch mit dem Vater ihres Kindes. Es war auch Pech, daß sie keinen guten Mann fürs Leben getroffen hat.

Und die Gemeinschaft, in der sie sich schließlich entfaltet hat, war die nächstliegende - auch wenn es dort sehr gut ging. Als Arbeiterin in die Gewerkschaft und die SPÖ zu gelangen, ist nicht außergewöhnlich.

Eine Erfolgs-Story im Illustriertenstil sähe anders aus. Dafür fände sich wohl ein Traum-Aufstieg vom Waisenkind zum Star oder zur Milliardärsbraut. Das Bemerkenswerte an Ulrike Pöstinger ist nicht, daß sie als Heimkind eine Arbeiterin und Sozialistin geworden ist. Das darf man wohl als halbwegs günstigen Normalfall betrachten. Ihr Lebenserfolg liegt vielmehr in der Seelenkraft, mit der sie ihre bescheidenen Rollen ausfüllt.

Sie ist nicht verheiratet - aber erzieht ihren Sohn vorbildlich. Sie ist keine gelernte Sängerin - und singt dennoch vor Publikum.

Sie hat kein politisches Mandat - und engagiert sich in der Partei. Sie ist keineswegs auf die Butterseite des Lebens gefallen - dennoch schätzt sie sich glücklich und ist es wohl auch. Hier hat das Wollen über die Umstände gesiegt.

Willenskraft und Seelenstärke, das sind objektiv beobachtbare (in Tests meßbare) Persönlichkeitsmerkmale und Verhaltensmuster, die einem helfen, Entscheidungen zu treffen und Ziele flexibel zu verfolgen. Kybernetisch läßt sich das als nützliche „Gehirn-Software" verstehen, als ein Paket von Verhaltens-Programmen, das unter dem Fachtitel „Lebensbewältigungsfähigkeit" (englisch leichter aussprechbar: Coping Capacity) läuft. Ulrike Pöstinger scheint damit recht gut ausgestattet zu sein.

Woher hat sie diese Gabe?

„Gehirn-Software" deutet das recht gut an. Der Kern eines solchen Programmes wurde irgendwann in das Verhaltensrepertoire Ulrikes gespeichert. Vielleicht sehr früh. Doch als sie sich als Kind noch herumkommandieren ließ, als sie in ihrer Verzweiflung auf einen zufälligen Tod hoffte statt aus dem Wirtshaus durchzubrennen, da dürfte diese psychische Software noch nicht anwendungsreif gewesen sein.

Vermutlich kam dann ein Anstoß - durch eine freundliche Ermutigung, aus einer plötzlichen Einsicht, vielleicht auch im Trotz - sich an einem konkreten bescheidenen Ziel zäh zu versuchen. Statt verängstigt nachzugeben, sagte sich Ulrike: Jetzt bleibe ich bei meinem Standpunkt, jetzt halte ich durch. Sie sagte es sich immer wieder, zuerst ohne viel Selbstvertrauen, aber von Mal zu Mal entschiedener. Sie erfuhr das erhebende Erlebnis, sich selbst programmieren zu können. Von da an baute sie diese Fähigkeit aus und bereicherte ihre eigene „Gehirn-Software" um neue Programme. Man mag das konventioneller auch Selbsterziehung nennen.

Wohlgemerkt: Das innere Programm, dessen Output nun als Lebenserfolg sichtbar ist, wurde nicht vererbt (die biologische „Hardware" dafür ja, aber Programme laufen auf vielerlei Hardware). Es ist auch nicht anzunehmen, daß irgend jemand bewußt und effizient Ulrike Pöstinger zu Willenskraft und Coping Capacity erzogen hat. Die ersten Bausteine des Programmes fügten sich wohl eher zufällig zusammen.

Doch dieser Samen begann aus seiner eigenen Kraft heraus zu

keimen und Wurzeln nach geeignetem Nährboden auszustrecken. Die Selbstprogrammierung (im Jargon der Systemanalytiker: Autopoiesis) brachte Ulrike dazu, Ziele anzupeilen und zu verfolgen, die ihre Fähigkeit zur Selbstprogrammierung verstärkten.

Auf einmal war sie reif für das Betriebsseminar - das sie früher nicht besucht oder nur gelangweilt abgesessen hätte. Jetzt lieferte es ihr einen Algorithmus, der mit ihrer „Gehirn-Software" kompatibel war und der sich flugs in das Programm einpaßte.

Auch das Liedermachen ist so aus fast unbemerkbaren Anstößen und Programmkernen Schub um Schub zu einem eindrucksvollen Verhaltensmuster, zu Frau Pöstingers persönlicher Fähigkeit, herangewachsen. „Gewachsen" macht aber zu wenig auf die Komponente des bewußten Selbstprogrammierens aufmerksam, die dazu gehört - und die wir auch einfach und unscharf „Willen" nennen können. Jeder Wollende weiß ja um die beiden Seiten des Wollens, das Sich-auf-das-Ziel-Ausrichten und die notwendige Unterstützung von innen. Was nützen ihm alle guten Vorsätze, wenn das Unbewußte in ihm selbst nicht mittut, wenn das innere Programm nicht error-frei abläuft?

In solch kybernetischer Interpretation stellt sich aber, gerade auch für die künstlerische Leistung, allerdings nicht nur dafür, die Frage nach der Originalität. Sind diese Programme, von denen hier die Rede ist, nun einmalig und persönlich - oder nicht doch nur kopiert, übernommen aus Kultur und Gesellschaft? Wenigstens zum größten Teil? Was ist in den Liedern von Ulrike Pöstinger noch nie dagewesen?

Die Frage ist unbeantwortbar. Was ist neu an einem EDV-Programm, das eine vorhandene Programmiersprache verwendet, sich aus bewährten Algorithmen zusammensetzt, alle Tools und Tricks gekonnten Programmierens ausnützt? Auch zum Liedermachen braucht man Worte und Tonfolgen, die es schon gibt, einen Stil, der dem Publikum ins Ohr geht, eine Kultur, in der das Lied Sinn macht. Seine Wirkung liegt aber in der einmaligen Kombination. Die Kybernetiker sagen: Intelligenz ist Konnektivität.

Wieder aufs Ganze umgelegt: Kultur und Gemeinschaft sind notwendige Voraussetzungen für den Lebenserfolg - aber nicht dessen Ursache. Ulrike Pöstinger ist ein Phänomen, das sich letztlich nur aus sich selber erklären läßt.

NIKI LAUDA

„NACHDENKEN, ANALYSIEREN, EIN-ZIEL-SETZEN"

Hier weichen wir von unserem Grundsatz ab, den Gesprächspartner in Interviewform dem Leser vorzustellen. Der Grund dafür liegt in der Weigerung Niki Laudas, für ein derartiges Gespräch - das erfahrungsgemäß mehrere Stunden in Anspruch nimmt - zur Verfügung zu stehen.

Von der Lauda-Air Luftfahrt-AG langte auf unsere Anfrage hin folgendes Schreiben ein: „So ehrend die Einladung ist, an dem ÖBV-Buchprojekt 'Lebensmanagement' mitzuwirken, so leid tut es mir, Ihnen sagen zu müssen, daß Herr Lauda beim besten Willen nicht zur Verfügung stehen kann. Als aktivem Piloten läßt seine höchst limitierte Zeit in Wien keine zusätzlichen Verpflichtungen mehr zu."

In die Zeit unserer Anfrage fielen auch neue Verhandlungen über das Verhältnis zwischen Lauda-Air und der staatlichen österreichischen Fluglinie Austrian Airlines (AUA), außerdem stand die Börseneinführung der Lauda-Air unmittelbar bevor.

Dennoch wollten wir in unserem Buch auf Niki Lauda nicht verzichten. Wir studierten daher als Quellenmaterial zahlreiche Interviews aus Zeitungen und Magazinen und vor allem jene Bücher, die der Formel-Eins-Weltmeister jeweils nach Ablauf einer Rennsaison in Zusammenarbeit mit dem Journalisten Herbert Völker verfaßt hatte. Mag sein, daß Niki Lauda die eine oder andere Lebensentscheidung heute anders sieht als früher; es mag auch sein, daß wir in einem ausgedehnten Interview ein noch fundierteres Basismaterial für unsere Interpretationen gefunden hätten - in einigen zentralen Punkten, die für unsere Themenstellung ganz besonders wichtig sind, liegen allerdings die Dinge so klar auf der Hand, daß es keine Fehlinterpretationen geben kann.

Für jene Leserinnen und Leser, die die Biographie des früheren Formel-Eins-Rennfahrers und jetzigen Flugunternehmers nicht gut kennen, wollen wir in der Folge die wichtigsten Stationen seiner sportlichen Laufbahn nochmals kurz Revue passieren lassen.

Die Geschichte, wie Niki Lauda zu seinem ersten Auto kam, ist inzwischen Legende. Da er in der Maturaschule den Abschluß nicht schaffte, entschloß er sich, „für den reinen Hausgebrauch" ein Abschlußzeugnis zu fälschen. „Ich hab aus der Entfernung damit gewachelt, es sofort wieder an mich genommen und später zerrissen." Mit den Maturaprämien aus der Verwandtschaft kaufte sich der junge Lauda einen VW-Käfer um S 15.000,-.

Aber natürlich war für einen Burschen wie Niki Lauda ein alter VW-Käfer nicht das Gelbe vom Ei. Als er später bei einer nächtlichen Ausfahrt mit einem geborgten Mini Cooper S auf der Wiener Höhenstraße ausrutschte und den Wagen stark beschädigte, wußte er das Mißgeschick für sich zu nützen. Der Wagen gehörte dem Vater seines Schulfreundes Draxler, und der Freund schlug vor: „Wennst den Wagen schnell kaufst, merkt's der Vater nicht." Was wahrscheinlich zunächst als Spaß gemeint war, wurde von Niki Lauda prompt in die Realität umgesetzt. Er fuhr zu seiner Großmutter und klingelte sie aus dem Bett: „Ich hab' gerade ein Auto zertrümmert, das kostet S 38.000,-, und wenn ich das nicht zahlen kann, komme ich ins Gefängnis." Die Großmutter zahlte, Niki Lauda erstand den havarierten Mini Cooper, verkaufte den Käfer und steckte das Geld in die Reparatur des Mini.

Schon sein zweites Rennen brachte Niki Lauda einen Klassensieg. Es war ein Bergrennen am Dobratsch, eine gefährliche Strecke mit vielen Kurven und tiefen Abgründen. Damit begann jene atemberaubende Rennfahrerkarriere, die später die Motorsportwelt aufhorchen lassen sollte. „Ich dachte immer nur an den nächsten Schritt, erstmals den Führerschein, und dann weiter, jeweils zur folgenden Etappe, die überschaubar war", erinnerte sich Lauda später zurück. „Ich habe auch keinen Starkult betrieben, mich mit niemandem identifiziert, obwohl es ja gerade in jener Zeit mit Jim Clark eine richtige Heldenfigur gegeben hat."

Die vielen Unfälle am Beginn seiner Rennfahrerkarriere irritierten Lauda zunächst nicht. Der Wendepunkt kam am 5. September 1970, als Jochen Rindt in Monza tödlich verunglückte. Einen Tag zuvor hatte Lauda einen Unfall im Formel-Drei-Rennen in Zolder. Lauda: „Ich begann damals, eines meiner Talente zu entwickeln: Nachdenken, Analysieren Ein-Ziel-Setzen. Das Ergebnis war: Ja, ich will Rennfahren, nach wie vor. Aber ich will nicht irgendein Wahnsinniger in einem Feld von zwei Dutzend weiteren Wahnsinnigen sein."

Daher gab es nur eine logische Konsequenz: sofort mit der Formel-Drei aufhören und die nächst höhere Rennklasse anpeilen, die Formel-Zwei.

Wie Lauda dieses Ziel erreichte, hat später viele Zeitungsseiten gefüllt. Er schloß einen Werbevertrag mit einer Sparkasse ab und verschaffte sich bei einem anderen Kreditinstitut einen Kredit über S 2,5 Millionen. Dieses Kreditinstitut übernahm als Sponsorleistung die Zinsen und die Kosten der Lebensversicherung.

Mit dem geborgten Geld kaufte sich Lauda ins Formel-Zwei-Team von March ein und erlebte eine katastrophale Rennsaison: das Auto war nicht konkurrenzfähig.

Nach den Mißerfolgen war es natürlich schwierig, einen neuen Vertrag bei einem besseren Team zu bekommen. Laudas Taktik lief darauf hinaus, „meine künftigen Sponsorzahlungen (die es nicht gab), auf derartige Ratentermine zu zerlegen, daß ich das erste Loch noch stopfen kann und beim zweiten Termin schon der Star sein würde".

Die vereinbarte erste Rate für seinen neuen Rennstall BRM konnte Lauda mit Preisgeldern aus Tourenwagenrennen noch problemlos bezahlen. Doch dann wurde seine finanzielle Lage immer prekärer - bis er im Grand Prix von Monaco 25 Runden lang an dritter Stelle lag und Enzo Ferrari auf den österreichischen Jungstar aufmerksam wurde.

In einem Ferrari fuhr Niki Lauda schließlich zur absoluten Spitze und wurde 1975 erstmals Weltmeister. In einem Ferrari verunglückte er aber auch so schwer, daß er mehrere Tage lang mit dem Tod rang. Der furchtbare Feuerunfall am Nürburgring ereignete sich am 1. August 1976. 42 Tage nach dem Unfall startete Lauda wieder in einem Grand Prix: er wurde in Monza immerhin Vierter.

Dann kam das WM-Finale in Fuji: Lauda stieg im strömenden

Regen aus seinem Rennauto aus, weil er katastrophale Unfälle befürchtete. Damit verlor er diese WM. Daß es noch während des Rennens zu regnen aufhörte, war ein besonderes Pech. „Hätte ich in den entscheidenden Minuten ein bißchen mehr Gelassenheit gehabt, hätte ich ganz locker, völlig problemlos die beiden Punkte herausfahren können, die ich zum Titel brauchte“, meinte er einige Jahre später, bereits mit einer gewissen Distanz zu dieser Entscheidung. „Dann wäre ich heute vierfacher statt dreifacher Weltmeister, und das ist mir, bitte, ganz ehrlich Wurscht. Insofern gibt es nichts zu bereuen.“

Lauda mußte auf seinen nächsten Titel nicht lange warten. 1977 war er wieder Weltmeister, wieder auf Ferrari.

Zwei Jahre später machte er Schlagzeilen, weil er überraschend die Entscheidung traf, mit dem Rennfahren aufzuhören. Gerade zu einem Zeitpunkt, als er einen hervorragend dotierten Vertrag bei Brabham-Alfa in der Tasche hatte. Lauda: „Vorher hatte ich geglaubt, dieser Haufen Geld würde mich motivieren, aber als ich wieder im Wagen saß, merkte ich: es geht nicht mehr, aus, Ende.“

Aber nichts ist endgültig. Nach einiger Zeit verspürte Lauda Lust, den Grundsatz „they never come back“ zu widerlegen - vielleicht auch deswegen, um die wirtschaftlichen Schwierigkeiten seiner inzwischen gegründeten Fluglinie mit Formel Eins-Preisgeldern zu kompensieren. Die offizielle Lesart lautete: „Ich wollte sehen, ob mich der Rennsport noch fasziniert, und Ron Dennis von McLaren hat für mich einige Proberunden arrangiert. Nach den Tests war für mich klar, daß ich es wieder versuchen will.“ Die Ergebnisse zeigten, daß es Lauda auch nach der selbst auferlegten Pause wieder gelang, „einen Schalter im Hirn umzulegen”. Ein dritter Weltmeister-Titel im Jahre 1984 sollte die Krönung seiner Rennsport-Karriere sein.

Bei seinem zweiten und endgültigen Rücktritt vom Rennsport im Jahr 1985 wollte Lauda anders vorgehen als 1979 in Montreal: „Ich wollte meine Gefühle viel genauer ausloten, überprüfen, den Gründen nachspüren.“ Nicht einfach im Training aussteigen und sagen, das war's. „Daß ich mich öfter dabei ertappte, über die Gefährlichkeit dieses Sports nachzudenken, war ein starkes Indiz, daß ich aufhören sollte. Ich sah allerdings keine Probleme, die Saison zu Ende zu fahren. Meine antrainierte Motivationsfähigkeit würde stark genug sein, um die paar Rennen noch in gutem Stil durchzustehen."

Niki Lauda wechselte endgültig den Beruf: vom Rennfahrer zum Fluguntemehmer. Hier ist er heute ähnlich erfolgreich wie im Cockpit der Formel-Eins-Boliden, aber er trägt die Narben seines Feuerunfalls am Nürburgring noch immer im Gesicht.

Am Lenkrad der Gefühle

Kann man von Niki Lauda lernen?

Sein Leben ist zweifellos eine Kette von Erfolgen, die scheinbar aussichtslosen Situationen abgerungen wurden, mit Kaltblütigkeit und Wagemut sondergleichen. Wollte man ihn als Symbol verstehen, so gehörte er zu den Heroen und Siegern einer transnationalen Moderne, die als „moral equivalent of war", als existentielles Bewährungserlebnis, Sport und Unternehmertum gesetzt hat. Und es mag nicht wenige junge und nicht mehr so junge Leute geben, die sich von seinem Erfolg angesprochen und angespornt fühlen, auch Karriere-Risiken einzugehen, auch das Schicksal herauszufordern, die eigenen Ängstlichkeiten zu unterdrücken. Doch läßt sich mit Sicherheit sagen, daß unter diesen „Nachahmern" kaum jemand ist, der alle Unfälle, Schwierigkeiten, Risiken und Ängste, die Niki Lauda überwunden hat, nacherleben wollte. Gerade ein Niki Lauda, der auch die Narben seiner Siege sichtbar an sich trägt, eignet sich wenig zum Vorbild. Und schon gar nicht zum Idealtyp für die Pädagogik. Kein Schullehrer, kein Erzieher, und schon gar kein Vater, wird einem ehrgeizigen Halbwüchsigen predigen: „Mach es wie der Niki Lauda!" Das Risiko scheint da zu hoch.

Doch wenn nicht von, so kann man an Niki Lauda lernen. Dazu sollen hinsichtlich seines eindrucksvollen Lebensmusters einige Fragen gestellt werden: Vier Fragen, die weit ins Grundsätzliche führen.

Die erste Frage lautet: Ist Erfolg, wie ihn Niki Lauda hat, schon Glück? Es sei daran erinnert, daß Glück, Wohlbefinden und Lebenszufriedenheit als Ziel des Lebensmanagements für unsere Betrachtungen festgelegt wurden. Damit muß nicht jeder einverstanden sein, ja, die meisten werden dem nicht voll zustimmen. Wir sind alle auch zu anderen Zielen erzogen: Pflichterfüllung, Reichtum und Rang, Spitzenleistungen in verschiedenen Lebensbereichen, Selbstaufgabe an große Ideen. Soweit das nur Glücksstrategien sind, also Mittel zur Glücksgewinnung, stehen sie nicht im Widerspruch zur hier vertretenen Zielsetzung. Die Wege teilen sich aber dort, wo für die absoluten Ziele auch schwere Opfer an Glück gebracht werden.

Da macht es keinen geringen Unterschied aus, ob jemand Erfolg hat oder Mißerfolg. Ein Niki Lauda, dem keine Weltmeisterschaft geglückt wäre, der bei einem Unfall das Augenlicht verloren hätte, der schwer verschuldet sein Prestige und seine Umgangsformen als Empfangschef verkaufen müßte - den würde man sich schwer als Paradigma für ein glückliches Leben vorstellen können. Er hätte ja sein Ziel nicht erreicht, er wäre dann ein Geschlagener, ein Verlierer.

Auf eine so simple Formel läßt sich das aber nicht bringen. Da bleibt einmal offen, ob Niki Lauda nicht letztlich, bei allem Erfolg, dennoch ein Verlierer ist. Sein Unfall auf dem Nürburgring hat vielleicht auch an seiner Psyche Narben hinterlassen, die bei schlechtem Seelenwetter schmerzen. Manche Leute würden ihre umfassende Bildung, die sie in vielen glücklichen Studienjahren erworben haben, nicht gegen einen Weltmeistertitel im Autofahren und eine Luftlinie tauschen. Darauf sei nicht weiter eingegangen. Es geht dabei um subtile Abwägungen von „Glücks-Quantitäten". Erfolg ist aber, in jedem Bereich, zuerst einmal angenehmer als Mißerfolg.

Erfolg zählt wohl zu den potenten Glücksbringern, wo immer man ihn hat - wenn man Erfolg als die Erreichung von eigenen Zielen mit eigenen Kräften und Bemühungen definiert (daß auch immer eine Portion Gunst des Zufalls dazu gehört, versteht sich).

Mit eigenen Kräften: Hier liegt nun ein Schlüsselbegriff für unsere Frage nach dem Zusammenhang zwischen Erfolg und Glück. Man kann sich Niki Lauda schwer als Verlierer vorstellen. Seine ganze Lebensgeschichte läßt vermuten, daß er auch dann nicht sein Leben lang als kleiner Angestellter Schulden abgezahlt hätte, wenn seine Rennfahrerkarriere nicht so glamourös verlaufen wäre. Und es drängt sich der Gedanke auf, daß selbst noch ein blinder

Niki Lauda durch kühne Unternehmungen die Öffentlichkeit in Erstaunen gesetzt hätte.

Hinter den Erfolgen dieses kühl kalkulierenden Rennfahrers und risikofreudigen Flugunternehmers steht eine außerordentliche Fähigkeit, „den Schalter im Gehirn umlegen“ zu können, mit der Angst fertigzuwerden.

Erfolg als Rennfahrer, als Bergsteiger, als Forschungsreisender, aber auch Erfolg als Unternehmer oder öffentliche Figur - vielleicht fast jeder Erfolg setzt Überwindung von Angst und Beherrschung der eigenen Gefühle voraus.

Darüber schreiben und reden alle gefährlich Lebenden, vor allem aber auch Kriegsteilnehmer, in ähnlichen Ausdrücken. Und neuere Forschungen bestätigen sie.

Angst ist etwas Natürliches und Normales. Es gibt davon ein Mehr und ein Weniger. Kleinere Angst regt auf und versetzt in Spannung - die mit einer gewissen Lust verbunden sein kann. Größere Angst alarmiert, steigert Wahrnehmung und Körperkräfte, schießt einem aber auch in die Eingeweide. Extreme Angst lähmt und versetzt in Panik - sie gehört, neben den schweren Depressionen, zum Unangenehmsten, das wir erleben können. Auch ein Niki Lauda konnte „steif vor Angst“ werden.

Rennfahren ist ja tatsächlich gefährlich, das Risiko ist hoch. Nur ein wirklichkeitsfremdes Denken könnte einen Menschen, der ein Auto mit mehr als zweihundert Stundenkilometern über eine kurvige Strecke lenkt (womöglich noch bei Regen), in Sicherheit wiegen. Solche Illusionen töten viele junge Menschen auf den Landstraßen.

Risiko ist eine statistische Größe. Auch wenn nur zehn von einer Million Fahrer an einem Pfingstwochenende auf der Straße sterben, auch wenn nur einer von tausend Rauchern Lungenkrebs bekommt - kannst du es sein. Wer sehr empfindlich gegen Angst ist, kann zu Pfingsten zu Hause bleiben oder das Rauchen aufgeben. Nicht wenige benützen solche Strategien. Rennfahrer wird damit sicher keiner.

Dazu gehört die Fähigkeit, Gefahren illusionslos zu erkennen und möglichst richtig einzuschätzen, Angst gerade soweit aufkommen zu lassen, ja, sie zu genießen, als es der Schärfung der Sinne und Reaktionen noch zuträglich ist - und dann „den Schalter im

Gehirn“ umzulegen. Die Gefahr, einen Fehler zu machen, ist dabei am geringsten. Und Gefahr wird sogar zum Vergnügen; es sei hinzugefügt: jedenfalls oft genug, damit man Rennfahrer bleibt.

Von dieser erregenden Lust gut bewältigter Gefahr schwärmen die Risikosucher - die selteneren Augenblicke panischer Angst gestehen oder verschweigen sie als Niederlage, als Einbruch des Unheimlichen. Rennfahrer und alle ihnen ähnliche Gefahren-"Süchtige“ (bis hin zu den bescheidenen Angstbewältigern im Straßenverkehr und vor dem TV-Schocker) haben nämlich eher ein starkes Selbstvertrauen, sie sind selbstsicherer als Ängstliche. Das läßt sich mit einem einfachen Naturgesetz erklären: Angst, der man sich hilflos ausgesetzt fühlt, lähmt nicht nur augenblicklich, sondern zerstört (als Schockerlebnis oder durch Zermürbung) auch die Ich-Stärke, den optimistischen Lebensmut - das haben Kerkermeister, Gehirnwäscher und Tyrannen aller Zeit benutzt, um Menschen (und deren Widerstand) zu „brechen". Umgekehrt stärkt mit eigenen Kräften bewältigte Gefahr auch über längere Zeit das Zutrauen zu sich selbst (also Selbstvertrauen).

Dieser Niki Lauda ist also recht gut daran. Er hat sich nicht nur die richtigen Eltern ausgesucht und einen Schutzengel (sprich: Gunst des Zufalls, beziehungsweise Glück im Unfall) zugeteilt bekommen - er schaltet mit seiner Angst und wohl auch mit seinen anderen Gefühlen recht nach Belieben. Damit ist zwar die Frage, ob Erfolg glücklich macht, nicht eindeutig bejaht, aber eine Voraussetzung für Erfolg festgemacht - Angstbewältigungsfähigkeit (im Fachjargon der Psychologie: Coping Capacity). Wo andere zittern, schwitzen, ihr Herz pumpern spüren und in Panik geraten, lenkt ein Niki Lauda sachte ein wenig auf Ruhe, drosselt die „Adrenalindüse“ und schaltet den Parasympathicus um zwei Gänge weiter, spritzt eventuell noch soviel Endomorphin in seine Ganglienzellen, daß er die Haarnadelkurve zwischen High und Thrill exakt nimmt - genau wie er es braucht, um ein Rennen oder eine Geschäftsverhandlung zu gewinnen, um bis an die Grenze gehen zu können. Es läßt sich schwer bestreiten, daß solch eine Fähigkeit fasziniert.

Die zweite unserer Fragen liegt damit nahe: Wie lernt man die Gefühlsschaltung?

Da bietet die Biographie von Niki Lauda ein Patentrezept. Man nehme irgend ein Vergnügen, das ein stetes Steigern des Risikos erlaubt - etwa das Autofahren. Man fange ganz früh damit an und riskiere immer ein bißchen mehr. Immer so viel, daß man sich zu fürchten beginnt. Wenn dann nichts passiert, geht die Angst von selbst zurück. Wenn man das oft macht, lernt der Körper das Angstabbauen. Schließlich gelingt es dann auch den Gedanken, sich dabei ein wenig einzumischen.

Dazu eine Portion Theorie: In der Psychologie lagen lange zwei Auffassungen im Schulen-Streit: die Auffassung, daß Angst (und andere Gefühle) im Gehirn sitzen, gegenüber der Auffassung, daß Gefühle direkt aus dem vegetativen Nervensystem (grob gesagt, aus den Eingeweiden) herrühren. Die Erfahrung gibt beiden recht. Man kann sich mit Gedanken und Worten recht weit in ein Gefühl hinein steigern. Aber im Vergleich zu dem instinktiven Erschrecken, zu dem ungewollt aufsteigenden Empfinden des Abscheus, des Ärgers, aber auch der Begierde, der Ergriffenheit, der Traurigkeit, die in uns durch biologisch angelegte Schlüsselreize, ja, oft bloß durch innere körperliche Stimmungen ausgelöst werden, sind die gedankengesteuerten Emotionen schwach. Heute haben sich die beiden Theorien versöhnt. Zwischen Körper und Bewußtsein gibt es keine Einbahnen, der Mensch ist ein „vernetztes System“, wie das in den neueren Glaubenslehren genannt und verehrt wird. Praktiker der Gefühlsmanipulation, von den Schamanen bis zu den Anachoreten, von den Fakiren bis zu den Zen-Buddhisten, wußten es immer schon: man muß Leib, Sinne und Gedanken zugleich disziplinieren und dabei dem inneren Rhythmus gewissenhaft folgen, will man zur Meisterung der Gefühle gelangen, die einem wiederum mehr Macht über den eigenen Körper, dieses rätselhaft fremde Wesen, gibt.

Doch zurück zum Niki-Lauda-Rezept, das - wenn man nicht gerade Weltmeister oder Wirtschafts-Tycoon werden will - wesentlich weniger anspruchsvoll ist als die Vervollkommnungslehren, welche von allen Adepten ein umfassendes Lebensmanagement verlangen. Unser Rezept ist hingegen nur eine simple Gebrauchsanweisung für einige Kommandobegriffe der Selbstprogrammierung.

Man rühre nun das Risiko-Vergnügen so lange, bis sich ein Mißerfolg bildet, zum Beispiel eine Havarie mit einem ausgeliehenen Mini Cooper S oder ein brennender Ferrari auf dem Nürburgring - doch schon viel kleinere Unfälle genügen, für bescheidene Dilettanten sogar ganz winzige Mißerfolge. Es ist nicht schwer, einen Mißerfolg zu erkennen, er kränkt und frustriert. Nun heißt es rasch handeln. Dem Mißerfolg wird, so schnell wie möglich, ein ordentlicher Schuß frischen Risikos zugegeben. Man kauft etwa nach der Havarie sofort den Mini Cooper S mit geliehenem Geld und stürzt sich in weitere Schulden. Man steigt, knapp dem Tod entkommen, vom Spitalbett direkt wieder in den Rennwagen und fährt noch schneller. Auch das läßt sich im kleinen recht gut machen. Die frischen Risiken müssen ja nicht groß sein. Es genügt, daß die neue Angst die Verärgerung über den Mißerfolg überdeckt. Und mit der Angst hat man ja schon etwas umzugehen gelernt, mit der Frustration aber nicht. Also überdeckt man sie. So gewinnt das Risiko noch mehr an Glückswert: es wird zum Sorgentröster.

Soweit nun die Hauptspeise. Man richte aber schon zwischendurch die Beilagen zu: Risiken anderer Gattung. Niki Lauda ist neben dem Rennfahren aus der Schule desertiert und hat das Fliegen gelernt. Ja, geheiratet hat er auch. Für zusätzliche Risiken bieten sich immer genug Gelegenheiten. Das fertige Gericht heißt Risiko-Training. Wenn es richtig aufgeht, schmeckt es nach Kühnheit, Mut, Erregung, Stolz - und nur ganz leicht pikant nach Angst. Ironie beiseite: Die Beherrschung der Angst läßt sich durch oftmaliges Durchleben wohldosierter Furcht trainieren. Das gelingt sogar Menschen, die von Kind auf an schweren neurotischen Ängsten, an obsessiven Phobien leiden. Viele Psychotherapien beruhen auf solchem Gefühlstraining.

Unter jungen Menschen mit gesundem „ungebrochenem" Selbstbewußtsein wünschen die meisten, den eigenen Stimmungen und Gefühlen nicht so ausgeliefert zu sein - und wer wollte nicht Macht über seine eigenen Ängste haben? Risiko-Training ist daher in vollem Schwange, vor allem bei der Jugend. Leider kostet dieses beliebte Rezept auch sehr viele Opfer: Der größere Teil der Verkehrsunfälle und der Sportschäden geht auf sein Konto - und ein gehöriger Prozentsatz allen Schulversagens und anderer kleinerer und größerer Tragödien, nicht zu reden von den gebrochenen Herzen und Hoffnungen.

Die dritte Frage hat daher einen düsteren Klang: Muß Angstbeherrschung so teuer erkauft, so gefährlich erlernt werden?

Die Theorie antwortet darauf mit einer mathematisch präzisen, aber praktisch unbrauchbaren Auskunft.

Um Angstbeherrschung zu traineren, muß man Angst erleben - und zwar oft und kräftig. Doch je weniger echt die Gefährdung dabei ist, umso geringer ist die Schädigungswahrscheinlichkeit. Also: Angstmaximierung bei Risikominimierung - und irgendwo liegt da das Optimum. Nur wo?

Sicher nicht bei Niki Lauda. Denn nur einer kann Weltmeister werden - gut, es mögen zehn Weltmeistertitel sein, die im Verlauf einer Rennfahrerlaufbahn zu vergeben sind. Niki Lauda holte sich selbst drei davon. Jedenfalls keine sinnvolle Chance für Millionen junger Leute. Und warum sollten nicht Millionen aus ihrem biologischen Erbe der Angst Ich-Stärke und Lebensfreude gewinnen?

Nun ist das Problem ja nicht so neu. Wie machten das unsere Ahnen, die Sammler und Jäger vor Beginn des zivilisatorischen Quantensprungs? Wie war das bei den Naturvölkern? Sie hatten zwar mehr als genug unausweichliche Risiken, wilde Tiere, eine oft grausame Natur, Feinde. Dennoch hielten sie es für weise, ihre Heranwachsenden noch durch lange und tief erschreckende Initiationsriten gegen die Angst zu „stählen". Und ihre geistigen Führer nützten alle Tricks, von Schauermärchen bis zu Perchtenmasken, um ohne wirkliche Gefahr zu ängstigen.

Reste dieses Instrumentariums mag man noch in den Spukgeschichten für die Kleinen, in den Krimis für die Erwachsenen und in den Mutproben bei Sport und Spiel wahrnehmen. Auch die Prüfungen unseres Schulbetriebs können dem Risikotraining dienlich sein: Man muß dabei ja nicht gleich so weit gehen wie Niki Lauda; manchmal schlecht vorbereitet anzutreten, so ein bißchen mit dem „Durchfallen" zu kokettieren, kann Nervenkitzel genug abgeben. (Niki Lauda mußte vielleicht so viel riskieren, weil sonst seine Angst zu gering gewesen wäre - das sichere Fangnetz seiner wohlsituierten Familie fühlte er ja immer unter sich.)

Das Risikotraining unserer rezenteren Vorfahren, die Turniere der Ritter mit stumpfen Lanzen, die von der Kanzel gepredigte Höllenangst, die Kampfspiele und Ehrengerichte, die vielfältigen Rituale der Bedrohung bis zum Duell - sie können wir übergehen.

Sie dienten meist zu sehr anderen Zwecken, waren teils eher auf Disziplinierung und Angstverstärkung ausgerichtet, vielfach so, daß nur wenige Auserlesene daran wachsen konnten, während die Mehrheit zum Scheitern verurteilt war. Da landen wir wieder beim Rennfahren.

Unsere moderne Kultur verweist da letztlich jeden auf sich selbst - also auf das individuelle Lebensmanagement. Dafür gibt es jede Menge und Gattung von Risiko und Angst zur Auswahl.

Ganz ohne praktische Ratschläge sei der treue Leser, der bis hierher ausgeharrt hat, aber nicht gelassen.

Die spontane echte „Eingeweide-Angst" hat einige biologische Auslöser, die aus der Urzeit stammen, heute aber nicht mehr unbedingt mit Gefahr verbunden sein müssen: das nächtliche Dunkel, den schwindelerregenden Tiefblick, die Einsamkeit. Allein durch einen nächtlichen Wald zu gehen, ist völlig harmlos - und kann doch das Gruseln lehren. Ein gesicherter Klettersteig regt die Nerven viel stärker an als eine Fahrt auf der Autobahn - und ist kaum gefährlicher (nach der Unfallstatistik sogar sicherer). Fremdheit ängstigt. Oft bedeutet es ja tatsächlich Gefahr, sich Umständen auszuliefern, mit denen man nicht vertraut ist. Doch wenn das Risiko nicht größer ist, als daß man einmal eine Nacht im Freien verbringen muß, kann sich die Spannung lohnen, ohne Reisebüro in ein fremdes Land zu fahren, ohne Landkarte ein Waldland zu queren. Auch das Risiko, frischweg in einen neuen Job oder Beruf umzusteigen, eine völlig neue Aufgabe frech zu übernehmen, ist meist viel geringer als die natürliche Angst davor.

Soziale Ängste sind ein besonders dankbares Übungsfeld. Lampenfieber, das Zittern vor einer Blamage oder Prüfungsangst lassen sich, mit einiger Unverfrorenheit, in jeder gewünschten Menge und Abstufung leicht herstellen: eine Gelegenheit, sich irgendwo vorzuwagen, eine unkonventionelle Wahrheit zu sagen, sich in ein Ehrenamt einzulassen oder es kühn wieder abzuwerfen, sich einer Prüfung zu stellen, läßt sich immer finden. Leib und Leben kommen dabei kaum in Gefahr (in einer freien Gesellschaft), und mit einigem Augenmaß wird man dadurch auch nicht sogleich die berufliche Existenz aufs Spiel setzen. Training heißt ja, in kleinen Schritten üben.

Es bleiben noch die bloßen Gedankenspiele. Doch das ist kein

Niki-Lauda-Thema mehr. Sich selbst Angst zu machen, um dann diese Angst wieder wegzulocken oder daraus Kraft für ein soziales Engagement zu holen, das hat der Rennfahrer, Flieger und Unternehmer Niki Lauda nicht nötig. Man kann sich schwer vorstellen, daß er Spannung in Fernseh-Krimis sucht oder Angst um die Zukunft der Menschheit in sich sammelt. Das kann man an seinem Beispiel schwerlich lernen.

Wir haben noch eine vierte Frage gut, die letztliche: Wozu ist es denn gut, die eigene Angst, das eigene Fühlen, so dem Wollen und Denken unterzuordnen?

Ganz ohne Theorie und Philosophie läßt sich der bohrende Zweifel nicht unterdrücken, daß sich Gefühlsbeherrschung und Erfolg dieses Niki Lauda einfach nicht lohnen, daß Millionen kleiner, einfacher, erfolgloser, in ihren Ängsten und Leidenschaften aufgehender Menschen glücklicher sind als er - und zwar glücklicher, weil sie, ihrer wahren Natur entsprechend, echter und ehrlicher leben.

Aber es ist eben nur ein Zweifel. Es ist genausogut möglich, daß ein Rennfahrer, Flieger und Unternehmer ein voller Mensch ist, der in aller Natürlichkeit lieben und lachen, weinen und zittern kann. Man denke an Antoine de Saint-Exupéry, der ein Flieger und ein Dichter war.

Die eigenen Gefühle lenken zu können, ist eben nur eine Fähigkeit. Was man damit tut, gibt ihr erst Sinn.

Übrigens: Alles, was hier mühsam zergliedert wurde, gilt nicht nur für die Angst.

Es stimmt auch im wesentlichen für Wut und Zorn, für Haß und Selbsthaß, für Erotik und Begeisterung. Die Quellen aller Gefühle brechen aus unserem Ungedachten hervor, mit unserem Denken können wir diese Ströme aus der Tiefe drosseln und lenken lernen, durch mühsames Training. Daraus gewinnen wir Macht, über uns selbst und über andere.

Aber ein Lenkrad ist nur gut, um auf ein Ziel loszusteuern und Hindernisse möglichst elegant zu umfahren. Notwendig ist Beides: Die richtigen Ziele zu haben und dort auch hinzugelangen.

DAGOBERT UND DONALD DUCK

„KEUCH! SCHNAUF! JAPS!“

GEHMACHER/SCHLÖSSER: Sie sind als Mitglieder der Familie Duck bei Jung und Alt so bekannt, daß man Sie nicht vorstellen muß. Wir wollen daher gleich in unser Gespräch einsteigen und beginnen bei Ihnen, Herr Dagobert Duck. Sie sind der reichste Mann der Welt und stammen vermutlich aus einer wohlhabenden Familie...

DAGOBERT DUCK: Was heißt hier wohlhabende Familie! Ich komme aus ganz armen Verhältnissen! Ein einziger Taler war das Startkapital! Er liegt unter einem Glassturz in meinem Safe! Mir hat niemand gesagt, wie man Kapitalist wird! Wer arm ist, ist selber schuld. Aber Sie haben recht! Ich bin der reichste Mann der Welt! Das ist amtlich! Und ich bin entschlossen, es auch zu bleiben!

TICK, TRICK UND TRACK: Wenn's darum geht, eine Sache zu Geld zu machen, ist Onkel Dagobert nach wie vor der Größte!

DAGOBERT DUCK: Ein guter Geschäftsmann muß einen Riecher dafür haben, was gefragt ist. Im Augenblick sind es Perücken. Ich bin deshalb nach Zopfingen, Duttlingen und Mähnenhausen geflogen und hab' ganz groß eingekauft!

GEHMACHER/SCHLÖSSER: Gut. Wir wissen also, daß Sie der reichste Mann der Welt sind. Wir wissen außerdem, daß Sie jeden Morgen im Geld baden. Warum eigentlich?

DAGOBERT DUCK: Mir macht es eben Spaß, wie ein Seehund in mein Geld zu springen, wie ein Maulwurf darin herumzuwühlen und es in die Luft zu schmeißen, daß es mir auf die Glatze prasselt. Es ist herrlich erfrischend und gut für den Kreislauf!

GEHMACHER/SCHLÖSSER: In einer nicht ganz ernst gemeinten Soziologen-Studie - die Ende der Sechzigerjahre verfaßt wurde und den Titel „Die Ducks. Psychogramm einer Sippe“ trägt - stand folgendes zu lesen: „Dagoberts Baden im Bargeld, von unbefangenen Beobachtern als schrullige Laune akzeptiert, wird dem Wissenden zum abstoßenden Schauspiel sexueller Perversion. Die Berührung mit Münzmetall und Banknotenpapier versetzt ihn offensichtlich in rasch zunehmende Erregung, bis er sich schließlich mit erigiertem Pürzel kopfüber hineinstürzt und zur Erfüllung gelangt.“

DAGOBERT DUCK: Grrrr! Wissen Sie, was eine Ehrenbeleidigung ist? Wissen Sie, daß sowas strafbar ist? Glauben Sie, daß ich mir das gefallen lasse? (Springt im Sessel auf und ab) Mein Anwalt Dr. Nullus wird sofort eine Trillionenklage einbringen! Das sind Halunken! Die wollen mit meinem Namen ein Geschäft machen, ohne daß ich mich daran bereich... äh beteiligen kann!

GEHMACHER/SCHLÖSSER: Dann erzählen Sie uns doch, wie Sie zu Ihrer ersten Million gekommen sind!

DAGOBERT DUCK: Das erste Geld war von meinem Vetter Degenhart Duck geborgt! Er lieh es mir mit der Auflage, etwaige Gewinne mit ihm zu teilen...

GEHMACHER/SCHLÖSSER: Haben Sie dann später geteilt?

DAGOBERT DUCK: Unterbrechen Sie mich nicht dauernd! Ich wälze große Pläne, und Sie reden dazwischen, bis ich alles wieder vergessen habe! Dabei werde ich alt! Heutzutage brauche ich mindestens zehn Minuten, bis mir eine brauchbare 1-Millionen-Idee kommt!

GEHMACHER/SCHLÖSSER: Gut, wir wollen Sie auch gar nicht lange aufhalten. Sie sind geschäftsführender Alleingesellschafter im sagenumwobenen Duck-Trust, stehen also an der Spitze eines weitverzweigten, weltumspannenden Konzerns. Allein in Entenhausen haben Sie einen Autosalon, ein Warenhaus, ein Maklerbüro, eine Bank...

DAGOBERT DUCK: ...und ein Geldeintreibungsinstitut! Das schicke ich jenen auf den Hals, die Ihre Rechnungen nicht bezahlen. Auch Onkel Donald, wenn er sich Geld borgt und nicht zurückzahlt! In meinem ganzen Leben habe ich kein Geld verschenkt.

GEHMACHER/SCHLÖSSER: Einmal wurde berechnet, daß Ihr

Privatvermögen 13 Trillionen, 224 Billionen, 567 Milliarden, 778 Millionen Taler und 16 Kreuzer ausmacht, die wertvollste Münzsammlung der Welt noch nicht miteingrechnet...

DAGOBERT DUCK: Pssst! Reden wir nicht von meiner Münzsammlung! Die Panzerknacker werden dieses Buch lesen! Sie warten nur darauf, nähere Informationen zu bekommen!

GEHMACHER/SCHLÖSSER: Mehr als Ihre Münzsammlung interessiert uns ohnedies Ihre Tätigkeit als Wirtschaftsmagnat. Sind Sie eigentlich bei Ihren Arbeitnehmern beliebt?

DAGOBERT DUCK: Ich habe in einer Betriebsversammlung bekanntgegeben, daß ab sofort jeder vier Wochen bezahlten Urlaub hat! Aber es war ein Fehler! Einer ist vor Freude ohnmächtig geworden! Weil es für ihn der erste Urlaub seit 20 Jahren war!

GEHMACHER/SCHLÖSSER: Das bereits erwähnte „Psychogramm einer Sippe" vertritt die These, daß der wahre Grund des Erfolgs in Ihrem Über-Ich zu suchen ist. Wir zitieren: „Wir haben in ihm den idealtypischen Vertreter der lebensfeindlichen kapitalistischen Ethik zu sehen, dessen Liebesfähigkeit von den Menschen weg zu den Sachen hin pervertiert ist."

DAGOBERT DUCK: Dummes Zeug! Wenn Sie so gut informiert sind, müßten Sie ja von meinen Frauen wissen! Wie Betty Bienenstich und Gerta Gründlich! Oder das Tanzmädchen Ruby Rhumba!

GEHMACHER/SCHLÖSSER: ...mit denen es aber nie zu einer intimen Beziehung gekommen ist! Sie haben auch einmal gesagt, daß es sich nicht lohnt, einer Frau Blumen zu schenken.

DONALD DUCK: Das bringt mich auf eine Idee! Ich könnte Daisy wieder mal Blumen schenken.

DAGOBERT DUCK: Aus welchem Grund?

DONALD DUCK: Nur so. Weil sie ein lieber Schatz ist!

DAGOBERT DUCK: Auch ich war so dumm und habe diesem Brauch gehuldigt. Es war während meiner Goldsucherzeit oben in Klondike. Da beging ich den großen Fehler, mich in Ruby Rhumba zu verknallen. Damals war ich so töricht und stellte mein Privatleben über das Geschäftsleben. Schlimm! Ich mag gar nicht mehr daran zurückdenken!

GEHMACHER/SCHLÖSSER: Der Schriftsteller Oswald Wiener hat in seinem Buch „Die Verbesserung von Mitteleuropa" die

Meinung vertreten, daß mit der Figur des Dagobert Duck „dem Geld im Staat der Primat über persönliche Befähigung etc. zugesprochen wird." Ein amerikanischer Psychologe hat hingegen gemeint, sie seien ein asexueller Psychopath, der auf seine anale Phase fixiert sei und deren charakteristische Eigenarten wie Ordnungsliebe, Sparsamkeit und Pedanterie nie überwunden habe...

DAGOBERT DUCK: Grrrr! Jetzt reichts! Meine Zeit ist viel zu kostbar! Außerdem muß ich nochmal nachsehen, ob die Tresortür zu meinem Geldspeicher gut verriegelt ist! (Springt auf) Das zahle ich euch heim! Ich werde euer Buch beschlagnahmen lassen! (Geht ab)

DONALD DUCK: Reiche Leute wie Onkel Dagobert haben eben ihre Schrullen!

GEHMACHER/SCHLÖSSER: Kommen wir zu Ihnen, Herr Donald. Wie geht es Ihnen?

DONALD DUCK: Ich hab's satt! Ich will nicht mehr arbeiten! Ach, wenn ich doch eine Million hätte! Ich wünsch' mir einen Sportwagen mit Overdrive, Rennauspuff und Dreiklanghupe! Daisy wäre sicher begeistert!

GEHMACHER/SCHLÖSSER: Uns fällt auf, daß Sie heute anders als sonst gekleidet sind!

DONALD DUCK: Ich hab'mir einen Zylinder und einen Stock zugelegt. Meckermann macht's möglich. Ich will endlich einmal wie ein feiner Mensch aussehen. Daisy wird staunen, wenn sie sieht, wie elegant ich bin.

DAISY DUCK (kommt bei der Tür herein): Hallo Donald. Willst Du Zauberkünstler werden?

DONALD DUCK: Da wirft man sich in Schale um Eindruck zu schinden, und dann wird man nur gefragt, ob man Zauberkünstler werden will!

DAISY DUCK: Ich hab' nicht viel Zeit. Muß zum Entenhausener Wohltätigkeitsball! (Geht ab)

DONALD DUCK: Leb wohl Daisy! Seufz! Sicher ist auch Gustav Gans dort. Er gewinnt in der Tombola immer die besten Preise und renommiert, daß er soviel Glück hat. Arrgh! Und ich bin zum Wohltätigkeitsball nicht einmal eingeladen!

GEHMACHER/SCHLÖSSER: Zurück zu Ihrem größten Wunsch: ein tolles Auto. Seit wir Sie kennen, fahren Sie mit einem

alten Knatterkasten. Wie wollen Sie es je zu einem tollen Wagen bringen?
DONALD DUCK: Ich spiele in der Lotterie, nehme an Preisausschreiben teil, schließe Wetten ab! Aber ich hab' nie Glück! Ich beneide meinen Vetter Gustav Gans! (Singt)

Gustav Gans
na ja der kann's!
Doch unser Schwein
ist immer klein!

(Tick, Trick und Track halten sich mit den Händen die Ohren zu und machen ein schmerzverzerrtes Gesicht.)
GEHMACHER/SCHLÖSSER: Wie haben Sie denn sonst noch Ihr Glück versucht?
DONALD DUCK: Ich hab' beim Wiesenfest in Entenhausen den dritten Preis im Sackhüpfen gemacht! Dann bin ich zu den Olympischen Spielen. Auch als Sänger hab' ich mich versucht. Aber niemand will meine Platte kaufen! Für ein Autorennen hab' ich mich zwar qualifizieren können, aber es war nicht leicht, die letzte Kurve auf einem einzigen Reifen zu nehmen!
TICK: Wenn Onkel Donald ein Künstler wäre...
TRICK: ...und im Fernsehen aufträte,...
TRACK: ...könnten wir auch stolz sein!
TICK, TRICK UND TRACK: Ist er aber nicht!
DONALD DUCK: Wer hat euch gefragt? Zieht lieber los und macht eure Schularbeiten! Anschließend schneidet ihr endlich im Garten die Hecke und mäht den Rasen! Sonst ist das Taschengeld gestrichen! - Ich bin echt reif für die Insel. Für eine einsame Insel ohne plärrende Kinder! Manchmal hab' ich so eine Wut, daß ich mir die Schwanzfedern ausreißen könnte! Das hat doch noch niemand bei „Wetten, daß..." geschafft?
TICK, TRICK UND TRACK: Es war ja noch keine Ente bei „Wetten daß..."! (Tick, Trick und Track gehen rasch ab)
GEHMACHER/SCHLÖSSER: Herr Donald, erzählen Sie uns, welche Berufe Sie schon ausgeübt haben.
DONALD DUCK: Ich war Postbote, Versicherungsagent, Laufbursche, Gärtner, Kartoffelschäler, Tellerwäscher, Bauchredner,

Schulpolizist, Feuerwehrmann, Wünschelrutengänger, Stationsvorsteher, Schuldeneintreiber...

GEHMACHER/SCHLÖSSER: ...für Dagobert Duck...

DONALD DUCK: Ja! Für ihn bin ich auch als Sänger aufgetreten! Für 30 Kreuzer die Stunde. Jetzt werde ich Zauberkünstler! Daisy hat recht! Zauberkünstler sind hochgeachtet, und soviel ich weiß, auch hochbezahlt!

GEHMACHER/SCHLÖSSER: In dem Buch „Donald Duck. 50 Jahre und kein bißchen leise" wird die brasilianische Wissenschaftlerin Viana Moog wie folgt zitiert: „Donald ist einzigartig und ein ausschließliches Produkt unserer Epoche. Er ist der ideale Repräsentant der Klasse Menschen, die das Schicksal dazu verdammt, in fortwährender Anstrengung, in Selbsttäuschung und ständiger Unzufriedenheit durchs Leben zu gehen. Nichts ist für Donald hassenswerter, als im Leben die zweite Rolle zu spielen. Aber der arme Kerl hat außer im Bereich des Lächerlichen kein Talent zum Erfolg. Er besitzt weder Schönheit, Würde noch Respekt. Er war nicht zum Helden geboren. Er posiert für eine Tragödie und alles was er anpackt, endet in einer Komödie."

DONALD DUCK: Es ist zum Heulen!

TICK, TRICK UND TRACK (stürzen bei der Tür herein): Keuch! Schnauf! Japs!

TICK: Onkel Donald! Du sollst sofort zu Onkel Dagobert kommen!

TRICK: Er erwartet Dich im Geldspeicher!

TRACK: Die Panzerknacker wollen ihn entführen!

DONALD DUCK: Pah! Der alte Knauser kann mich rufen, bis er schwarz wird.

TICK, TRICK UND TRACK: Der gute Onkel Donald! Er hat den Ernst des Lebens noch nicht erfaßt!

DONALD DUCK (springt auf): Was? Die Panzerknacker wollen Onkel Dagobert entführen? Ojee! Besser ich komme! Sonst gibt's wieder Ärger! Wenn ich ihm jetzt nicht helfe, streicht er mich glatt aus seinem Testament! (Alle gemeinsam ab)

Die Karikatur des Kapitalismus

Am Anfang des Aufbruchs der protestantischen Ethik steht die einsame Symbolfigur des Robinson Crusoe, am Höhepunkt ihres weltweiten Erfolges - schon Phänomen der nächsten Geschichtsepoche? - begegnen wir der Karikatur des Kapitalismus, der Duck-Sippe. Diese Comics-Figuren sind ebenso fester Bestandteil der kindlichen (und nicht nur der kindlichen) Erlebniswelt wie der fiktive Insel-Einsiedler Daniel Defoes.

Karikaturen sind noch einfacher zu analysieren als literarische Symbolgestalten, sie zeichnen ja nur mehr die wesentlichen Züge. Das geht in unserem Beispiel so weit, daß die zwei untrennbar verbundenen Facetten des Kapitalismus, die Geldwirtschaft und der Massenkonsum, in zwei Figuren aufgelöst sind - in den geldbesessenen Dagobert Duck und den konsumgeilen Donald Duck. In ihnen verkörpern sich die beiden gigantischen Triebkräfte, die dem grandiosen Siegeszug der modernen Marktwirtschaft und Demokratie Impetus verliehen haben. Die (im protestantischen Puritanismus zuerst lebendig gewordene) Ethik des Geldverdienens, des Sparens und Investierens treibt die Produktion an, die aber wiederum ständig wachsende Absatzmärkte, also die Konsumfreudigkeit möglichst vieler Käufer braucht. In der Regel machen alle Leute beides: produzieren, also arbeiten, und konsumieren, also kaufen. Bei den Ducks ist das säuberlich getrennt.

Besessen sind beide. Die *Wirklichkeit im Kopf* dreht sich bei Onkel Dagobert nur ums Geld, bei Donald Duck fast ausschließlich um das „gute Leben" nach den gängigen Moden von Konsum und Publicity. Dieser Besessenheit ordnet sich alles unter. Natürlich könnte niemand das im Leben durchhalten. Doch ganz so wirklichkeitsfern ist die Karikatur auch wieder nicht: Manche vielgerühmte Tycoons und große Unternehmer-Heilige waren tatsächlich in einem Maß monomanisch auf ihre Geschäfts-Abenteuer konzentriert, daß daneben alle anderen Ideen verblaßten. Schwieriger ist es schon, ein reales Gegenstück zu Donald Duck zu finden: Wer so viele Jobs und Kunststücke probiert hat, wäre wohl kaum mehr so unterwürfig und konsumnaiv wie Donald. Hier wird um der Karikatur willen vernachlässigt, daß jeder Mensch an seiner Arbeit reift, auch wenn er sie nur um des lieben Geldes willen tut (was ja weihin der Fall ist).

Die beiden Comics-Helden wirken in ihrer Monomanie nicht unfroh. Allerdings, daß man über sie lachen kann, heißt noch nicht, daß sie viel zu lachen haben. Dagobert wirkt wohl etwas verbissen und grantig, aber nicht unglücklich - er gibt nicht das Bild des „bedauernswerten" Reichen. Und Donald Duck hat bei allem Jammer auch Humor, und zwar nicht nur unfreiwilligen. Die gute Karikatur betont das Charakteristische; da stimmt es schon, daß Geldverdienen von Lebensgenuß abhält, aber selbstsicher macht, Geldausgeben hingegen lustiger ist - aber einen leicht in Schwierigkeiten bringt. Die Ducks sind Enten wie du und ich. Das trifft noch mehr zu, wenn es um ihr *Vorbild* und *Selbstbild* geht. Trotz ihrer Besessenheit agieren sie in den meisten ihrer Auftritte so alltäglich normal, daß es schon wieder skurril aussieht. Sie überlassen sich lächerlich kleinen Alltagsgefühlen, folgen jeder Mode bei ihren Vorbildern, sind geschäftig ohne brennenden Ehrgeiz, ärgern sich fortwährend.

Man könnte darüber nachsinnen, was dieses unheldische Streben nach Geld und Konsum der Leserschaft, insbesondere den von ihrer Welt verwirrten Heranwachsenden, eigentlich vermittelt. Lernen sie, daß alles Gute in ihrer Gesellschaft auf dem geschäftigen Eifer beruht, den die Ente um Geld und Konsum willen entwickelt? Oder nehmen sie den Eindruck mit, daß sowohl die Geldmacher wie die Konsumbesessenen lahme Enten sind und die wahre Meisterschaft in der „abgehobenen" Selbstverwirklichung liegt?

Gesundheit, Fitneß und Schönheit werden in der Symbolik der Duck-Comics ebenfalls nur indirekt behandelt. Da darüber kaum etwas ausgesagt wird und die Deutung dem Betrachter soweit selbst überlassen wird, kommen die bildhaften Assoziationen voll zur Geltung. Die Ducks sind Enten, also Tiere und als solche an sich gesund. Die Krankheiten von Tieren, zwar Geschäft der Veterinärmedizin und Sorge vieler Haustierhalter, sind in Sprachgebrauch und öffentlicher Meinung kaum bewußt. Eine lahme Ente läßt sich denken, aber schwerlich eine mit Herzinfarkt oder Verdauungsproblemen. Die Ducks vermitteln kaum die Idee, daß Geldsucht und Geldmangel krank machen.

Allerdings taugen Enten auch nicht zur Idealisierung oder Heroisierung. Dazu wirken sie mit ihrem watschelnden Gang, ihrem flatternden Flug und ihrem Abtauchen mit wippendem Schwanz einfach zu ungeschickt. Sie sind keine Möwe, kein Fisch und keine Antilope, also keine Spitzenleister, sondern mittelmäßige Allrounder. Sogar innerhalb ihrer näheren Verwandtschaft werden sie von den größeren und wehrhafteren Gänsen übertroffen (die völlig zu Unrecht, aber doch immer noch, für dumm gelten) - und in der Gestalt von „Gustav Gans" wird dem biederen Donald Duck auch ein Konkurrent beigesellt, der ihn an körperlicher Schönheit übertrifft - und der noch dazu als „Glückspilz" ein drittes Prinzip der „unsozialen Marktwirtschaft" ins Spiel bringt: Risiko und Chance.

Das kann durchaus politisch und philosophisch verstanden werden. Die beiden entenförmigen Protagonisten der Marktwirtschaft tragen die Botschaft in sich, daß es durch und durch gewöhnliche Enten sind, die alle anderen Kulturen der Menschheit mit ihrer Demokratie des Geldes überwältigt haben und derer auch straff disziplinierte und bis an die Zähne bewaffnete Diktatoren nicht Herr geworden sind. Von den Superman-Traumfiguren sind diese siegreich watschelnden Entengestalten aber weit entfernt.

Damit schließt sich auch schon die Nobilität der Herkunft aus. Der Adel hat Adler und Löwe im Waffenbild, auch sonst noch besonders starke, schnelle und beeindruckende Tiere, aber kaum die Ente. Die adelige Herkunft Dagoberts und Donalds ist zwar Thema mancher Geschichten - wird damit aber parodiert.

Onkel Dagobert hat klein begonnen, die jungen Ducks werden nicht zu Etikette und Ahnenstolz erzogen. Die bürgerliche Revolution gegen das *Streckbett der Gesellschaft* im Feudalismus spricht noch deutlich aus dem Lebensbild der Duck-Sippe. Sie streckt sich nach einem anderen Gesellschaftsmuster.

Beide sind Individualisten, keinen ehernen Standesregeln unterworfen, keinem Chef oder „Führer" in „unverbrüchlicher Treue" angekettet. Beide sind autonome Unternehmer - und folgen nur ihren inneren Antrieben, ihrer Wirklichkeit im Kopf. Doch stellen sie die unpersönliche Ordnung nie in Frage, die ihnen Erfolg und Mißerfolg zuteilt. Ihre Komik beruht nicht zuletzt auf diesem unmenschlichen, marionettenhaften Gehorsam gegenüber den unpersönlichen Mechanismen, von denen sie gelenkt werden. Kein halbwegs gescheiter Geldmagnat würde in Geld baden statt in seinem privaten Party-Swimmingpool, kein Klein-Entrepreneur würde nach so vielen gescheiterten Anläufen weiter in so risikoreiche Geschäfte setzen - oder doch? Hier trennt sich die Konsum- und Prestigegesellschaft von der sparsamen protestantischen Ethik des Investierens.

Eine wesentliche Ingredienz des kapitalistischen Erfolgsrezepts wird in den Ducks treffend kritisiert. Fast all der Zwang, der die Menschen in einer solchen Gesellschaft einengt und frustriert, der sie mit Angst füllt, kommt von unpersönlichen Mechanismen - wie dem Markt, den Aktienkursen, den allgemein gültigen Regeln - oder von der „Schlechtigkeit" der Mitmenschen, sei das der Geiz von Onkel Dagobert, oder die Kriminalität der Geldschrank-Knacker. Die Hierarchie gesellschaftlicher Machtordnungen spielt keine Rolle, wird ignoriert. Gesellschaft und Politik existieren für die Ducks gar nicht.

Das geht so weit, daß für sie auch der Begriff „Aufstieg" sinnleer wird, Dagobert will der reichste Mann der Welt sein, am meisten Geld haben. Herrschaft, Einfluß, Beliebtheit und Popularität sind ihm nur Mittel dazu. Ähnliches gilt für Donald Duck. Ihn treibt es nicht, sich als Künstler auszudrücken oder als Sportler die Grenzen seiner Körperlichkeit zu erfahren. Er möchte nur etwas leisten, um sich etwas leisten zu können. Daß er dabei immer lächerlich scheitert, enthält eine kritische Mahnung - ohne Engagement für eine Sache gelingt keine „wahre" Leistung. Die „protestantische Ethik" meint gerade das: Wohlstand ohne Sparsamkeit und Fleiß, die Abkürzung zur Gnade über die direkte Geldgier, führe in die Verdammnis sprich: Bankrott. Dagobert scheitert durch Hortung des Geldes, das ihm zum Seelenbad wird. Seine Geldspeicher werden zum Ziel der Panzerknacker-Bande.

Nachdenklichkeit und Zweifel gegenüber allen landläufigen *Glücksstrategien* und *Glückstechniken* fordern die komische Darstellung geradezu heraus.

Wenn sich mühselig durchs Leben watschelnde und flatternde Individualisten „verzweifelt", weil irgendwo doch immer vom Optimum abkommend, ums Glück bemühen, wirken sie für den betroffen sich distanzierenden Besserwisser eher lachhaft - insofern sie nicht an die tragischeren Gefühle des Mitleids oder des Zornes appellieren. In den Duck-Comics werden diese Möglichkeiten, die alltäglichen Glücksbemühungen lächerlich zu sehen, weidlich ausgenützt.

Dieser so gelungenen Komik der Sisyphusarbeit am Glücksberg liegt aber keine markante Predigt zugrunde. Gerade das macht diese Comics so sympathisch. Meist hört man es anders: Sobald von den Wegen zu Genuß, Erfolg und Glück die Rede ist, werden die unterschiedlichsten Strategien und Techniken als seligmachend angepriesen oder als schädlich verdammt, je nach den persönlichen Theorien und Erfahrungen. Die Duck-Serie enthält sich aller Ratschläge, ihr erscheint alles gleich komisch. Wenn sie eine Philosophie in dieser Hinsicht enthält, so am ehesten einen „gesunden Pessimismus“: Auf jedem Weg zum Glück verirrt man sich leicht, und die verlockensten Wege sind so steil, daß man nicht hinaufkommt.

Das ist eine Warnung, die man nicht genug beherzigen kann - solange man genug Spannkraft zu Versuch und Erneuerung hat. Schon fest in ihren Glücksbahnen Reisende sollten sich von der Comics-Serie nicht entmutigen lassen; sie ermuntert ja auch: das Spiel geht weiter, alles ist offen, solange die Serie lebt.

Die Frage nach dem individuellen, inneren Glück wird gestellt: Geld verdienen und Konsum sind absolute Ziele geworden, Leitlinien des Lebensmanagements. Gefühle, Moral, die „kleinen“ Freuden und Leiden des Lebens ordnen sich dem ein, sind förderlich oder - seufz! - hinderlich.

Es ist müßig, darüber zu grübeln, wie glücklich Dagobert und Donald sind. In ihnen ist auch Glück karikiert, reduziert auf Ärger und Auftrumpfen, auf die kleinen Niederlagen und Siege in Zusammenleben. Sie haben kein inneres Gefühlsleben, keine „Befindlichkeit”. Sie sind eben komische Figuren, nicht tragische.

In der tragischen Darstellung (ganz gleich ob als Kunst oder Kitsch) wird der Gegensatz zwischen den Forderungen der Gesellschaft und dem inneren Streben dramatisiert, da leiden und sterben Menschen daran, daß Ihnen ihre eigenen Gefühle wichtiger sind als die ihnen auferlegten Gebote. In den Duck-Comics wird dieses Problem lächerlich. Dagobert und Donald wollen das, was sie sollen - vom Glück ist keine Rede.

Man mag sich fragen, was die stärkere Kritik am Kapitalismus ist, was mehr Rebellion entzündet, die pathetische Dramatik oder die komische Karikatur. Die Antwort kann nur sein: es hängt vom Empfänger ab und vom Zeitgeist. Angesichts dessen, daß die Ducks von Kind auf gelesen werden und mitten in einem äußerst erfolgreichen Kapitalismus der Heroisierung wehren, darf ihre erzieherische Wirkung nicht gering geschätzt werden. Wer will schon eine Ente sein?

EXKURS

ÜBER DAS VERHÄLTNIS VON INTERVIEW UND THEORIE

Ein Interview kann vieles sein: Verhör, Beichte, Examen, aber auch Meinungsaustausch, spielerischer Wortwechsel, Gespräch. Mag sein, daß die Interviews in diesem Buch ein wenig von allem sind. Gedacht waren sie aber vor allem als freie, ausführliche Gespräche. Nicht die Frager, sondern die Befragten bestimmten dabei, welche Themen angesprochen wurden, welche nicht. Zwar lag dabei ein sehr allgemein gehaltener Leitfaden zugrunde, aber im Laufe der Unterhaltungen entfalteten die Lebensgeschichten der Befragten meistens eine so starke Eigendynamik, daß das Schema des vorbereiteten Fragebogens hinfällig wurde.

Und das war gut so: Sinn dieser Interviews war es ja nicht, statistisch relevantes Material zur Stützung theoretischer Hypothesen zu produzieren. Die zehn Gesprächspartner waren vielmehr gebeten, *in ihren eigenen Worten* zu erzählen, was in ihrem Leben wichtig war. Solche eigenen Worte gehören zu einem glücklichen Lebenslauf durchaus dazu. Nicht jedem mag etwa der Ausdruck „Lebensmanagement“ einleuchten. Zu technokratisch könnte er klingen, oder zu wissenschaftlich. Das schließt nicht aus, daß man ähnliches anstrebt, aber in ganz anderen Formulierungen. Das gleiche gilt auch für „Glücksstrategie“ und „Glückstechnik”. Die Verwendung dieser Begriffe allein macht noch nicht glücklich. In ihrer Eigenschaft als wissenschaftlich durchdachte Formulierungen tragen sie zwar dazu bei, ein Problem bewußt zu machen. Die Lösungen aber ergeben sich nur aus den jeweils eigenen Lebenserfahrungen, und ihre Namen sind meist ganz und gar nicht wissenschaftlicher Herkunft.

Derartige Lebenserfahrungen berichten unsere Interviews in reichem Maße. Allen, die sie mitteilten, ist herzlich zu danken. Manche, die wir um ein Gespräch baten, waren nicht dazu bereit. Das ist verständlich: Es kann auch als „Unverschämtheit" im genauen Wortsinne erscheinen, daß jemand andere Leute nach ihrem Leben ausfragt. Nun sind die Ergebnisse dieser Befragung ja nicht völlig indiskret, sondern sind durch mehrere Kontrollinstanzen gewandert. Nicht alles, was im Gespräch leichthin gesagt worden ist, war deshalb auch schon druckreif. Natürlich wurden die Interviews gekürzt, stilistisch überarbeitet und von den Befragten kontrolliert und autorisiert. Dabei verflüchtigte sich zwar einiges vom lebendigen Erzählen, aber das Ergebnis wurde les- und verantwortbarer.

Eine weitere Veränderung der ursprünglichen Wortlaute ergibt sich aus ihrer Verwendung im Zusammenhang einer wissenschaftlichen Abhandlung. Bei aller humanen Absicht tut Wissenschaft dem einzelnen Menschen immer ein wenig Gewalt an. Persönlichste Erfahrungen, intensivste Gefühle werden zu „Aufhängern" für bestimmte Fragestellungen, und noch der interessanteste Lebenslauf wird im „Streckbett" wissenschaftlicher Verallgemeinerung zum Fallbeispiel. Das Einmalige zählt weniger als das Typische, das Individuelle tritt hinter dem Allgemeingültigen zurück.

Für den einzelnen kann der wissenschaftliche Zugriff aufs Leben also auch kränkend sein. Denn jeder hat das Recht, sein Dasein als etwas Besonderes und Einmaliges aufzufassen, und wäre es auch nur aus dem einzigen Grund, daß es *seines* ist. Mit diesem stolzen Selbstbewußtsein hat die klassifizierende Wissenschaft freilich wenig Geduld. Sie verweist mit ebensoviel Recht darauf, daß jedes einzelne Leben vielfältig mit dem großen Ganzen verknüpft sei. Und nur kränkend ist dieser Verweis ja auch nicht. So wichtig für die Selbstfindung das Gefühl der Einmaligkeit auch sein mag - die Gefahr, die in seiner Nachbarschaft wohnt, heißt Einsamkeit. Ihr kann man unter anderem dadurch entgehen, daß man erkennt: Eigentlich geht es mir nicht so viel anders als anderen Menschen. Also kann die theoretische Verallgemeinerung Teil einer Glücksstrategie werden und dazu beitragen, daß Individualismus nicht zur Isolation wird. Auch die theoretischen Teile dieses Buchs können in diese Richtung wirken.

Die Gefahr, daß der einzelne im wissenschaftlichen Denken nur als „Fall“ aufscheint, ist dadurch allerdings nicht gebannt. Um ihr zu entgehen, sind unserem Buch die ausführlichen Interviews einverleibt. Sie bieten nämlich nicht bloß Anschauungsmaterial für das, was „eigentlich“ in den Theorie-Kapiteln steht. Komplizierter ist das Verhältnis von Interview und Theorie, aber auch interessanter. Lebensgeschichten, wie sie in den Interviews erzählt werden, sind zuerst da. Und theoretische Begriffe wie „Orgiastik“ und „Glücksbilanz“ gewinnen ihre Rechtfertigung nur dadurch, daß sie diesen Lebensstoff ordnen und verallgemeinern. Somit sind sie zum besseren Verständnis des Lebens unbedingt nützlich.

Es wäre aber ein Mißverständnis, zu glauben, man könne sie unmittelbar „anwenden“ zur Herstellung eines glücklichen Lebens. Dazu sind sie weder hinreichend, noch auch nur notwendig. Sie sind Denkhilfen, gut gedachte Modelle. Aber gelebt wird auf einer - auch sprachlich - konkreteren Ebene.

Auch dies zeigt sich in der Anlage des Buchs. Bis hierher wurden die meisten Interviews von Hermann Schlösser geführt und von Ernst Gehmacher, der die Begrifflichkeit des „Lebensmanagements“ entwickelt hat, interpretiert. Die beiden nun folgenden Interviews führte Ernst Gehmacher selbst. Da ließen sich Dokumentation und Analyse nicht mehr so klar voneinander scheiden. Gehmacher blieb Zuhörer und Schüler auch da, wo er Analytiker hätte werden dürfen. Ein Moment kam ins Spiel, das in einer streng analytischen Vorgehensweise nicht von Belang sein könnte: die persönliche Bekanntschaft. Sie veränderte auch den theoretischen Zugriff. Dies zeigt am deutlichsten, daß das unmittelbare Gespräch der wissenschaftlichen Auswertung nicht einfach nur zuarbeitet, sondern zu ihr in produktiver Konkurrenz steht.

BARBARA PASSRUGGER

„ICH SEHE HEUTE ALLES MIT ANDEREN AUGEN“

GEHMACHER: Frau Passrugger, es ist schön hier heroben auf dem Haidegg-Gut, so hoch über dem Tal. Sie sind vor 80 Jahren hier auf die Welt gekommen?

PASSRUGGER: Nicht hier heroben. Meine Eltern waren Johann und Anna Hofer, Bauersleute vom Rettenegg-Gut in Filzmoos. Ich war das achte Kind. Mein Vater hatte mehrere Berufe: Er war Bauer, er war Jäger, und er war Besitzer einer Säge. In jedem Beruf hat er gearbeitet, das war auch bei den anderen Bauern im Dorf damals so. Für ganz Filzmoos hat er die Bretter und das Bauholz geschnitten. Er hat recht gut verdient zur damaligen Zeit mit der Säge. Und daß wir später umsonst für ihn arbeiten mußten, hat viel ausgemacht. Trotz der schlechten Zeit konnte er in den dreißiger Jahren das Haidegg-Gut dazu kaufen.

GEHMACHER: Sie sind jetzt bekannt geworden als geschichtliche Zeitzeugin über das harte Leben auf dem Land, bevor auch hier nun Maschinen, Sozialstaat und Fremdenverkehr das Dasein leichter gemacht haben. Sie mußten als Kind schon zu einer Ziehmutter, also von zu Hause weg?

PASSRUGGER: Gleich nach der Geburt. Ich war erst neun Tage alt, als die Mutter gestorben ist. Nie hat mir jemand erzählt, wie es gekommen ist, daß meine Mutter starb: Es hat der Vater kein Wort gesagt, meine Ziehmutter hat mir nie etwas erzählt, und fragen habe ich mich nicht getraut. Ich kam also weg: Zur Oberhof-Bäuerin, meiner Ziehmutter. Die war Witwe und hatte selber zehn Kinder. Drei sind ihr als Kleinkinder gestorben. Aber ich habe es nie spüren müssen, daß ich ein Ziehkind war. Es haben sich sogar die Ziehschwestern durch mich manchmal zurückgesetzt gefühlt. Meine Ziehmutter war selbst einmal Ziehkind gewesen, hatte den Hof der Zieheltern geerbt.

GEHMACHER: Sie waren, wie Sie berichten, immer schon ein sehr selbständiger Mensch, auf sich selbst gestellt. Glauben Sie, kommt es daher, daß Sie keine Mutter hatten?

PASSRUGGER: Eigentlich nicht. Die Ziehmutter war wie eine richtige Mutter. Als Kind habe ich immer bei ihr in dem Stüberl schlafen dürfen.

Die Mutter hatte ein Ehebett, mit zwei Nachtkasterln links und rechts. Als ich noch sehr klein war, durfte ich im Ehebett liegen. Oder wenn von den Ziehschwestern eine krank geworden ist, durfte sie da schlafen. Dann hatte ich allein ein Bett im Zimmer der Mutter. Beim Schlafengehen war es so, daß die Mutter sagte: „So, jetzt gehst schlofn, du host nix mehr zum Aufsein! Bet' dei Obndgebet, gib Ruah und bleib im Bett!" Dann bin ich alleine schlafengegangen. Da hab ich mir gar nichts weiter dabei gedacht, daß ich mich da fürchten sollte oder nicht fürchten sollte, wenn ich auch ganz allein in der Kammer war. Da hätt' einem eh nichts geholfen, wenn man das nicht wollen hätte.

GEHMACHER: Und Sie hatten ja auch Ziehgeschwister?

PASSRUGGER: Ich habe vier liebe Geschwister gehabt. Wir waren uns sehr zugetan. Mein Gott, die Zeit war nicht die beste. Es ist dann der Erste Weltkrieg gekommen, an den ich mich noch gut erinnern kann. Meine vier Brüder mußten einrücken. Als Kind habe ich sehr darunter gelitten, daß meine Brüder weg mußten. Von den Geschwistern habe ich viel gelernt. Mein Ziehbruder Georg hatte mir bei seinem Heimaturlaub aus Salzburg eine kleine Rechenmaschine und eine Schachtel mit einzelnen Buchstaben zum Wörterzusammensetzen mitgebracht. Ich konnte mich vor lauter Freude über diese Sachen nicht mehr fassen und habe ihn mit beiden Händen um den Hals genommen. Das hat eine alte Frau gesehen, die öfter auf Besuch kam. Die hat mich dann ganz finster und böse angeschaut, hat aber nichts gesagt, weil Georg dabei war. Als sie mich aber einmal allein erwischte, hat sie mich geschimpft, daß ich ganz was Schlimmes gemacht hätte, das sei so unanständig und grauslich, und wenn ich einmal beichten gehen müsse, dann würde mich der Pfarrer hinausjagen, und der Himmelvater würde mich zu den Teufeln in die Hölle schicken. Die Frau wurde die „Pfarrer-Nanni“ genannt. Sie war eine alte Pfarrhaushälterin. Wenn man sie am Weg sah, hatte sie immer ein Gebetbuch und einen Rosenkranz bei sich. Ich habe mich dann vor ihr gescheut und, wenn es ging, einen großen Bogen um sie gemacht. Aber die Freude an meiner Rechenmaschine und den ABC-Buchstaben konnte sie mir trotzdem nicht verderben.

GEHMACHER: Sie haben aber schon in der Volkschulzeit auch bei der Bauernarbeit mitgeholfen?

PASSRUGGER: Das war selbstverständlich damals. Wenn man von der Schule heimgekommen ist, hat man mitgearbeitet, es blieb mir wenig Zeit zum Hausaufgabenmachen. Ich hatte das große Glück, daß ich leicht lernte und daher die Aufgaben in kurzer Zeit bewältigen konnte.

Auf die Ferien habe ich mich nie gefreut. Da war das schon oft eine wahre Plage. Bei schönem Wetter mußte ich zur Zeit der Heumahd am Nachmittag Wasser tragen, zu den Dienstboten aufs Feld. Das Wasser mußte ich über dem Haus holen. Das war eine Viertelstunde Wegzeit. Es hieß das Brünnlwasser; ein Wasser direkt an der Quelle. Zwölf bis fünfzehn Leute waren auf dem Feld, und bei dem heißen Wetter waren sie sehr durstig, und ich mußte immerfort Wasser tragen. Bei schlechterem Wetter mußten die Mägde den großen Krautacker ausjäten. Das „Gjot“ hab ich wegtragen müssen zu den Wurzeln einer nahen Zirbe.

Und wenn es was zu holen gab oder einen Botengang, da hieß es auch gleich gehen. Oft bis auf die Alm hinauf. Und nicht immer gab es bei einem Botengang ein Butterbrot. Da hatte ich dann Angst, die Mahlzeit zu versäumen.

GEHMACHER: Ums Essen war man damals wohl sehr besorgt?

PASSRUGGER: Es wurde früher weit häufiger gegessen als heute. Aber außer diesen geregelten Mahlzeiten gab es nichts zu essen. Man hat sich nicht einmal ein Brot nehmen dürfen. Richtig sattessen mit dem von mir so geliebten Butterbrot, dem Moasnbrot sagten wir, konnte man sich nur am Bartholomäustag, dem 24. September. Diesen Tag hatte ich darum lieber als den 24. Dezember. Näschereien gab es kaum. Obst war eine Seltenheit.

In Filzmoos selbst gedieh und gedeiht nicht viel, dazu liegt es zu hoch. Zuchtbäumchen wie heute gab's gar nicht, das war halt alles wild. Wir haben Kirschen zu Hause gehabt, große Bäume sogar, aber die hatten auch nur kleine Kirscherln. Wir waren mit ihnen zufrieden. Man hatte doch sonst überhaupt nichts! Und Äpfel gab's auch nicht so oft. Ich war glücklich, wenn ich einen bekam. Darum wundere ich mich heute manchmal, daß ich jetzt, wo ich so viele habe, wie ich will, gar nicht soviel esse.

Noch seltener als Äpfel waren Südfrüchte! Aus Südtirol kam immer einer, den sie Reger genannt haben. Der hatte eine Waage, Teller und eine Kraxe umgehängt; in der Kraxe hatte er Südfrüchte, die hat er verkauft. Das war damals was ganz, ganz Außergewöhnliches. Der ist in Abständen von einem oder auch von eineinhalb Monaten immer wieder gekommen. Er war Südtiroler und brachte von dort Orangen, Zitronen, Weintrauben und anderes Zeugelwerk, das hier kaum bekannt war: Das waren die Muskatnüsse, von denen die Mutter immer einige kaufte. Teuer waren die Datteln - grüne Datteln! Wenn er ankam, trug er immer sehr schwer, ging dann durch die ganze Gegend - auch nach Übermoos hinaus - und hat dabei dann hübsch alles verkauft. Dem einzelnen wohl wenig. Die Leute wären zwar furchtbar losgegangen drauf, weil's ganz was Seltsames gewesen ist, aber das Geld dazu hatten sie nicht. Es war teuer. Der mußte die Sachen ja von weither tragen. Kam der Reger, hielt ich mich gleich beim Kittel der Mutter an, damit sie mir was abgibt, wenn sie etwas kauft. Zum Aufteilen waren zu viele. Man sieht, welche Rarität das damals war. Und wenn der Reger nicht gekommen wäre, hätte ich sehr lange keine Ahnung von der Existenz einer Orange oder Zitrone gehabt! Zu kaufen gab's das ja sonst nicht. Der einzige Krämer bei uns da herinnen, der hatte bloß das, was er von Eben hereingeschleppt hat: Mehl, Zucker und vielleicht gedörrte Zwetschken.

GEHMACHER: Sie wollten aber schon immer eigentlich weg aus Ihrer Heimat - das, was man jetzt Mobilität und Migration nennt.

PASSRUGGER: Ja, solche Ideen habe ich schon in der Schule gehabt. Ich war auf der Landkarte zu Hause, in der Ferne, wo was los war; auf dem Meer, in Indien oder Afrika. Aber das sind halt nur Kinderträume gewesen. Wie ich 16 Jahre alt gewesen bin, hätte ich gerne einen Beruf gelernt, Näherin. Nähen, Sticken und Stricken, das habe ich immer schon gern getan.

GEHMACHER: Und da gab es keine Lehrlingsstelle?
PASSRUGGER: Die hätte ich schon gehabt, in Radstadt. Aber ich hätte für die Ausbildung noch etwas zahlen müssen. Unterkunft und Verköstigung hätte ich auch gebraucht. Darum ging ich zum Vater, um ihn um die Bezahlung zu bitten. Da bin ich angekommen! „Na, na!“ hat der Vater gesagt: „Des warn da Tanz! Des hobnt die ondern aa net toan derfn! Du oabeitst do weiter ba da Muatta, und do gibt's ka weiters Umanonda! Aussegehn! Und Nahn lernen! Wos dir olls einfollt! Du hättst Wünsche!”

Das Handarbeiten habe ich dann schon für mich selber noch gemacht. Nach der Arbeit habe ich gern gehandarbeitet. Das war ab dem Spätherbst vom Arbeitsaufwand her möglich, und in Bögrein hatten wir schon elektrisches Licht. Weil dies aber bezahlt werden mußte, durfte ich nicht gar zu lange aufbleiben. Wo anders hätte man das überhaupt nicht erlaubt, aber meine Mutter war furchtbar gut. Ich habe oft bis nach Mitternacht gestickt. Das ist ihr dann schon ein bißl viel geworden, und sie hat gesagt: „Na, so long derfst nit do ba dera Orbeit bleibn!“ Später habe ich keine Zeit mehr dafür gehabt.

GEHMACHER: Nach Radstadt gab es damals schon einen Autobus?
PASSRUGGER: Nein, damals noch nicht. Zur Näherin, da bin ich über den Roßbrand gegangen. Damit es niemand merkt. Autofahren, das habe ich als Kind nicht gekannt.
GEHMACHER: Was waren Ihre ersten Reisen?
PASSRUGGER: Da bin ich noch in die Schule gegangen. Das war Salzburg. Es war damals schon eine Weltreise. Aber es war für mich eine große Freude, daß ich nach Salzburg reisen konnte. Und nachher nach Bad Ischl und Gosau. In der Haushaltungsschule war es dann ganz anders. Wir sind fast jedes Wochenende nach Salzburg gekommen. Ein Ausflug mit der Haushaltungsschule ging nach München, das war schon eine große Weltreise.
GEHMACHER: Und wie war das später, nach dem Krieg? Als Sie dann schon selbst hier auf dem Hof Bäuerin waren, haben Sie da Urlaub gemacht?
PASSRUGGER: Beim ersten Urlaub waren die Kinder schon groß und verheiratet. Der erste Urlaub war mit meinem Sohn, der verstorben ist. Wir sind nach Südtirol gefahren. Meran haben wir

besucht und den Rosengarten. Ich habe mich sehr gefreut. Den zweiten Urlaub verbrachte ich mit meinem Schwiegersohn und meiner Tochter in Vorarlberg, am Bodensee und in Mainau.

Der Schwiegersohn ist von dieser Gegend. Sie haben hier in Filzmoos Urlaub gemacht und mich dann mitgenommen. Das waren die Urlaube, die ich gehabt habe. Vorher war kein Urlaub wegen der Kinder, dem Hausbau, dem Bau der Almhütte möglich.

GEHMACHER: Wenn wir nun Ihr Leben in den großen Zeitabschnitten überblicken, so war Ihre Kindheit in Filzmoos, dann, mit achtzehn Jahren, kamen Sie in die Haushaltungsschule bei Hallein, das war 1938. Dann kam der Krieg - in dem auch Ihr Verlobter fiel, 1941. Im Krieg waren Sie auch auswärts im Dienst, in Altenmarkt, als Wirtschafterin. Was bewog Sie, dann doch als Bäuerin hier herauf zu ziehen - wo Sie doch noch sehr schwere Zeiten mitmachten?

PASSRUGGER: Nachdem mein Bräutigam gefallen war, habe ich einen Sankt Martiner Bauern, der auch Rupert hieß, kennengelernt. Sein Hof war recht ansehnlich, er selbst hat mir auch ganz gut gefallen. Von ihm wurde ich schwanger. Ich habe ihn jedoch verlassen, denn ungefähr zur gleichen Zeit, in der mein Franz geboren wurde, bekam noch eine andere Frau von ihm ein Kind. Das habe ich von Bekannten erfahren. Von einer anderen Frau hatte er mir nie etwas erzählt. Ich war so enttäuscht, daß ich ihm gesagt habe: „Brauchts di goa net kümmern ums Kind, brauchts nix zohln. Oba das Kind ghert nua mia alloan!“

Nachdem ich nach der Geburt meines Sohnes aus dem Spital entlassen wurde, war ich vierzehn Tage lang bei meiner Schwester in Filzmoos, danach kam ich wieder an meinen Dienstplatz. Das Kind hatte ich fortan bei jedem Dienstgeber bei mir. Aber irgendwie war das dann doch schwierig, im Dienst, mit dem Buben, ohne viele Aussichten. Da hab ich dann das Haidegg-Gut übernommen, als es nach dem Tod meines Bruders verwaist war - und dann meinen Mann geheiratet.

GEHMACHER: Das war eine Zweckehe?

PASSRUGGER: Liebe war es nicht, aber damals waren wir beide froh unterzukommen.

GEHMACHER: Das war die schwere Zeit nach dem Krieg?

PASSRUGGER: Ja, nach dem Krieg war es schrecklich. 1946

bin ich hierher gekommen. Meine Brüder sind gefallen und alles war kaputt.

GEHMACHER: War die Wirtschaft noch intakt?

PASSRUGGER: Nein, auch diese nicht. Auf den Feldern ist nicht viel gewachsen und beim Haus war kein Wasser, kein Zaun und Garten vorhanden.

GEHMACHER: Wieviele Jahre habt ihr benötigt bis die Wirtschaft wieder florierte?

PASSRUGGER: Sicher 10 Jahre. Die Kinder habe ich auch bekommen. Unsere Nachbarin hat uns Kartoffeln gegeben. Heute kann ich es gar nicht glauben, daß ich durchgekommen bin. Im Winter war es fürchterlich kalt. Nachts mußte ich die Kartoffeln zum Herd stellen, damit sie nicht erfrieren. Einmal habe ich das vergessen und am nächsten Tag waren sie steinhart gefroren. Wir haben uns halt so recht und schlecht durchgebracht. Bei der Nachbarin mußte ich mir die Milch holen. Die Nachbarn waren sehr nett. Sie haben mir mit Korn ausgeholfen, im Gegensatz zu den Großbauern.

GEHMACHER: Ist es besser geworden, als die Kinder schon größer waren?

PASSRUGGER: Als die Kinder ausgeschult wurden, ist es wieder losgegangen. Alle sechs Kinder haben einen Beruf gelernt und es ist wieder viel zusammengekommen. Der älteste ist in die Hauptschule in Radstadt gegangen, das wollten die Lehrer. Er hat in Radstadt bleiben müssen, weil ja noch kein Schülerbus gefahren ist. Da habe ich auch schauen müssen, daß er unterkommt. Dabei hat mir meine ehemalige Chefin, wo ich während des Krieges gearbeitet habe, geholfen. Die anderen Kinder mußten alle raus, weil es hier nichts gegebeben hat. Die erste Hilfe war für mich die Kinderbeihilfe. Das war aber schon in den sechziger Jahren. Die Bauern waren die letzten, die die Kinderbeihilfe bekommen haben. Dann haben wir es schon ein bißchen leichter gehabt. Fleisch konnten wir uns trotzdem noch nicht leisten.

GEHMACHER: Sie haben manchmal bereut, Bergbäuerin geworden zu sein?

PASSRUGGER: Damals oft. Durch seelische Belastung und Selbstmitleid habe ich Magengeschwüre bekommen. Empfindlich war im immer schon am Magen. Ich war lange Zeit krank. Ich konnte nichts mehr essen, bin ganz schwach gewesen und mußte alles erbrechen. Die Ärzte wollten operieren. Ich wog nur mehr 37 Kilo. Ich wollte die Operation nicht, und sagte mir selbst, daß es so auch gehen würde. Die Krankheit dauerte bis in das Jahr 1966. Am 4. April bin ich dann ins Krankenhaus eingeliefert worden. Dort hatte ich Zeit zum Nachdenken. Ab diesem Zeitpunkt nahm ich mir vor, anders zu leben. Drei Kinder sind immer noch in die Schule gegangen und wollten doch noch eine Hilfe haben. Ich bin katholisch. Im Krankenhaus konnte man beichten gehen. Ich wollte mit dem Pfarrer reden, wie es früher war, und daß ich sicherlich vieles falsch gemacht habe. Der Pfarrer sagte: „Ich habe keine Zeit, daß Sie mir Märchen erzählen. Erzählen Sie mir was Sie Ungutes gemacht haben und dann ist Schluß!" Nach der Beichte war ich fürchterlich enttäuscht.

GEHMACHER: Ihre Ehe war auch nicht ideal?

PASSRUGGER: Nein, leider nicht. Zu meinem Bruder wollte ich nicht gehen, weil er besorgt gewesen wäre. Einmal bin ich fortgelaufen. Aber wegen der Kinder bin ich wieder zurückgekommen. Diese Probleme hatte ich noch vor der Krankheit.

Danach ist es besser gegangen. Mein Mann war auch dann anders. Früher hat es immer geheißen: du mußt das machen und das will ich haben. Ich habe früher oft geweint und habe mich selbst bemitleidet. Heute weiß ich, daß das nicht richtig war, daß das blöd von mir war.

GEHMACHER: Wann begann für Sie das große Umdenken? Wie kamen Sie zu mehr Selbstbewußtsein, als Frau, als moderner Mensch, der Sie heute doch sind?

PASSRUGGER: Das entscheidende Erlebnis war nach der Operation. Da war ich ja schon klinisch tot und nicht mehr auf der Welt. Ich habe einen Tunnel gesehen, ein schwarzes Loch, und aus dem Loch sind viele Pferde mit großen Augen herausgekommen. Ich dachte, daß diese mich jetzt mitnehmen würden und war in Angst und Schrecken versetzt. Die Angst ging dann vorüber. Dann wurde es immer heller und heller und immer schöner. Das war so schön, und ich war so glückselig. Ich sah noch ein Bächlein herunterlaufen und das Wasser war auch so beglückend warm - ganz anders. Das Wasser war so silbrig und neben dem Wasser waren bemooste Steine - schön und grün. Ich setzte mich auf die

Steine, und dann ist der „Traum" vergangen. Ich bin wieder ins Leben zurückgekommen. Ich war eigentlich enttäuscht. Ich sehe auch jetzt noch das Schöne und Wunderbare. Ihr könnt das nicht verstehen, ihr habt so etwas noch nicht erlebt. Ich vergesse ansonsten jeden Traum, aber das weiß ich noch genau, wie es gewesen ist. Und es war mir nicht recht, daß ich zurückgekehrt bin.
GEHMACHER: Und Sie haben das Gefühl, daß das Leben nachher anders geworden ist. Im Grunde also eine Art Wiedergeburt.
PASSRUGGER: Ja, richtig. Es ist eine Wiedergeburt. Ich bin mir vorgekommen wie neu geboren. Das Leben ist mir geschenkt worden. Ich sehe heute alles mit anderen Augen. Ich sehe die Dinge nicht mehr so furchtbar und schrecklich. Glauben ist für mich ganz etwas einfaches. Die Natur ist etwas ganz Hohes - was man nicht mehr ergründen kann. Ich bin nie mehr so traurig. Mir wurde ein anderes Leben eingegeben. Ich habe keine Angst vorm Sterben. Ich freue mich über jeden Baum und über jedes Blümlein.
GEHMACHER: Sie sind heute mit achtzig noch richtig fit. Gut zu Fuß. Und man hat mir gesagt, Sie fahren sogar noch Ski hier mit dem Skilift.
PASSRUGGER: Ja, das hab ich mit 66 Jahren angefangen. Ich habe ja jetzt auch mehr Zeit.
GEHMACHER: Wie ist das mit der Arbeit - wann ist das leichter geworden?
PASSRUGGER: Da haben schon die Maschinen viel geholfen. Ich kann mich noch sehr gut zurückerinnern, wie die erste Milchzentrifuge auf dem Oberhof gekommen ist - früher ist die Milch aufgestellt worden. Ich war sechzehn oder siebzehn Jahre alt. Ich bin von der Selch nach Hause gekommen. Mir ist aufgefallen, daß es so ruhig im Hause war. Es war kein Mensch in der Küche. Ich ging in den Stall, es war gerade Futterzeit, und suchte die Apollonia, unsere Sennerin; sie war eine Bezugsperson für mich, wenn die Mutter nicht hier war. Weder die Apollonia noch die Afra, unsere untere Dienstmagd konnte ich finden. Sie waren auch nicht in den Zimmern, also in der Tenne und der Heustadl. Dann rief mir meine Ziehschwester, die Anna. Der Vertreter hat die Zentrifuge aufgestellt und alle sind rundherum gestanden. Das war wie ein Wunder. Dann das erste Fahrrad. Später die Mähmaschinen, die Melkmaschinen. Heute hat jeder ein Auto.

GEHMACHER: Und die Hausarbeit ist ja auch leichter geworden?
PASSRUGGER: Wir sind ja ein kleiner Haushalt, nur mein Sohn und ich. Die anderen Kinder sind ja schon lange fort.
GEHMACHER: Die gute Zeit waren also ungefähr die letzten 20 Jahre.
PASSRUGGER: Ja, als mein Mann weggegangen ist, dann ist für mich die Freiheit gekommen.
GEHMACHER: Was haben Sie heute für Vergnüngungen - wenn man so sagen will?
PASSRUGGER: Lesen, Urlaub machen, nach Köln fahren zu Bekannten, die bei uns immer Urlaub machen. Da war ich drei Wochen. Dann sind wir ans Meer an die Nordsee gefahren. Die kommen immer wieder, sie sind hier fast schon wie zu Hause. Jetzt haben sie mir gratuliert. Ein Feuerwerk haben sie ab Abend gemacht auf der Almhütte. Ich bin fast wie eine Mutter für sie. Dann nach Salzburg zu meinen Kindern. Das ist jetzt meine Freiheit. Keiner schimpft, wann ich nach Hause komme. Das ist wie ein Geschenk für mich, weil es eben früher nicht so schön war für mich. Und ich komme neuerdings viel herum, durch meine Lesungen in Wien, im Club 2. Nach den Lesungen werde ich sehr verwöhnt. Schöne Hotels, noble Zimmer, WC im Zimmer.
GEHMACHER: Sie haben, seit Sie vor 5 Jahren von Professor Michael Mitterauer vom Institut für Wirtschafts- und Sozialgeschichte als Zeitzeugin „entdeckt“ wurden, in einer Reihe von Publikationen und im Fernsehen Ihre Erfahrungen aus der Jugend dargelegt. Sie haben ein klares Bild des harten Bergbauerndaseins der damaligen Zeit gegeben. Ihr heutiges Leben, wie sehen Sie das?
PASSRUGGER: Das ist besser, freier.
GEHMACHER: Und Sie sind mit dieser modernen Zeit einverstanden?
PASSRUGGER: Schon. Es wird zwar oft über die Jugend geklagt. Aber ich könnte nicht sagen, daß die Jungen heute schlechter wären, wir waren auch keine Engel. Verwöhnt sind sie. Die Kinder werden vom Haus mit dem Schülerbus abgeholt. Und vielleicht - früher war mehr Gemeinschaft vorhanden. Früher sind die Leute am Abend vorm Haus auf der Bank gesessen und haben

sich unterhalten. Früher waren die Dienstboten auch mit eingeschlossen und alle haben bei der Arbeit zusammengeholfen. Die Pensionisten klagen, daß hier nichts für sie los ist. Sie fahren oft nach Radstadt. Früher wurde bei Festen und Hochzeiten nicht so viel Aufwand betrieben wie heute. Die Nachbarn haben Korn gebrannt oder man hatte eine Henne, Speck oder Butter mitgebracht. Heute kauft man ein Geschenk oder man gibt Geld. Vielleicht war man früher dichter beisammen, auch mit dem Gefühl - aber das hat auch viel an Streit und Bosheit gebracht.

GEHMACHER: Neu ist aber auch die Sorge um die Umwelt. Was meinen Sie zum Waldsterben?

PASSRUGGER: Es wäre für mich ein großes Leid, wenn ich sehen müßte, daß die Natur zugrunde geht. Wenn ich in der Lage wäre und Macht hätte, würde ich meinen Beitrag dazu tun, daß die Umweltzerstörung zumindest stehenbleibt und nicht fortschreitet. Da bin ich schon dabei.

Das Erste und das Zweite Leben

Liebe Barbara Passrugger,

es widerstrebt mir einfach, nachdem ich Sie als so offenen und feinfühligen Menschen kennengelernt habe, eine Interpretation über Ihr Leben zu schreiben, die von oben her analysiert - als ob ich über Ihr Leben wirklich Bescheid wüßte. Mir ist eher nach einer Fortsetzung unseres Gesprächs. Wahrscheinlich habe ich mehr Fragen als Antworten. Und wenn es auch meist Fragen sein mögen, auf die es keine Antwort gibt, so liegt mir doch daran, über die wesentliche Privatheit solcher Fragen keinen Zweifel zu lassen. Darum schreibe ich diese Interpretation als Brief an Sie. Dabei fühle ich mich sicher, daß Sie selbst mein öffentliches Schreiben als persönliche Aussprache schätzen werden - und mir nachsehen, daß es ein öffentlicher Brief ist (da hoffe ich schon auch auf Ihre Freude, indirekt sogar noch auf einen weiteren Menschenkreis wirken zu können).

Daß ich mit Ihnen bekannt geworden bin und hier an Sie schreibe, hat einen einfachen Grund. Sie haben eine gewisse Prominenz erlangt. Doch das erst seit kurzem. Und diese öffentliche Sichtbarkeit beruht auf Ihrem Zeugentum für ein sehr hartes und einfaches Arbeitsleben, das herzlich wenig an Ansehen, Prestige und gängigem Erfolg beinhaltet hat.

Sie zeigten zwar schon früh viel Kraft und Willen, aber das brachte Ihnen keine gesellschaftliche Anerkennung ein. Sie waren die erste Frau, die auf der Steirer-Route durch die Dachstein-Südwand kletterte. Das führte Sie nicht in die Alpinistenkreise ein, daraus entstand Ihnen nicht der geringste berufliche Vorteil, nur die „Glückstechnik“ des Bergsteigens, im heimatlichen Umkreis, ist Ihnen geblieben.

Sie wären als junges Mädchen bereit gewesen, als erste in Ihrem engeren Umkreis einen geschiedenen Mann zu heiraten, das Tabu einer altmodischen Sexualmoral zu brechen. Die Vertrautheit mit dem Schmied-Beni brachte Ihnen ein dörfliches „Rügegericht“ ein. Sie waren weit weg von jenen Kreisen, die schon damals dem emanzipatorischen Mut unkonventioneller Frauen Beifall zollten.

Es stellt sich die Frage, woher einem Ziehkind in eingeengten Verhältnissen soviel Kraft zufloß, sich immer wieder, ein Leben lang, gegen alle Widerstände mit den eigenen Ideen zu behaupten. Gab es da, auch noch nach der Ermutigung einer gefühlswarmen Kindheit, noch Bestärkung von verschiedenen Personen? Steifte da der Zeitgeist der zwanziger Jahre einem bildungshungrigen jungen Menschen den Rücken zum „geraden Gang”? Ab wann setzte die „Selbst-Erziehung“ ein, der innere Dialog zwischen Ehrgeiz und Vorsicht, das stete Sich-selbst-Zureden? Wie wurden Sie, die junge und unfertige Wawi Hofer, mit den Rückschlägen fertig - als Sie nicht Näherin werden durften, als Sie Filzmoos flohen, als Ihr Verlobter fiel, als Sie der Vater Ihres ersten Kindes betrog, und noch und noch?

An sich erlitten Sie im ersten Teil Ihres Lebens mehr Schläge und Niederlagen, als ein Mensch für gewöhnlich aushalten kann. Und Sie hielten diese ja auch nicht ungeschädigt aus. Sie wurden (wegen der viele Jahre währenden Belastung durch Not, einer schlechten Ehe und der Arbeit für sechs Kinder sowie einen Bauernhof) ja auch sterbenskrank. Sie brachen zusammen. Aber Sie wurden nicht „gebrochen”, Sie bewahrten sich Ihre innere Kraft zum „Eigenen“ und zum Widerstand. Da müssen Sie schon viel an Rückhalt gehabt haben. Die katholische Religion war es nicht, auch keine politische Ideologie. Aus dem Gespräch mit Ihnen läßt sich eher schließen, daß Sie es immer verstanden haben, sich selbst Mut zu machen und nach jedem Rückschlag sofort etwas Neues zu beginnen.

Da stellt sich die Frage: Warum sind Sie nicht weggegangen?

Die Abwanderung vom Land ist seit langem ein Massenphänomen. Viele Mädchen gingen ins Gastgewerbe, in Fabriken und Büros. In den Jahren der Wirtschaftskrise und Arbeitslosigkeit von 1938 stockte zwar dieser Strom. Doch der Nationalsozialismus, trotz all seinen Lippenbekenntnissen zur Bäuerlichkeit, setzte die Landflucht erneut in Gang. Auch Sie, Frau Passrugger, gingen damals zuerst in die Haushaltungsschule und dann auswärts in den Dienst. Später, nachdem die Nachkriegshungerjahre vorbei waren, wurden auch mehr und mehr unrentable kleinere Höfe verlassen. Sie kehrten aber nach Filzmoos zurück und nahmen das drückende Los als Bergbäuerin auf einem wenig rentablen Anwesen auf sich.

Mädchen vom Lande hatten zudem auch Heirats-Chancen in der Stadt. Es ist dabei vielen aufgeweckten energischen Bauerntöchtern aus ärmlichen Verhältnissen gelungen, soziale Barrieren zu überspringen, die in ihrer heimatlichen Ordnung unüberwindbar gewesen wären. Gerade damals, als noch wenige Frauen höhere Schulen besucht hatten, zogen manche Akademiker ein „rühriges und natürliches“ Bauernmädchen einer „klavierspielenden“ höheren Tochter vor - und das gleiche galt für etliche aufstrebende Männer in kommerziellen oder politischen Karrieren. Schließlich war es auch damals schon einer entschlossenen Frau durchaus möglich, allein für sich ihren Neigungen zu leben, mit Arbeit eigener Wahl, ohne Familienbildung - unter dem Schutz der städtischen Anonymität.

Sie haben diesen Bruch mit der Heimat nie ganz vollzogen. Sie haben sich, wenn es darauf ankam, immer wieder zurückgewandt nach Filzmoos und haben dort Ihre Selbstverwirklichung gesucht. Als Almerin, nach der Haushaltungsschule. Als Bergbäuerin auf dem Haidegg-Gütl, nach den Jahren als Wirtschafterin in Altenmarkt.

Wenn man von Lebensmanagement redet, so sieht es aus, als

ob Sie da einen festen Plan, ein Prinzip verfolgt hätten, Ihrer Heimat und dem Bauernleben unter allen Umständen treu zu bleiben.

Man kann sich bei Ihnen, Frau Passrugger, ganz gut vorstellen, daß Sie darüber viel nachgedacht haben, daß Sie sehr wohl auch das Weggehen - in den verschiedenen Lebensphasen - erwogen haben. Und die Waage hat vielleicht dabei ganz deutlich für die Seßhaftigkeit und Verbundenheit ausgeschlagen. Jede Entwurzelung bedeutet ja auch Verlust, und je mehr man von der heimatlichen Lebenswelt aufgesogen hat, je natürlicher und gewandter man sich darin bewegt, umso größer wäre das Opfer. Der Gewinn hingegen ist unsicher, eine Lotterie.

Nicht jeder gewinnt beim Glücksspiel der Mobilität. Darum verläßt man ja nicht leichtfertig Beruf, Partner, Wohnung - ohne Not oder sehr reelle Chancen des Wechsels zu weitaus Besserem. Und noch mehr Vorsicht und kalkulierendes Überlegen empfiehlt sich, wenn es um die große Ganzheit einer heimatlichen Lebenswelt geht.

Als ich, zu Fuß durch Filzmoos und auf den Berg hinauf, zu Ihnen ging, sah ich den Ort und andere Häuser. Es war ein gewohntes Bild: ich kenne viele alpine Fremdenverkehrsgegenden, ich habe Landwirtschaft studiert und bin auch etwas von einem Agrarsoziologen. Erst bei Ihnen wurde mir ein Gegensatz bewußt. Sie haben die Entwicklung von Filzmoos, die übliche Dynamik der ländlichen Lebensform in der Symbiose mit der Tourismus-Industrie, offenbar nicht mitgemacht. Der Haidegg-Hof ist kein Gemisch aus Frühstückspension und renommiertem Wirtschaftshof, er schaut belebt aus und nicht revitalisiert, benutzt und nicht poliert - es fehlen die Garage mit Klapptoren, der Fremdenzimmer-Annex und die landschaftsgärtnerische Hof-Umraum-Gestaltung. Er würde eher in eine abgelegene arme Gegend passen, wo die Bauern zur Arbeit auspendeln oder das Anwesen an alternative „Aussteiger" verkaufen. Und es wäre schwer zu unterscheiden, ob hier Auspendler oder „Bio-Freaks" wirtschaften.

Sie haben auf die Frage, warum Sie als Bäuerin am Nachkriegs-Wirtschaftswunder von Filzmoos nicht teilgenommen haben, mehrfach Antwort gegeben: ein kaum lebensfähiger Hof, sechs Kinder, eine schwierige Ehe - und die Gesundheit ließ aus. Ein Teufelskreis, aus dem es kein Entrinnen gab.

Verzeihen Sie mir meinen Zweifel, aber es fällt mir schwer, an eine so unentrinnbare Gesetzmäßigkeit bei Ihnen zu glauben. Sie hätten, scheint mir, schon irgend etwas machen können: Geld aufnehmen, sich einem erfolgreichen Kreis einfügen, kooperieren, sich von einem Unternehmen etwas hinbauen lassen. Alles das hätte aber ein Stück Unterwerfung und Verlust an Autonomie bedeutet. Ich habe das Gefühl, Sie wollten das nicht. Für die Freiheit, Ihr eigenes Leben selbst zu bestimmen, nahmen Sie, obschon verzweifelt, alle Plage und Not auf sich. Sie wollten in Wahrheit gar nicht diese Art von wirtschaftlichem Erfolg, der Sie zum Stubenmädchen für beliebige fremde Urlauber und zur Abhängigen von Banken und Organisationen gemacht hätte.

Das ist nur mein Eindruck. Vielleicht irre ich da völlig - ich weiß ja zu wenig über die Barbara Passrugger von damals. Mein Gefühl hat aber ein Fundament; ich kenne Bäuerinnen, die zu Gastwirtinnen wurden, ich kenne den hohen menschlichen Preis, den viele für das Wirtschaftswunder zahlen mußten, an „Wahrhaftigkeit“ und letztlich auch an Gesundheit und Glück. Ich denke aber gerade bei Ihnen, liebe Frau Passrugger, daß Sie hier, bewußt oder unbewußt, sich gegen die Modernisierung gewehrt haben, mit einem feinen Empfinden dafür, was an Wohlstand und Technik Freiheit bringt und was einen in die Falle einer neuen Abhängigkeit lockt.

Diese Freiheit war aber teuer erkauft: Die Belastung durch Plackerei und Ärger, die jahrelange Überlastung machten Sie letztlich sterbenskrank. Kein so ungewöhnliches Schicksal: Der vorzeitige Tod von Bäuerinnen war bis vor kurzem noch sprichwörtlich - „Weiber-Sterben ist kein Verderben, aber Kuh-Verrecken tut den Bauern schrecken,“ sagt eine fürchterliche Redensart, die aber einiges über die damalige Härte der sozialen Realität aussagt. Auch ergeben sich gerade die Freiheits-Gewohnten leichter dem Tode, wenn das Leben nicht mehr lebenswert erscheint. Das gilt für Naturvölker gegenüber Zivilisierten, aber auch für Wildtiere gegenüber Haustieren. Sie haben diesen letzten und tiefsten Protest als „Tunnel-Erlebnis“ beschrieben. Dazu kennen wir, auch Sie, nun schon vieles an Berichten und Beschreibungen - eine eigene wissenschaftliche Disziplin, die Thanatologie, hat sich herausgebildet, zumindest in Ansätzen.

Sie sind also ins Leben zurückgekehrt, nicht geschwächt, sondern gestärkt, mit dem starken Willen zur Änderung.

Und da gelang etwas Faszinierendes: ein „Zeitsprung“ in eine „postmoderne“ alternative Lebensauffassung. In dem, was Sie nach Ihrer Gesundung taten, reihen Sie sich in das Muster einer emanzipierten Frau mit „postmaterialistischen“ Werten ein, in die Generation von morgen. Auch hier muß ich Sie fragen, wie weit das reicht. Wie sehr ging die Trennung von Ihrem Mann von Ihnen aus? Wie oft leisten Sie sich Spazierengehen, Meditation oder Lesen ohne schlechtes Gewissen? Gelingt es Ihnen immer, gelassen zu bleiben, wenn Nachbarn andeuten, das Haidegg-Gut sei ineffizient geführt? Wie gesund essen Sie? Schreiben Sie Protestbriefe gegen Umweltsünden? Haben Sie Freunde aus der modernen Alternativkultur?

Entschuldigen Sie, die letzte Frage war unnötig. Ich habe ja Ihre besonderen Gäste, die „Kölner“ selbst noch angetroffen. Er ist Yoga-Lehrer; sie haben Sie zum 80. Geburtstag mit Gesundheitspräparaten beschenkt.

Und in den letzten Jahren sind Sie ja selbst so etwas wie ein Mitglied der neuen Denkschule geworden. Mit sechsundsechzig haben Sie zum Vergnügen Schifahren begonnen, mit fünfundsiebzig meldeten Sie sich noch als Zeitzeugin bei Professor Mitterauer, dem Wiener Sozialhistoriker; als dieser über die Medien zur Mitarbeit aufrief. Seitdem gehören Sie zur neuen Kultur des Medien-Zeitalters, ohne aber ihre eigene Filzmooser Lebenswelt zu verlassen: Man kann da wohl von einem Zweiten Leben reden.

Nun kenne ich einige ältere Leute, die den sogenannten „Wertewandel“ mitgemacht haben und in die neue Ära des kecken Individualismus, der New-Age-Bewegung, des medialen Weltdorfes hineingewachsen sind. Aber deren Startposition war nicht so weit von dieser Postmoderne entfernt, ich denke dabei an einen feinsinnigen Manager, einen hochgebildeten Techniker, an eine Journalistin, an Aufsteiger und Aussteiger. Es gab auch „Bekehrungserlebnisse”. Aber niemand von jenen war vorher so lange in den festen Traditionen eines harten Arbeitslebens eingemauert gewesen.

Wie haben Sie - zuerst ein Leben lang dem harten Bauerndasein verhaftet - dann den Zeitsprung geschafft?

Woher haben Sie die neuen Ideen aufgenommen, begierig aufgesogen - aus Büchern, aus Zeitungen, aus Radio und Fernsehen oder in Gesprächen mit Ihren wenigen, aber treuen Besuchern und Gästen? Wer hat Sie ermutigt und beraten, als Sie an Ihre Jugend anknüpften und mit sechsundsechzig wieder die Ski anschnallten, sich auf Reisen wagten und sich bei Professor Mitterauer meldeten? Waren es Ihre Kinder oder andere Vorbilder - oder trieb Sie auch ein wenig der Stolz, es den reich und geschäftstüchtig gewordenen Nörglern in Filzmoos zu zeigen?

Sicher, nach langer Plackerei ein zweites Leben zu beginnen, das versuchen viele. Die Touristikindustrie verkauft dazu Senioren-Kreuzfahrten, die Universitäten bieten älteren Hörern das Studium an. Aber sie hausen ja immer noch auf dem Haidegg-Gut, ganz oben auf dem Berg, Ihre Welt sind nicht die Hotels und die Hörsäle. Sie haben sich nun für dieses neue zweite Leben die Freiheit und die Zeit genommen. Wieso aber das so radikal und konsequent?

Sie haben auf diese Frage schon geantwortet: Es war die Kehrtwendung nach dem Grenzerlebnis. Es gibt Erlebnisse, die einen prägen, die schlagartig einen Schalter umlegen, das innere Programm wechseln. Religiöse Menschen haben andere Gleichnisse dafür, sie sagen: Gott hat einen berührt. Sie reden von Erleuchtung oder Bekehrung. Nachher ändert sich das Lebensmuster völlig.

Wenn ich so darüber grüble, leuchtet es mir immer mehr ein, was Sie gemeint haben. Solches Umschalten ist gar nicht so selten, vielleicht betrifft es jeden, hilft es fast jedem - wenngleich selten wohl mit solcher Wucht wie bei Ihnen. Ich suche vielleicht nur deshalb so nach Erklärungen für einen gemächlicheren Wandel, weil Erleuchtung, Bekehrung oder Umgeschaltet-Werden so schlecht in mein Schema des selbständigen Lebensmanagements passen. Wo bleibt denn da die planende Steuerung, die autonome „Lebensbewältigung"?

Wie habe ich das jetzt genannt: Umgeschaltet-Werden oder Umschalten, Erleuchtung oder Ins-Licht-Finden? Haben Sie, Frau Passrugger, nicht erklärt, daß Sie sich aus dem Licht losreißen mußten, um zurück in das Leben zu gehen? Da hatten Sie doch die Wahl, mußten Sie sich entscheiden - wenn das nicht Lebensmanagement war, was dann?

Freilich rühren wir da an jene letzte Frage: Bestimmen wir über uns selbst? Bevor ich mich verabschiedete, schnitten wir diese Frage noch an. Ich, als der Wissenschaftler, sollte dazu Auskunft wissen. Ich fürchte, ich konnte mich nicht klarmachen, ich fürchte, ich kann es auch jetzt nicht.

Wir entscheiden frei und folgen dabei doch dem inneren Gesetz unserer Natur. Wir handeln denkend und verändern damit die Welt und unsere eigene Natur. In einem unentrinnbaren Kreislauf beeinflussen wir, unter dem Zwang der Vergangenheit stehend, das was wir morgen wollen und müssen.

Sie verstehen das schon, auch wenn es kraus klingt. Im Grunde versuche ich ja nur in meinen Jargon zu fassen, was Sie mich, Ihrem dankbaren Schüler, gelehrt haben: der entscheidende Entscheid ist der zwischen Leben und Tod.

ADOLF HOLL

„NA JA, DER CHEF IST TRAURIG“

GEHMACHER: Das Hauptthema ist das Glück, die Verfolgung des eigenen Lebensglücks. Fangen wir vielleicht mit der Kindheit an. Wo hast du deine Kindheit verbracht, wie glücklich, wie gut war die?

HOLL: Es war eine glückliche Kindheit, würde ich in der Erinnerung sagen. Und zwar bin ich groß geworden zusammen mit zwei Frauen, einer Ziehgroßmutter und der Mutter selbst. Vater hat es keinen gegeben. Meine Mutter ist arbeiten gegangen, und zwar ziemlich intensiv, um Geld zu verdienen. Das heißt also, ich bin als Kind mit einer älteren Frau zusammengewesen, und dann kam die Schule. Wir hatten als Kinder eine sehr privilegierte Form des Spiels, und zwar in einer Wiener Gemeindesiedlung in der Possingergasse, die heute noch steht, wo jede Wohnpartei einen Schrebergarten hatte. Wir Kinder konnten in diesem Geviert der Gärten herumlaufen und unsere Verfolgungsspiele veranstalten. Das war so bis zum 11. oder 12. Lebensjahr, in der Mittelschule mußte ich halt mehr lernen. Ich hatte Freunde, gute Schulfreunde. Mit manchen bin ich sogar jetzt noch in Kontakt.

Es gab dann das Deutsche Jungvolk. Ich bin Jahrgang 1930. Das war also diese Sache, wo man als Bub eigentlich nichts daran gefunden hat, ein bißchen zu marschieren und Lieder zu singen. Ab meinem 13. Lebensjahr begann ich, wohl auch auf sanftes Drängen meiner Mutter, die zu dieser nationalsozialistischen Indoktrination ein Gegengewicht schaffen wollte, in der Kirche zu ministrieren. Zur politischen Einstellung meiner Mutter muß ich sagen, daß sie eher auf der rechten Seite war, zumindest damals, aber auch gleichzeitig gegen den Nationalsozialismus, während die Ziehgroßmutter politisch links stand. Ich glaube, sie war eine alte Sozialdemokratin und schon daher auch gegen Hitler.

GEHMACHER: Hattest du noch in der Kindheit irgendwelche Ideale, Kindheitsideale, was man werden will, oder Lebensziele, auch unausgesprochen?

HOLL: Ich habe eine Erinnerung. Meine Mutter hat mir später erzählt, daß ich vielleicht mit elf Jahren gesagt habe: Mama, es kommt jetzt das tausendjährige Reich. Das war im Jahre 1941. Also habe ich damals offenbar von den Dingen, die uns erzählt wurden als Jungvolk, einiges mit Glauben und Überzeugung aufgenommen. Meine Mutter hat sich damals gehütet, mir zu widersprechen, denn bei einem Kind weiß man nicht, was es dann weitererzählt. Sie hat also darauf gesagt: Nur Gott ist ewig, worüber man heute sogar irgendwie schmunzeln kann. Dann erinnere ich mich noch an einen Spruch, der mir im Gedächtnis geblieben ist: „Zäh wie Leder, hart wie Krupp-Stahl, flink wie Windhunde ....", so irgend etwas. Also das mag man vielleicht als kindliche Orientierung betrachten.

Noch etwas fällt mir ein. Ich weiß auch, daß meine Mutter, die mich selten gestraft hat, einmal sehr zornig wurde. Das war in den ersten Wochen der ersten Volksschulklasse. Da hatten wir Auf- und Abstriche zu üben und ich habe diese Aufstriche so lang gemacht, daß mit zwei Aufstrichen die Zeile voll war, damit ich geschwinder fertig werde, um in den Garten hinunterlaufen zu können, zum Spielen. Da hat sie das Heft zerrissen und geschaut, daß ich das ordentlich mache mit den Auf- und Abstrichen. Das ist mir merkwürdigerweise im Gedächtnis geblieben: diese Art von Sorgfalt habe ich von meiner Mutter bekommen. Das mag auch eine Orientierung sein, die mich geprägt hat.

Mit dem 14., 15. Lebensjahr kamen dann andere Ideen auf. Da gab es einen ungarischen Priester, Volksbildner und Jugenderzieher namens Toth, Bischof von Veszprem, Autor einer Reihe von Charaktererziehungsbüchern. Eines davon ist mir in die Hände gekommen. (Ich habe das auch einmal in einem Artikel ausführlich beschrieben, deswegen erinnere ich mich jetzt daran.) Er vertrat eine Idealisierung von Zucht, Fleiß und Selbstprüfung. Ich war damals, 1945, schon in der katholischen Jugend, da haben wir diese Bücher bekommen, und ich habe das mit großer Aufmerksamkeit gelesen und habe auch begonnen, ein Tagebuch zu führen, mich selbst zu prüfen und mir vorzusagen, daß man nicht zu ausgelassen ist und daß man nicht zu viel redet in Gesellschaft, daß man die Aufgaben fleißig schreibt und nicht Edgar Wallace liest, statt Latein zu lernen. Da gab es einen inneren Kampf, der einer Selbstdisziplinierung schon nahegekommen ist. Und dann keimte ja auch allmählich der Wunsch, Priester zu werden.

GEHMACHER: Aber davor hattest du eine Phase der Selbstdisziplinierung. War die schon mit irgendwelchen Vorstellungen verbunden, was du werden könntest?

HOLL: Zuallererst wollte ich Förster werden, an das kann ich mich dunkel erinnern. Ich bin nicht besonders religiös von meinen zwei Frauen erzogen worden. Meine Ziehgroßmutter ist jeden Sonntag in die Hofburgkapelle gegangen, wegen der Musik; sie hat aber ausdrücklich gesagt - das ist mir in Erinnerung geblieben: Was der Priester macht, ist Hokuspokus. Sie war eine Frau, die ein sehr ausdrückliches und strenges Verhältnis zur Wahrhaftigkeit gehabt hat. Ich habe dazu noch deutliche Erinnerungen aus meiner Kindheit, bevor ich überhaupt in die Schule gegangen bin. Obwohl sie mich als Großmutter sehr verwöhnt hat, hat sie mich sehr streng behandelt, wenn ich eine Unwahrheit gesagt habe, wie es unter Kindern ohne weiteres vorkommen kann. Ich muß sagen, diese strenge Auffassung von Wahrhaftigkeit ist mir seither nie abhanden gekommen.

Als meine Mutter gesehen hat, daß ich vielleicht zu sehr in das Fahrwasser der Hitlerjugend komme, hat sie angeregt, daß ich mich ein bißchen in der Pfarre beschäftige. Aber sie hat nie wirklich darauf gedrungen, daß ich in die Kirche gehe. Bei mir ist das erst so richtig entstanden mit 12, 13 Jahren. Ich war damals ein paar Monate von Wien weg auf Kinderlandverschickung und da habe ich dann im Mühlviertel einen Priester kennengelernt, einen Dorfpfarrer, einen sehr lieben und kultivierten Herrn. Er hat mir Bücher zu lesen gegeben und mir das Ministrieren beigebracht. Und da ist etwas erwacht in mir, eine Freude am Gottesdienst, am Kult, an der Liturgie. Heute würde ich sagen, in diesem Zusammenhang keimte dann allmählich auch der Wunsch in mir, auch das zu dürfen, was der Priester tut, diese geheimnisvollen Verrichtungen. So ist dann langsam der Gedanke entstanden, Priester zu werden (zwischen 15 und 18). Ich bin ohne Vater aufgewachsen, vielleicht war auch eine Vatersehnsucht dabei.

GEHMACHER: Wenn ich vielleicht ein bißchen hinterfragen darf: Eine Kindheit mit zwei Frauen, viel Zuwendung und doch Freiheit. Die Gegenleistung war Wahrhaftigkeit und eine gewisse Ordnung und Disziplin. Die Wahrhaftigkeit ist für mich fast ein Schlüsselbegriff, weil das offensichtlich dein Leben stark geprägt hat. Wahrhaftigkeit wird ja durch die Erfahrungen, die Kinder haben, nicht gerade verstärkt. Viele lernen in der Lebenspraxis, daß sie mit Lügen besser wegkommen.

HOLL: Frau Walch, meine Ziehgroßmutter, hat Wahrhaftigkeit wirklich ernst genommen. Dazu eine kleine Anekdote, die sehr deutlich zeigt, was mit der Frau los war. Wenn also damals jemand an die Wohnungstür gekommen ist, z. B. um zu sammeln, haben alle gegrüßt mit „Heil Hitler". Was soll jetzt die Frau Walch machen? Sie hat eine Sprechtechnik entwickelt, wo sie das „Heil" mit „Scheiß Hitler" so verschliffen hat, daß irgendwas dazwischen rausgekommen ist, etwas Unverständliches. Sie hat das Gefühl gehabt, sie hat eigentlich „Scheiß" gesagt. Daran denke ich mit einem gewissen Vergnügen zurück.

GEHMACHER: Das ist ein sehr interessantes Beispiel der Selbstbehauptung in einer verlogenen Zeit. Wie warst du denn in den Jugendgruppen? Was für eine Rolle hast du da drinnen gehabt? Da gibt's ja Muster, die man von der Schule her hat?

HOLL: Ich sehe mich nicht in der Rolle eines Anführers. In der Schule war ich unter den besseren Schülern, mit Ausnahme von Mathematik. Ich hatte gute Noten, ohne Schwierigkeit. Man könnte schon sagen, mit meiner Position als besserer Schüler in der Klasse hatte ich es leichter.

GEHMACHER: Also kein Gruppenführer. Dann gibts einen Außenseiter, den Einzelgänger, oder warst du ein bißchen der Berater? Es gibt ja, auch wenn man nicht Führer ist, verschiedene Rollen.

HOLL: Jetzt muß ich nachtragen, daß ich auserkoren wurde. Also ich bin mit 10 Jahren ins Deutsche Jungvolk eingetreten und mit 14 bin ich dann zur HJ gegangen und nie wieder zum Dienst erschienen. Das war 1944, da habe ich schon gespürt, das ist nichts.

Aber zwischen 10 und 14 (ich glaube mit 12 Jahren) habe ich Karriere gemacht. Ich war Jungzugführer. Das heißt, ich habe ungefähr 30 Buben unter mir gehabt. Also das war eindeutig eine Führungsrolle. Ich war auch stolz, weil ich bestätigter Jungenschaftsführer war. Den Unterschied zwischen Dienstrang und Dienststellung versteht heute niemand mehr. Aber das war damals eher eine Seltenheit, daß man als Jungzugsführer schon bestätigter Jungenschaftsführer war. Diese Dinge habe ich mir gemerkt, sie fallen mir auch ohne weiteres ein. Das war also Grund meines Stolzes. Ich war Führer.

GEHMACHER: Und später?

HOLL: In der Pfarrjugend habe ich keine Führungsposition gehabt. Ich war wohl in einem inneren Kreis, eher in einer intellektuellen Position. Mein erster Artikel, den ich mit großem Stolz gedruckt gesehen habe, war in einer katholischen Jugendzeitschrift (ungefähr mit 17 oder 18 Jahren). Da habe ich ungefähr 20 Zeilen geschrieben, so eine Art programmatischer Äußerung, daß man zwar in der Welt leben und wirken muß, aber nicht von der Welt sein darf. Das war aus dem Evangelium genommen, aber doch auch ein eigenes Anliegen.

GEHMACHER: Sind dem schon mehr Versuche vorausgegangen?

HOLL: Könnte ich mich nicht erinnern. Ich habe ein Tagebuch geführt. An den Wunsch, Gedichte zu schreiben, kann ich mich nicht erinnern.

GEHMACHER: Du warst also kein Einzelgänger, sondern immer als Sprecher oder geistiger Führer integriert?

HOLL: Als einzelgängerisch sehe ich mich nicht in meiner Jugend - aber auch nicht als geistigen Führer. Das mag vielleicht auch daraus hervorgehen, daß die Schulfreunde aus der Mittelschule durchwegs perplex waren, als ich ihnen dann in der 8. Klasse erzählt habe, daß ich vielleicht Geistlicher werde. Ich war offenbar in ihren Augen überhaupt nicht prädestiniert dazu. Einer von ihnen (das ist mir später erzählt worden) hat gesagt, der Holl wird nicht dabei bleiben, der ist zu vital. Er hat mir prophezeit, daß es zu Konflikten kommen wird. Es gab auch von Seiten meines Religionsprofessors Bedenken. Der hat eigentlich nie so richtig glauben können, daß ich das wirklich mache und hat mich erst dann zum Mittagessen eingeladen, als ich zum Priester geweiht war. Der hat sich das nicht vorstellen können. Es muß also in mir Strömungen gegeben haben zu einer geselligen, weltoffenen und menschenumgänglichen Form. Dann hatte ich aber auch Tendenzen zum Gebet, zur Stille, zur Lektüre, die mich in die andere Richtung gedrängt haben.

GEHMACHER: Hattest du aus der Familie her irgendwie Anregungen zum Schreiben oder zum Priesterberuf?

HOLL: Nichts, woran ich mich erinnern könnte. Ich kann nur sagen, meine Mutter hat gelesen, Romane, meistens im Bett, und meistens ist sie dabei eingeschlafen. Aber sie hat gelesen. Also diese Form des Umgangs mit Büchern ist mir von der Mutter her früh zugewachsen. Frau Walch war sicher auch keine Dumme, sondern eher auch eine kulturell interessierte Person.

GEHMACHER: Sonst hätten sie dich ja nicht in die Mittelschule geschickt. Der Bildungswille war da.

HOLL: Onkel Franz, der Bruder meiner Mutter, war kirchenkritisch. Ich kann mich gut erinnern, daß er gern von Kardinal Innitzer gesagt hat: „Die Puppe am Thron". Er ist einmal im Jahr in die Kirche gegangen, zum Alten-Jahrs-Segen, und das war's dann auch. Also von daher auch nichts, was in die Richtung geht.

GEHMACHER: So war das dein eigener, einsamer Entschluß?

HOLL: Ich habe mich dann mit dieser Priestermotivation später in meinen Büchern immer wieder beschäftigt. Ich würde sagen, daß ich offenbar in meiner Konstitution etwas hatte und immer noch habe, was ich heute aufgrund meines Wissens als eine fast vorchristliche Orientierung betrachten würde. Priester hat es schon gegeben, da war von einem Christentum noch gar nicht die Rede. Wie ich heute über den historischen Jesus weiß, ist er dem kultischen Priestertum eher skeptisch gegenübergestanden. Ich war fasziniert von Prozessionen, Weihrauch, gedämpftem Licht, dem Geheimnis; in einer altertümlichen, fast archaischen Form des Hingezogenseins. In mir war das eben. Natürlich kann man's psychologisieren. Man kann sagen, hier ist ein Knabe, der eine sehr starke Mutterbindung hat. Da liegen mittlerweile auch Untersuchungen dazu vor. Gerade unter katholischen Priestern gibt es eine überdurchschnittlich hohe Mutterbindung, auch eine starke Hemmung in Bezug auf die geschlechtliche Liebe. Da mag schon etwas

daran sein, daß man dann vor den Frauen flüchtet ins Heiligtum.
GEHMACHER: Warst du körperlich eigentlich immer gesund oder gab es Perioden von Krankheit und Schwäche?
HOLL: Ich hatte eine schwere Krankheit mit 6 Jahren. Das war eine Rippenfellentzündung mit Exsudat, also mit Flüssigkeit. Da war ich fast drei Monate im Krankenhaus. Das war sogar lebensgefährlich, weil es zu spät von den Ärzten erkannt wurde. Mit 12 Jahren hatte ich Scharlach, da war ich auch im Krankenhaus. Sonst kann ich mich nicht an ernste Krankheiten erinnern. Ja, ich war dick, und zwar nach dieser ersten Krankheit. Der Arzt hat zu meiner Großmutter gesagt, füttern sie den Buben ordentlich, daß nicht TBC dazukommt. Daraufhin haben sie mich gestopft. Ich war vom 7. bis zum 13. Lebensjahr übergewichtig und habe auch dann „der Blade" geheißen. Das waren Dinge, die mich möglicherweise auch gekränkt haben. Dann hat sich das von selber gegeben. Außerdem haben wir nicht viel zu Essen gehabt zu Kriegsende (1944 bis 1946) und ich wurde dann wieder durchschnittlich.
GEHMACHER: Und wie verlief die Phase, in der du zu dem Entschluß gelangt bist, Priester zu werden?
HOLL: Da muß ich etwas Erklärendes sagen über diese entscheidenden Monate zwischen der Matura und den Weihnachten dieses Jahres 1948.

Ich war mir nach der Matura noch nicht im Reinen, ich habe es aber meiner Mutter schon vorher gesagt, daß ich mit dem Gedanken spiele, Priester zu werden. Sie ist sehr erschrocken darüber und hat gesagt, das mußt du dir gut überlegen, denn das ist ein schwerwiegender Entschluß, den man nicht mehr zurücknehmen kann. Ungefähr in dieser Richtung hat sie gesprochen, und ich kann mich noch erinnern, daß wir in der Küche gesessen sind und beide geweint haben.

Ich habe dann folgendes gemacht: Ich habe mich angemeldet zu Einzelexerzitien, d.h. zu einer dreitägigen Besinnungszeit, in einem Haus der Jesuiten in Lainz. Da habe ich sehr lebhafte Erinnerungen. Da war ein uralter Jesuit, ein vertrockneter alter Pater. Er hat mir ein bißchen was zum Lesen gegeben und dann hat er mir ein Zetterl gegeben, auf dem mit seiner altertümlichen Schrift stand: Gründe für den Priesterberuf - Gründe gegen den Priesterberuf. Und da sollte ich alles aufschreiben. Mir ist wirklich nichts eingefallen, und die Zeit ist äußerst langsam vergangen. Ich kann mich noch erinnern, daß ich aus dem Ausleeren des Waschwassers eine Zeremonie gemacht habe. Ich bin im Garten spazierengegangen. Er hat mir gesagt, worüber ich nachdenken soll, ich hatte ja nicht zu meditieren gelernt, ich konnte das damals nicht. Ich bin nach diesen drei Tagen so klug gewesen wie zuvor. Ich wußte nicht, soll ich, soll ich nicht.

Und dann gab's noch eine Chance, die ich wahrgenommen habe. Ich hörte von Jugendexerzitien in Seckau, dem Benediktinerstift in der Steiermark. Und dort war ein sehr begabter Benediktinerpater, der hat uns junge Männer in eine begeisterte und fröhliche Stimmung gebracht, daß ich dann gedacht habe, jetzt probiere ich das mal; so bat ich um Aufnahme in das Priesterseminar. Ich benützte dann die ersten 3 Monate als Probezeit bis Weihnachten, um herauszufinden, ob es geht oder nicht.

Dann habe ich eine sehr lebhafte Erinnerung an die erste Woche im Seminar. Das waren sehr traurige Tage, weil ich von meiner geliebten Mutter weg war, von meiner gewohnten Umgebung. Es hat zu Hause auch ein Hunderl gegeben, das hat dann an der Türe gewartet und gewinselt, wie mir meine Mutter sagte. Das war schmerzlich, ein richtiger Schnitt. Ich sehe mich heute noch zu diesem Priesterseminar fahren, mit meinem Koffer. Das war ein wirklicher Bruch, ein wirkliches Weggehen von Zuhause. Sehr wichtig für mein Leben.

Dann war ich also in diesem Priesterseminar. Man hat gelernt, Ordnung zu machen in der Früh, die Glocke hat geläutet, Aufstehen um 6 Uhr. Diese Disziplin hat mir aber keine Schwierigkeiten bereitet, im Gegenteil, das war eine feste Einteilung, die einen geführt hat. Und dann kamen die Exerzitien, die waren jedes Jahr unmittelbar vor Weihnachten und haben 5 Tage gedauert, mit Vorträgen von einem Jesuiten, der als Gast kam. Man hat darüber nachgedacht und mitgeschrieben, und es war Schweigegebot. Man hat nichts geredet. Es gibt da einen Augenblick, an den ich mich bis heute lebhaft erinnere. Ich sehe mich am Fenster stehen - und plötzlich fällt mir etwas sehr Wesentliches ein. Man hat uns ja gesagt, entweder man ist berufen oder man ist nicht berufen. Du mußt beten und darüber nachdenken, ob Gott dich haben will oder nicht. Und das war für mich eine schwierige Frage, ob mich Gott haben will oder nicht. Da gibt es gewisse Anzeichen dafür, das haben sie uns auch gesagt. Sie haben sich aber nicht festlegen lassen. Aber wie ich da am Fenster stand, ist mir klar geworden: ich muß wollen. Wenn ich will, dann bin ich berufen. Das war ein wesentlicher theologischer Einfall: Mein Wille ist ausschlaggebend, nicht irgendein göttlicher Wille; wenn ich will, dann ist es so, wenn ich nicht will, dann ist es nicht so. Und dann habe ich mir gesagt, ich will es und bleibe dabei; und wenn etwas kommt, das mir zeigt, daß es überhaupt nicht gehen sollte, dann kann ich noch immer aufhören. Ab dann war ich ruhig, dann waren die Zweifel weg. Dann haben sie uns den Talar gegeben, und dann bin ich mit der Kutte durchs Leben marschiert und war sicher, daß das richtig ist.

GEHMACHER: Ein klassisches Beispiel einer Entscheidung, einer Auflösung der kognitiven Dissonanz durch einen persönlichen Willensakt.

HOLL: Das ist sehr wichtig. Ich glaube nicht, daß es sehr viele Menschen gibt, die in ihrem Leben eine Wahl getroffen haben. Und ich habe einmal eine Wahl getroffen. Ich könnte wahrscheinlich sagen, ich habe später noch einmal eine Wahl getroffen, als reifer Mann.

GEHMACHER: Das ist eigentlich mein Thema: das Lebensmanagement, die eigene Lebensbewältigung. Wahlakte bilden dabei das Gerüst. Dazwischen braucht man Glückstechniken wie Alkohol oder Meditation, Steuerung der Gefühle und Gedanken. Hast du viel gebetet?

HOLL: Ich war im Priesterseminar unter den freiwilligen Betern. Die Abendordnung war, daß man nach dem Abendgebet nicht mehr redet, bis man schlafen geht. Und während dieser Zeit nach dem Abendgebet ist in mir eine mystische Ader erwacht. Ich bin in der Kirche knien geblieben mit 2 oder 3 Kollegen, und wir haben Christus betrachtet. Die anderen sind in ihr Zimmer gegangen.

GEHMACHER: Hast du heute noch ein Äquivalent für das Beten?

HOLL: Nein, ich habe keinen Ersatz gefunden. Höchstens die Schreibmaschine. Der Schreibvorgang hat auch etwas mit Meditation zu tun.

GEHMACHER: Jetzt schweife ich ab von der Biographie. Gehen wir direkt in die Frage der Glückstechniken durch bestimmte Formen des Denkens. In Amerika sagen 5 Prozent der Bevölkerung, daß sie an Kursen über „Positives Denken" teilgenommen haben. Eigentlich eigenartig, daß unsere Kultur zum Beten kein richtiges Äquivalent gefunden hat.

HOLL: Das hat sie nicht. Und ich würde diese ganze geistliche Kultur, die mir da zugewachsen ist, überhaupt nicht aus meinem Leben missen wollen. Da muß ich aber dazu sagen, bevor ich in die Kirche gegangen bin, habe ich in der Früh über dem Johannesevangelium meine Betrachtungen gehalten. Da hatte ich schon den Eindruck, daß ich eine Anstrengung zu leisten habe, denn es gehen dir natürlich sehr viele andere Gedanken durch den Kopf, bis du konzentriert bist, auf Jesus und die Zwölf Apostel vor dem Abendmahl am Ölberg oder sonstwo. Da ist viel angestrengte Konzentration dabei. Andrerseits, wenn ich mich erinnere, daß ich auch - meinetwegen am Nachmittag einmal, ich denke hier an die Urlaube - in der Kirche still gesessen bin, und vorgeschaut habe zum roten Licht, zur göttlichen Gegenwart, das waren schon Glücksmomente.

Das intensivste Glück habe ich erlebt, als ich die Priesterweihe empfangen und dann zwei- bis dreimal die Messe gelesen habe. Zu diesem Zweck bin ich nach Heiligenkreuz gefahren, habe mich also zurückgezogen mit meiner neuen Fakultät, die Messe zu lesen, und hatte dort in der Früh das erste Mal starke intensive Glückserfüllung. Jetzt durfte ich endlich das machen, was ich mir immer schon gewünscht habe, nämlich mit dem Kelch in der Hand, mit dem Messgewand angezogen, zu einem Seitenaltar zu treten und dort die heiligen Handlungen zu vollbringen. Eine halbe Stunde lang. Die stille heilige Messe, das war für mich ein Glücksaugenblick, auch später immer wieder. Es gab darüber hinaus Höhepunkte, etwa ein Hochamt zu zelebrieren, mit Pauken und Trompeten, mit Weihrauch und einer vollen Kirche. Das war Glück.

GEHMACHER: Ging das bis zu einer ekstatischen Überhöhung, hattest du so etwas wie ein Erleuchtungserlebnis?

HOLL: Nein. Mit Erleuchtungserlebnissen kann ich nicht aufwarten. Einmal, in einer ziemlich starken Krisensituation, da waren schon die Auseinandersetzungen mit der Amtskirche, bin ich einmal in einer Kirche gekniet, das war in Südtirol, während eines Schiurlaubs, da habe ich ein bißchen abgehoben. Das war keine Erleuchtung, das war ein Verschmelzungserlebnis, wo man dann das Gefühl hatte, es ist alles mit einem vereint, wo man auch die Menschen, die man liebt, in diesen allgemeinen friedlichen Zusammenhang miteinbezieht. Das habe ich erst einmal erlebt. Dann bin ich draufgekommen, daß ich damals eigentlich ziemlich bedrängt war, da hat sich dann die Seele ein bißchen geholfen.

GEHMACHER: Das eine ist eher das triumphale Erlebnis, das andere ist in der Notlage günstig. Es gibt ja die verschiedensten Techniken, um sich wohl zu fühlen.

HOLL: Das erinnert mich an etwas. Wenn ich meine Tagebuchnotizen, die ich beim Schreiben meiner Bücher manchmal benötige, lese, bin ich schon berührt, wieviel depressive Passagen da drinnen sind. Das hat angefangen sobald ich ausführlicher zu schreiben begann mit 17, bis in die Gegenwart. Die intensivsten Selbstanklagen, Selbstvorwürfe, Orientierungsprobleme haben sich niedergeschlagen zwischen meinem 20. und 45. Lebensjahr. Solange ich noch aktiver Priester war - bis 1973 -, hat es immer Zweifel gegeben. Da gab es die Selbstvorwürfe wegen der Geschlechtlichkeit, aber nicht nur die. Es ist ein kontinuierlicher Zug der Selbstprüfung und auch der Niedergeschlagenheit zu bemerken.

GEHMACHER: Und da bist du jetzt darüber hinweg? Du hast also jetzt eine positive Gesamtgrundstimmung?

HOLL: Das ist etwas, was nicht so leicht zu erreichen ist.

GEHMACHER: Im Grunde ist ja das Interessanteste, wie du jetzt lebst, weil du ein offensichtlich positives Ziel erreicht hast. Nicht nur gesellschaftlich von außen gesehen. Lebst du jetzt in Einklang mit dir?

HOLL: Ja schon. Ich habe hier die Stätte meiner Arbeit. Da arbeite ich von 9.00 bis 18.00 Uhr mit einer Mittagspause. Da ist eben der Schreibtisch und die produktive Tätigkeit des Schreibens, die ich immer noch gern mache und leiste. Das ist nicht immer ein großes Projekt, also ein Buch, sondern da gibt es auch kleinere Sachen, Artikel für Zeitungen, Vorträge, Radiobeiträge. Da sitzt man dann über so einem Text vielleicht einmal 14 Tage. Dann kommt der nächste, und dann gibt es eben größere Perioden, wo man zwei oder drei Jahre an einer Sache arbeitet und sie nur unterbricht, wenn etwas Aktuelles kommt. Das ist ja mein Broterwerb. Abends gehe ich dann zu meiner Lebensgefährtin hinauf. Die wohnt eine Viertelstunde entfernt von mir, da verbringen wir den Abend gemeinsam. Wir gehen viel fort, zwei-, dreimal in der Woche haben wir Gäste oder sind selber eingeladen, und dann haben wir auch zwei, drei Abende für uns. Morgens komme ich wieder her und mache meine Arbeit. Das ist der Rhythmus. Es gibt natürlich Unterbrechungen wie Urlaube und Reisen. Ich habe das Gefühl, mit mir überein zu sein, einen Beruf, eine Tätigkeit gefunden zu haben, die meinen Fähigkeiten entspricht und auch noch belohnt wird. Nicht nur durch Geld, sondern auch durch Anerkennung. Durch das Fernsehen kennen mich die Leute auf der Gasse, die Geschäftsleute hier wissen, daß ich den Club 2 moderiere, das tut alles wohl. Auch kommt dazu die Vollgültigkeit eines Bürgers, also daß man nichts am Kerbholz hat, daß man eigentlich das Gefühl vermittelt bekommt, die anderen Menschen meinen, man sei anständig geblieben. Die Wahrhaftigkeit.

GEHMACHER: Die Wahrhaftigkeit ist dir ja doch auch gewissermaßen zum Beruf geworden.

HOLL: Das trägt eigentlich schon dazu bei, daß man keine dunklen Punkte hat. Also so lebe ich jetzt.

GEHMACHER: Hast du da so kleine Tricks wie Alkohol, Schifahren?

HOLL: Das Schifahren ist zurückgetreten. Einfach weil es heuer so wenig Schnee gegeben hat. Auch beginne ich mich zu langweilen beim Schifahren. Das muß eine wirklich gute Gegend sein, um mich nicht zu langweilen. Es ist auch die Überfüllung der Pisten stärker geworden, im Vergleich vor zehn oder zwanzig Jahren.

GEHMACHER: Aufs Tourenschifahren bist du nicht übergegangen?

HOLL: Nein, Tourenschifahren habe ich noch nie gemacht. Ein einziges Mal, aber das habe ich nicht richtig gepflegt. Das Langlaufen hat mich gelangweilt. Wir spielen regelmäßig Tennis, auch im Winter in der Halle - zwei- bis dreimal in der Woche, und Schwimmen. Da ist das Schwimmbad, und da wird im Sommer jeden Tag eine halbe Stunde geschwommen. Wenn ich schlecht gelaunt bin, überarbeitet, oder einfach zu wenig Bewegung gehabt habe, dann wird am Sonntag im Garten gearbeitet. Es ist nur ein bißchen körperliche Arbeit, die ist ganz banal, aber steigert einfach das Wohlbefinden. Das sind die ganz einfachen Techniken, frische Luft, Bewegung.

Ich habe einen Grundsatz gelernt, der mir sehr geholfen hat: Es gibt ja auch in der Frömmigkeitskultur das Wissen um die dunkle Nacht, um die Trübsal, um den Zweifel. In solchen Fällen, haben wir gelernt, soll man eines nicht vergessen, die Routine aufrecht zu erhalten. Nichts von der Routine aufgeben, das habe ich mir immer eingehämmert. Selbst wenn du das Gefühl hast, das Gebet ist vollkommen zwecklos, du hast überhaupt kein gutes Gefühl dabei, sollst du keine Minute weniger beten, als du es gewohnt bist. Nur die Routine nicht unterbrechen. Und insofern würde ich sagen, kann ich es mir gar nicht vorstellen, nicht regelmäßig zu arbeiten, selbst wenn mir gar nicht danach zumute ist. Ich habe einmal ein ganzes Jahr lang nichts zusammengebracht an einem Buchprojekt. Ich habe selbstverständlich weitergearbeitet, auch wenn nichts weiterging. Das ist eine Art von Disziplin, die ich mir offenbar erworben habe.

Sie zeigt sich auch beim Rauchen. Ich war ein ziemlich starker Raucher, habe mit 28 Jahren zu rauchen begonnen. Das war damals eine Streßsituation. Parallel zum Kaplansberuf habe ich noch ein zweites Doktorat in Angriff genommen. Dazu war ich noch Mittelschullehrer, ich war Kaplan und habe dann auch noch ein Studium gemacht, und dann ist das Fordinstitut gekommen. Ich war also ein sehr ehrgeiziger Mensch, das muß ich schon sagen. Da habe ich zu Rauchen begonnen und bin dabei geblieben, bis vor 6 bis 7 Jahren. Da war ich vielleicht 52 Jahre. Dann hat meine Lebensgefährtin gefunden, daß ich eine unangenehme Körperausdünstung bekomme. Das heißt, meine Haut hat nach Nikotin zu stinken begonnen. Das ergab eine Zeitlang eine Auseinandersetzung, bis ich dann im Urlaub einen Wutanfall bekommen habe über die ewige Nörglerei. Sie hat auch von Lungenkrebs gesprochen. Damit sie Ruhe gab, habe ich im Urlaub mein Rauchen auf 5 bis 6 Zigaretten am Tag reduziert. Im Urlaub ging das ohne Probleme. Da probierte ich es auch im normalen Arbeitszusammenhang. Auch das habe ich bis zum heutigen Tag eingehalten, 6 Zigaretten am Tag, keine mehr, manchmal sogar eine weniger. Diese

Art von Selbstdisziplin gegenüber einer Sucht verdanke ich ganz zweifellos dieser geistlichen und asketischen Erziehung, die ich genossen habe.

GEHMACHER: Und deiner Großmutter.

HOLL: Und meiner Großmutter.

GEHMACHER: Mit dem Rauchen hast du dir über die schwerste Zeit geholfen. Ein ordentlicher Streßraucher. Nachher war es wohl nur mehr Gewohnheit. Und beim Alkohol?

HOLL: Beim Alkohol habe ich eigentlich nie ein Problem gehabt. Ich trinke ganz gern ein Glas Wein, mehr nicht. Aber das ist wieder von meiner Mutter geprägt. Denn wenn meine Mutter einen Betrunkenen gesehen hat, hat sie mit Übelkeit zu kämpfen gehabt. Das hat sich möglicherweise auf mich übertragen. Da war eine Sperre.

GEHMACHER: Man lernt die Glückstechniken in der Jugend. Das ist auch beim Rauchen so. Es gibt eigentlich selten jemand, der nach 20 Jahren zu Rauchen beginnt. Das Essen schmeckt dir auch?

HOLL: Das Essen schmeckt mir, und ich koche auch. Das Kochen ist ein eigenes Kapitel. Das war so 1967, ich war 37 Jahre. Die Pfarrersköchin - eine ältere Frau - in Neulerchenfeld, hat gesagt, es wird ihr zuviel, sie kocht nur Samstag/Sonntag. Ich war damals bereits nicht mehr direkt an der Schule tätig. Ich war schon mehr an der Universität und oft freigestellt vom Schuldienst und habe dann gefunden, ins Gasthaus würde ich eigentlich nicht gerne gehen. Dort alleine an einem Tisch sitzen und irgend etwas essen, was mir vielleicht gar nicht schmeckt. Dann hat meine Mutter, die damals ja noch gelebt hat, bei mir in der Wohnung zwei- bis dreimal in der Woche zusammengeräumt und hat mir dann etwas Vorgekochtes gebracht zum Wärmen. Sie hat gesagt: „Schau, da hast du ein bißchen Fleisch, das brauchst du nur ins Fett geben." Und da habe ich begonnen, mir selber ein Mittagessen zu bereiten, eventuell auch das Abendessen. Daraus wurde eine Freude. Später ist das zu einer täglichen Beschäftigung geworden, die ich eigentlich mit Genuß mache. Es ist kein Hobbykochen, das ist ein komischer Ausdruck, sondern eine tägliche Verrichtung, ein Gegengewicht zu der abstrakten und schreiberischen Tätigkeit. Wenn man Grünzeug putzt, dann riecht es ein bißchen nach Karotten,

Sellerie und Petersilie, und man hat ein bißchen Kontakt zum Materiellen. Besonders gern habe ich Suppen. Diese Art von Verwandlung, von Festem in Flüssiges und ein bißchen Duftendes und Nahrhaftes, das habe ich besonders gern.
GEHMACHER: Darum nennt man das ja Hobby. Ich habe keine Ahnung, wie die Mischung von Arbeit und Spiel heißt, welche unserer Natur am nächsten ist. Wir haben kein Wort dafür. Gehen wir weiter. Zuerst hast du ja die religiöse Laufbahn noch intensiviert.
HOLL: Das erste Doktorat habe ich gemacht, weil ein bestimmter Priesterprofessor mir gesagt hat, machen Sie das Doktorat. Er hat mit mir etwas im Sinn gehabt, das hat er mir später gesagt. Er hat mich für begabt gehalten, für eine wissenschaftliche Laufbahn. Da habe ich das erste Doktorat gemacht. Das zweite philosophische Doktorat habe ich eigentlich gemacht aus dem Gefühl, nicht versumpern zu wollen in Routine und Seelsorge. Dann hatte ich auch Interesse für Philosophie.
GEHMACHER: Warst du da schon in einem Ablösungsprozeß?
HOLL: Nein. Nicht bewußt. Das zweite Doktorat war 1961, also da war ich 31 Jahre. Nicht bewußt, nein. Aber in diese Zeit fällt auch meine erste Begegnung mit dem weiblichen Geschlecht. Da war ich 30 Jahre. Es war eine intime Begegnung.
GEHMACHER: Wie war das mit der Geschlechtlichkeit?
HOLL: Ich war ein Spätentwickler. Also meinen ersten bewußten Samenerguß hatte ich mit 27 Jahren. Dann habe ich ein bißchen onaniert die 3 Jahre, und dann kamen die ersten Frauenerlebnisse mit furchtbaren Schuldgefühlen. Ich habe immer beichten rennen müssen, und der Beichtvater hat gesagt, das sollst du nicht machen, bleib alleine. Dann gab es eine unbeschreibliche Affäre mit einer verheirateten Frau, die 10 Jahre gedauert hat. Und allmählich erst hat sich in mir der Gedanke geregt, vielleicht bin nicht ich schuld, sondern sind die Vorschriften nicht ganz die richtigen. Das waren sehr intensive und sehr schmerzliche und aufregende Erlebnisse. Das war natürlich ein zusätzlicher Reiz.

Ich war damals zwischen 30 und 40, das fällt auch zusammen mit dem Jahrzehnt zwischen 1960 bis 1970. Da war das Konzil, da war die 68er Bewegung, das war eine sehr lebhafte Zeit. Der Spiegel hat eine Serie veröffentlicht - „Jesus und die Kirchen“, die ich mit größter Aufregung gelesen habe. Der wirklich erinnerbare starke Schock war eigentlich nur eine wissenschaftliche Abhandlung über die Stellung des historischen Christus zu den Priestern seinerzeit, zum Tempelpriestertum - und die war vernichtend. Jesus hat überhaupt nichts im Sinn gehabt mit den Priestern, stand da geschrieben. Und dann habe ich in mein Tagebuch geschrieben: Ich bin etwas geworden, was Jesus sicher nicht gewollt hat, nämlich Priester. Da war ich 38 Jahre alt. Und was mache ich jetzt?

Ich war aber vorsichtig und habe dann Ernst Bloch, Theodor Adorno, die linken Autoren und Jaspers gelesen und überlegt, wie ist es, wie hängt das alles zusammen. Da ist die Kirche, da ist Jesus Christus, diese Widersprüche. Ich bin dann bei meinen Predigten, die ich jeden Sonntag gehalten habe, bereits mit dem soziologischen Rüstzeug, das ich damals hatte, der Sache nachgegangen. Hat Jesus überhaupt eine Kirche gewollt, wie hat sich Jesus zu dem Tempelpriestertum gestellt, wie hat er sich gestellt zur politischen Macht und zur Familie? Ich habe den Leuten jeden Sonntag erzählt, was ich Neues gefunden habe, und daraus ist dann das Buch „Jesus in schlechter Gesellschaft“ entstanden. Bis die These klar war, daß der ein sozialer Außenseiter war. Das Buch wurde gedruckt, und dann ist es losgegangen.

Ich habe das Buch nicht bewußt als Abschied von der Kirche geschrieben, sondern das war einfach eine kritische Stimme. Heute würde ich sagen, daß ich möglicherweise die Kirchenobrigkeiten so lange gequält und provoziert habe, bis sie mich dann doch ausgeschlossen haben.

GEHMACHER: Das war kein eigener Entschluß, aber doch ein Ausbrechen.

HOLL: Nein, es war kein eigener Entschluß. Es war nur ein Wahrheitsbedürfnis. Wenn Christus keine Kirche gegründet hat, und wenn er keine Priester haben wollte, dann muß ich der Sache auf den Grund gehen und meine Wahrheit veröffentlichen, damit ich mir selbst keinen Vorwurf zu machen brauche.

Zuerst hatte ich nicht die Absicht, diese Gedanken zu veröffentlichen, es ist mir nur gesagt worden, von nahestehenden Menschen, ich solle doch probieren, was ich in den Predigten erzähle, als Buch zu veröffentlichen.

GEHMACHER: Versuche diese Entwicklung zu deuten. Das verlief doch in Phasen. Die erste Phase war vor 1960, wo du mit dem Wahrheitsanspruch, der dir ja tief eingepflanzt war, noch innerhalb der Kirche Lob, Ehre und Triumph zu ernten gehofft hast. Da du aber eben in der Kirche nicht auf Karriere, sondern auf deinen Wahrheitsanspruch aus warst, bist du immer tiefer in Konflikte geraten. Das hätte aber auch dazu führen können, wenn der Weg ein bißchen anders gegangen wäre, daß du zum Heiligen wirst.
HOLL: Da muß ich etwas dazu sagen. In dem Augenblick, wo ich vom Priesterseminar raus bin in die Berufstätigkeit als Kaplan, ist etwas mit meinem Frömmigkeitsleben passiert. Und zwar dessen Reduktion. Ein wichtiger Punkt. Darunter habe ich gelitten, doch jetzt mußt du dir vorstellen, der Priester hat damals mindestens eine Stunde lang das Breviergebet zu verrichten gehabt, auf lateinisch. Das war viel, du hast alle 150 Psalmen in der Woche durchgenommen. Nicht lesend, sondern mit den Lippen lispelnd, so, als wenn du es rezitieren würdest. Wir haben natürlich schon unsere Tricks gehabt, und haben auch sehr geschwind geredet, aber es war Vorschrift, mit den Lippen zu beten. Du hast also eine Stunde mindestens, wenn du es gut konntest, damit verbracht. Wie oft ist es vorgekommen, daß ich um 11 Uhr in der Nacht, bereits ziemlich müde von einem ganzen Arbeitstag, noch das verbleibende Breviergebet zu beten hatte, wobei mir schon die Augen zugefallen sind und ich es aber doch nicht auslassen wollte. Dann diese tägliche Betrachtung, diese halbe Stunde, habe ich überhaupt nicht mehr gehalten, als Kaplan hatte ich ja meine 20 Schulstunden, Seelsorgestunden am Nachmittag, Erstkommunion und derlei. Ich hatte Begräbnisse zu halten, ich hatte am Abend die Jugendarbeit. Der einzige freie Tag war der Montag, und da habe ich mein Doktorat gemacht. Das heißt, das Rosenkranzgebet ist ausgefallen. Ich habe in Wirklichkeit nur mehr die Messe gelesen und das war's dann schon wieder. Gelegentlich habe ich einen Einkehrtag gemacht, die Exerzitien, die habe ich auch gemacht. Die Exerzitien waren lauter Selbstvorwürfe, weil ich dieses und jenes an geistlichem Leben nicht erfüllt habe.
GEHMACHER: Du hast keinen anderen Ausweg gesucht als Kaplan, etwa ins Kloster zu gehen?
HOLL: Nein, so wichtig war es mir auch wieder nicht. Ich war

voll beschäftigt und im Jargon würde man sagen, es hat eine Verweltlichung eingesetzt, das Frömmigkeitsleben hat sich reduziert, und schon ist der Teufel vor der Tür gestanden, die fleischlichen Versuchungen und der Ehrgeiz. Ein Doktorat ist ja etwas Ehrgeiziges: Vielleicht komme ich doch einmal an die Universität und werde Professor. Da hat mich Professor Mitterer gefragt, ob ich Assistent werden möchte, auf der katholischen Fakultät. Ich habe ja gesagt, bin Assistent geworden und habe dann eine Laufbahn vor mir gesehen bis zum Universitätsprofessor. Und das hat mir alles nicht gutgetan. Die Frömmigkeitskultur ist zurückgetreten und einer weltpriesterlichen Tätigkeit gewichen, wo man dann auch herumrennen muß, um für das Jugendheim S 200.000,— Subvention zu bekommen, alle diese administrativen Geschäftigkeiten, die mit der inneren Frömmigkeit nicht mehr viel zu tun haben.

GEHMACHER: Da ist die Weiche für dich gestellt worden?

HOLL: Ich bin auch nicht demütig gewesen. Ich wollte hinauf, am liebsten Universitätsprofessor oder vielleicht Kardinal, letzteres sicher nicht mehr bewußt. Ich hätte mich nicht getraut, mir das einzugestehen. Aber bescheiden war ich nicht, ich war unruhig und wollte weiter hinauf.

GEHMACHER: Mit Demut hast du dich nicht geplagt?

HOLL: Nein, überhaupt nicht. Demütig war ich nie.

GEHMACHER: Das ist ja eine besondere Art von Stolz. Demut kann auch sehr verlogen sein.

HOLL: Wenn man mit Geistlichen spricht, da gibt es einen ganz anderen Typ. Ich denke an den Pfarrer von Schwechat, Dr. Blasche, der einfach von seiner Priesterweihe weg nach Schwechat geschickt wurde als Kaplan und heute noch immer dort Pfarrer ist. Der weiht einfach sein Leben dem Dienst an diesen Menschen dort. Das ist eine ganz andere Motivation, als ich sie hatte.

GEHMACHER: Vielleicht warst du immer schon auf Distanz zu manchen Grundforderungen der Kirche.

HOLL: 1971 ist mein Buch erschienen, 1973 hat der Kardinal mir mitgeteilt, er kann das nicht länger durchgehen lassen, weil ich ja nicht aufgehört habe, meine Dinge zu vertreten. Dann hat er mir meine kirchliche Lehrbefugnis entzogen, damit war es auf der Universität aus. Ich hatte ja nur eine Dozentur. Und die Predigten waren aus. Ich bin dann aus dem Pfarrhaus hierher übersiedelt. 1976 hat der Kardinal mir das Messelesen verboten, oder verbieten müssen, wenn man ihm das zubilligt. Das war natürlich ein Ablösungsprozeß, der nicht ohne Schmerzen vor sich gegangen ist.

GEHMACHER: Wie hast du das verarbeitet? Irgendwann bist du auf einen Punkt gekommen, wo du dich gelöst hast.

HOLL: Nachdem ich die Messe nicht mehr zelebrieren durfte, bin ich nie mehr in die Kirche gegangen, da war ich zu stolz dazu. Vorher war ich der Chef, und wenn ich vorne das Kreuz gemacht habe, sind die Leute hinten niedergekniet. Und dann soll ich hinten knien und das konsumieren? Dazu habe ich mich nie bereit erklärt. Ich hatte dann keine gottesdienstliche Routine mehr, das ist weggefallen. Ich habe aufgehört zu beten, denn mein wichtigstes Gebet war eben das Messelesen.

Ich habe mir das selber nie eingestanden, aber allmählich sind dann die alten Glaubensgewissheiten verblaßt. Im Urlaub bin ich aufgewacht mit dem Gedanken, du hast deinen Glauben verloren. Es war ein Erschrecken. Ich würde mich heute noch als religiösen Menschen bezeichnen. Da gibt es sehr interessante Parallelen zu Kommunisten. Wenn du ein Interview mit einem interessanten ehemaligen Kommunisten hörst, wird er ähnliche Dinge erzählen.

GEHMACHER: Aber du warst ja noch angestellt in der Kirche?

HOLL: Das Geld war 1972 zu Ende. Ich habe aber damals schon Geld verdient, da das Jesusbuch ein Erfolg war. Der Verlag hat gesagt, schreiben Sie das nächste Buch. Der Übergang war mühelos, ich habe nie Probleme gehabt. Ich war mit Journalisten zusammen, ich war mit Leuten zusammen, mit denen ich früher nichts zu tun hatte, mit Politikern, ich habe mit Verlagsleuten zu tun gehabt. Ich habe neue Gesellschaftskreise betreten, das war alles sehr aufregend und interessant. Ich habe die Fertigkeit gelernt, ein Interview zu geben, Artikel zu schreiben, nicht nur für Kirchenzeitungen. Im Buch „Tod und Teufel", das ich 1972 geschrieben habe, sieht man schon, daß in mir noch sehr vieles umkämpft war. Da fühlt man schon noch, daß das ein sehr leidenschaftliches Buch ist.

GEHMACHER: Das mündet dann in eine stabile, geordnete Lebensbahn? Eine Reifung?...

HOLL: Ja, so würde ich es schon sehen. Ich hatte die aufregendste Zeit mit 16, wo ich mir die Frage gestellt habe, wirst du Priester, wirst du nicht Priester. Aber ich glaube, die intensivste Zeit war zwischen meinem 30. und 40. Lebensjahr. Mit dem Buch ist dann schon der Bruch mit der Kirche eingeleitet gewesen. Zwischen 1960 und 1970 entdeckte ich auch die geschlechtliche Liebe. Zwischen 1970 und 1980 entstand dann ein neues Arbeitsfeld, wo ich gelernt habe, was man können muß als freier Schriftsteller. 1979 ist mein Buch über Franz von Assisi erschienen. Seitdem ist aber etwas geschehen: keine Schreibkrise, aber das Suchen nach Formen, die sich nicht mehr so einfach einordnen lassen als Sachbuchproduktion. An dem Buch Franz von Assisi habe ich eineinhalb Jahre geschrieben. Das Buch, das jetzt im Herbst erscheinen wird, über die Keuschheit, das ist ein experimentellerer Text. Ich habe drei Jahre gearbeitet und es hat 200 Seiten. Von 1985 bis 1988 habe ich kontinuierlich an einem Text geschliffen und gefeilt und herumgeändert, wo ich früher ein Dreivierteljahr geschrieben hätte. Es gab in diesem Jahrzehnt, das sich dem Ende zuneigt, ein Suchen nach einer Form des Schreibens, die nicht mehr die belehrende Art hat, wie ich sie früher gehabt habe, die ein bißchen literarischer sein soll - das erwähne ich jetzt nur.
GEHMACHER: Reife ist, wenn man sich um etwas Bleibendes bemüht.
HOLL: Ich schreibe heute weitaus langsamer. Natürlich, wenn der Hessische Rundfunk etwas will über das letzte Abendmahl, das schreibe ich wie ein Profi, eine Woche und die 15 Seiten sind im Kasten. Wenn ich jetzt an das letzte Buch denke, da wird es viel langsamer, manchmal an einem Tag nur ein bis zwei Seiten, während ich früher 5 bis 6 am Tag geschrieben habe. Ich setze mich damit ein bißchen zwischen die Sessel im Literaturbetrieb; die Texte, die mir jetzt am wichtigsten sind, die kann man weder als Belletristik bezeichnen noch als Sachbuch. Das nächste werde ich als Belletristik herausgeben, was natürlich auch wieder nicht richtig ist, weil ich ja nicht fiktionalisiere. Ich sitze da ein bißchen in der Mitte, und das leiste ich mir halt, das interessiert mich. Heute würde mir zum Beispiel nicht mehr die Idee kommen, über den Aurelius Augustinus eine Biographie zu machen, das würde jeder Verlag gerne nehmen, sie würden mir auch einen Kosten-

vorschuß geben, ich werde es aber nicht machen, weil es mich nicht mehr interessiert, eine Biographie zu machen, von der Geburt bis zum Tod. Diese Linearität interessiert mich nicht mehr.

GEHMACHER: Aber das heißt, daß du dir das leisten kannst.

HOLL: Ja, das Geld kommt rein. Wenn ich wieder einmal das Gefühl habe, ich will ein Buch schreiben, weil mich das Thema interessiert und auch die Art und Weise, wie ich es schreibe, dann werde ich es auch machen.

GEHMACHER: In dem steckt ja auch ein Stück Religion drinnen, oder doch eine metaphysische Zielsetzung. Wie bist du mit dem Gottesbegriff fertiggeworden?

HOLL: Ich kann da jetzt nur sagen, es ist eine Intentionalität da. Mir ist einmal komischerweise das Wort auf lateinisch eingefallen - „Intentio pura", die reine Intention - das heißt, vom Ich geht ein Pfeil weg, ein Suchpfeil. Man schickt Wellen aus. Ich fühle in mir immer noch das Bedürfnis, mich in Beziehung zu setzen zu einem „Super-Du". Zu diesem „Super-Du" brauche ich mich gar nicht erst auszurichten. Also, ich brauche nicht zu sagen: So, jetzt werde ich beten. Vielmehr, ich bringe das gar nicht weg. Es ist da. Wenn du mich aber fragst: „Glaubst du an Gott?", dann bringst du mich in die größte Verlegenheit. Die asiatische Sache, mit dem Einssein mit dem Kosmos, gibt mir gar nichts. Wenn ich im Urlaub aber wieder einmal in eine schöne alte Kirche marschiere, weil sich das kunstgeschichtlich gehört, fühle ich mich dann wohl, wenn es eine Kirche ist, in der der Geruch stimmt und dieses rote Lichtlein vorn ist, das in den katholischen Kirchen immer brennt. Also dort ist Gott.

Wenn du mich aber fragst: „Glaubst du, daß dort der Gott ist?", dann würde ich sagen: Das ist ein Problem. Aber hinschauen will ich schon, und wenn es das nicht mehr gäbe, weil es der Papst anordnet, dann würde mir etwas fehlen.

Ein weiterer Gedanke, der vielleicht im Zusammenhang interessant sein mag, ist folgender. Das ist einige Jahre her, das war in Salzburg, im Dom, da bin ich stehengeblieben beim Sakramentsaltar und habe nicht gebetet. Ich habe nur hingesehen, und da ist mir der Gedanke durch den Kopf gegangen: Warum eigentlich immer ich, warum soll ich mich immer anstrengen? Schließlich und endlich, wenn eine Instanz da ist, dann sollen sich die höheren

Mächte anstrengen, sollen die etwas machen, sollen Offenbarungen, Erscheinungen oder Wunder tun. Das ist ein Gedanke, der mir damals durch den Kopf gegangen ist, den ich heute noch mit einem gewissen Schmunzeln zur Kenntnis nehme, doch er ist für mich eigentlich durchaus wahr. Warum die Anstrengung, die religiöse Bemühung, dieses ewige Aussenden? Bist du da, sag doch was, hilf, was eigentlich Beten ist! Warum soll das eigentlich immer bei mir liegen? Wenn schon, denn schon, wenn was ausgestrahlt wird, dann könnte doch einmal, bitte, auch eine Antwort kommen.

Das beschreibt ein bißchen meine jetzige Verfassung. Ich brauche also nicht, was zu einer religiösen Tätigkeit gehört, daß man regelmäßig zu einem Gottesdienst geht, daß man persönliche Gebete, Betrachtungen und sonstige Frömmigkeitsübungen absolviert. Wenn ich es brauchen würde, dann würde ich es machen. Auf der anderen Seite muß ich sagen, daß ich für diese ganz bestimmten Glücksgefühle beim Zelebrieren der lateinischen Messe keinen Ersatz gefunden habe. Da ist etwas unabhängig von mir den Bach hinuntergeschwommen, denn die lateinische Messe wurde bekanntlich abgeschafft. Das ist vorbei.

GEHMACHER: Und gibt es nicht Ersatz in der Kunst?

HOLL: Nein, nein, dafür gibt es keinen Ersatz. Diese Art von Schwebezustand, wenn du sehr schöne alte Texte auswendig rezitierst und dabei die Körpersprache hast, die Verneigungen, alles vorgeschrieben, und dann blätterst du im Buch, gehst von links nach rechts, hast einen goldenen Kelch, die Kerzen brennen, Gold und Silber vielleicht, und die Gedanken können wandern.

GEHMACHER: Hast du nie versucht oder den Gedanken gehabt, eine andere Religion auszuüben?

HOLL: Nein, wirklich nicht. Eine liebe Freundin, eine Kulturanthropologin, die ein bißchen Ekstasetechniken macht, die hat gespürt, daß ich das vermisse. Sie hat ein schönes Grundstück erworben in Neumexiko und hat mit diesem indianischen Geist so eine Art von Beziehung aufgebaut. Sie hat mir gesagt, daß ich sie besuchen soll und sie wird mich dann einführen und die Geister werden auch zu mir freundlich sein. Ich war aber sehr rüde und habe gesagt, wer einmal die h-moll-Messe von Johann Sebastian Bach gehört hat, der braucht kein Indianerpfeiferl mehr. Das war rüde und wahrscheinlich aus einer Verletzung heraus gesagt, aber dazu stehe ich immer noch. Diese unbeschreiblich elaborierte Kultur der lateinischen Messe, wenn man die einmal selbst gelesen hat, da gibt es keinen Ersatz. Dieser Abschied von der lateinischen Messe ist von einer gewissen Wehmut. Ich bin aber da ein bißchen vorsichtig. Mit der Wehmut alleine kann man nicht leben. Ich habe aber auch nicht das Bedürfnis, unbedingt eine neue Religion erfinden zu müssen. Es gibt allerdings etwas, darauf muß ich beharren, wenn ich von Religion schon rede, eine Art von religiöser Kultur, die verschwunden ist, mit der ich aufgewachsen bin und deretwegen ich das geistliche Amt überhaupt angestrebt habe. Die ist jetzt im Verschwinden begriffen, da kann ich aber leider nichts dagegen machen. Ich kann nicht hergehen und irgendwo in einer alten Kapelle eine lateinische Messe zu lesen beginnen, ohne Erlaubnis, mit ein paar Freunden, nur damit ich mir ein gutes Gefühl gebe. Das würde mir völlig widersprechen. Das wäre eine Selbsttäuschung. Damals, als sie mir das Messelesen verboten haben, haben meine Freunde und Bekannten gesagt, du kommst zu uns in die Wohnung und da machen wir weiter die Messe. Ich sagte damals, ich denke nicht daran, ich will ja keine Sekte gründen und lachhaft werden. Der Punkt, der mir geblieben ist, diese Intentio Pura wäre in diesem Fall inhaltslos. Es ist längst nicht mehr die heilige Kommunion, nach der ich mich sehne, sondern es ist eher, was man im Katholischen sagt, die Realpräsenz. Die göttliche Gegenwart. Das ist das, was mir immer noch ein bißchen was sagt.

Aber wenn du mich fragst: Glaubst du, daß *Er* immer noch da ist? Dann sage ich: Laß mich in Ruhe, so darf man nicht sprechen.

Manchmal habe ich das Gefühl, daß Er, sagen wir Er, traurig ist. Es geht ihm nicht sehr gut. Wenn ich in einer Kirche bin und ein bißchen meine Ruhe habe, geht mir durch den Kopf, na ja, der Chef ist traurig. Also solche Gedanken können mir schon kommen, das heißt, die Sache ist überhaupt nicht erledigt.

Der sonderbare Heilige

Über Adolf Holl brauche ich keine Interpretation nach dem üblichen Strickmuster wissenschaftlicher Analysen zu schreiben.

Adolf Holl ist Intellektueller genug, um diese Interpretation im Interview selbst zu leisten. Und tatsächlich gewährt seine offene und tief in die Erinnerung greifende Selbstdarstellung Einblicke in die Wurzeln einer Persönlichkeit und in das psychische Muster eines großen Lebensentscheides, wie das in einer abstrakten Deutung nie so lebendig einsichtig gemacht werden könnte. Nach diesem langen Interview erübrigt sich eine Deutung.

Eine analytische Zergliederung würde mir aber hier auch schwer fallen. Zu Adolf Holl habe ich eine persönliche Beziehung, die es mir schwermachen würde, ihn durch die scharfe Linse der Objektivität zu sehen. Ich meine dabei nicht das kollegiale Du-Verhältnis, das uns in der Gemeinschaft österreichischer Sozialwissenschaftler und öffentlich bekannter Personen verbindet, auch nicht die gemeinsame progressiv-kritische Gesellschaftssicht (die wahrscheinlich, näher betrachtet, in vielen Details gar nicht so gemeinsam ist). Adolf Holl war in einer Phase meines Lebens Anstoß für mich - nicht Vorbild oder gar Guru, im Gegenteil, fast eher ein Ärgernis, eine Herausforderung. Er übte Wirkung auf mich aus, er machte mich nachdenken in einem Maß, das weit über die flüchtigen Kontakte mit ihm hinausging. Und zwar in moralisch-ethischer Hinsicht.

Ich hatte mich, es muß in der Periode nach der Achtundsechziger-Bewegtheit gewesen sein, intensiv der Politik zugewandt. In den Jahren davor war ich hauptsächlich in der Marktforschung tätig gewesen, ein Methodenperfektionist geworden, Spezialist in der Umfrageforschung. Die Aufbruchsstimmung der Linken riß mich mit, wenngleich ich schon etwas zu alt und zu sehr dem wissenschaftlichen Objektitivitäts-Ethos verpflichtet war, um in eine revolutionäre Stimmung zu verfallen. Doch der Kreisky-Sozialismus verhieß mir eine Chance, mein neues Fachwissen für faszinierendere Zwecke zu verwenden, als Waschmittel und Autos zu verkaufen.

Da begegnete ich Adolf Holl bei Veranstaltungen der jungen

Soziologengemeinde, wo er als Moderator die Diskussion leitete oder sich auch in langen, oft hitzigen Gesprächen hin und wieder einbrachte. Er hatte schon einen Namen als dissidenter Priester, als kompromißloser Rebell gegen eine konservative Kirche.

Meiner damaligen Vorstellung nach mußte dieser Mensch ein asketischer „Fanatiker" sein, ein wortgewaltiger Verfechter seiner Ideen, der Prototyp des „Achtundsechzigers", nur vergeistigter, um das Religiöse bereichert (das ich immer als enorme Gesellschaftskraft, gleichwertig neben den ökonomischen Motiven, verstanden habe).

Sein Aussehen bestärkte mein Vorurteil. Schmallippig, mit durchdringendem Blick, in den Bewegungen verhalten, aber doch etwas nervös. Und dann moderierte er die Diskussion. Er registrierte jede Wortmeldung, aber mehr, er machte, ohne viele Worte, jedem Mut, sich zu melden. Er ließ jeden ausreden, wie lange es auch immer dauerte. Er hörte aufmerksam zu. Wenn etwas unklar schien, bat er um Erklärung. Und er fand vieles unklar. Anfangs lächelte ich über diesen Trick des Sich-dumm-Stellens, ich kannte das. Nach zwei Stunden aber sah ich darin keinen Trick mehr. Seine Fragen machten die Diskussion tiefer, sie verlockten dazu, sich mit den „glatten" Begriffen auseinanderzusetzen. Doch am mächtigsten wirkte die Geduld dieses Mannes. Er schnitt niemandem das Wort ab, er drängte auf keinen Abschluß, auf kein Resultat. Er sorgte nur, daß alles gesagt wurde, daß jede Meinung zum Vorschein kam. Es war nach drei Stunden ermüdend, aber gleichzeitig faszinierend.

In mir stieg ein sonderbarer Gedanke auf: Das ist das erstemal, daß ich Demokratie in reiner Form erlebe, das Gespräch unter wahrhaft Gleichen. So wird es einmal im Jahr 3000 sein, wenn die Menschheit bis dahin überlebt: jeder Mensch und jede ehrliche Meinung ist gleich viel wert, und das nicht als egalitäre Phrase und Verkrampfung, sondern völlig selbstverständlich.

Nicht, daß ich diesem Eindruck sofort nachgab. An Einwänden fehlte es mir nicht. Gut, dieser Holl hat seine Gruppendynamik eben gelernt, ein Priesterseminar bietet einer begabten Alpha-Persönlichkeit - wie das die Manager nennen - auch ein beachtliches Training. Ein einmaliger Eindruck kann einen Statistiker nicht überzeugen.

Bei einigen weiteren Zusammentreffen mit diesem Holl (sehr viele waren es nicht) beeindruckte mich noch etwas: er verwendete, wiewohl zweifacher Doktor, zur Lösung auch der kompliziertesten Probleme eine einfache Volkssprache und eine klare Logik, ohne akademische Spitzfindigkeit. Auch das provozierte mich.

Ich las dann, was er geschrieben hatte. Ich dachte über ihn nach. Das Ergebnis war, daß ich zu einem sehr einfachen Verhältnis zu Holl fand: „Er braucht mich nicht. Ich brauche ihn nicht. Wir leben in sehr unterschiedlichen Sphären.“ Doch war mir auch klar, daß er in zwei meiner eigenen Lebensziele mir ein Vorbild gesetzt hatte, das in mir fortwirkte: in dem Ideal einer gelebten egalitären Demokratie - und in der Bemühung, mich Menschen verständlich zu machen. Beide Ziele enthalten eine metaphysische Dimension, ein Streben nach etwas Absolutem, nie ganz Einlösbarem.

Mir ist aber auch klar, daß Adolf Holl nicht als Person auf mich wirkt. Es gibt viele Menschen, die in ständigem Kontakt mein Leben formen, meine Frau, meine Kinder, meine Mitarbeiter, meine Freunde. Er, Adolf Holl, hat ganz anders, völlig unpersönlich auf mich Einfluß genommen, als Idee sozusagen.

Ich gehe einen anderen Weg als er. Wäre er Leiter einer Firma und stünde mitten im Wissenschaftsbetrieb wie ich - er könnte schwerlich soviel demokratische Geduld und eine solche Klarheit der Aussagen an den Tag legen. Seine Wirkung ist auch nicht die eines „Machers", sondern die eines Katalysators. Wie solch eine Wirkung entsteht, aus einer Erziehung zur Wahrhaftigkeit, aus einem Ringen um Selbstbestimmtheit, das ist mir aus diesem Interview deutlicher geworden. Welche Lehre läßt sich daraus für das Lebensmanagement ziehen?

Vielleicht, daß wir uns, wenn es um die Klärung unserer Lebensziele geht, so etwas wie „Provokateure des Idealen“, also „Heilige“ suchen sollten. Vorbilder im Tun und Handeln - aber ohne uns darüber zu betrügen, daß auch sie Menschen mit ihren eigenen Anliegen und Sorgen sind und durchaus keine Heiligen.

INTERVIEWEN SIE SICH SELBST... NACHDENKFRAGEBOGEN ZUM „LEBENSMANAGEMENT“

Wer dieses Buch gelesen hat, hat schon über sein Leben nachgedacht. Doch wer ein solches Bilanz-Ziehen über sein eigenes Leben - oder auch über das Leben ihn interessierender Personen - systematischer betreiben will oder wer einfach gern mit Zahlen spielt, der findet hier einen Fragebogen nach Art eines Quiz oder mancher psychologischer Tests zur Selbstanwendung. Doch sei gleich eines klargestellt: Es gibt keinen wissenschaftlichen Test, der die Lebenslage eines Menschen als ganzes erfaßt. Wer diesen Fragebogen ausfüllt, erfährt im Ergebnis nur das, was er selbst angegeben hat, also nur die Summe des eigenen Nachdenkens. Das heißt, die Resultate sind so gut wie die eigene Urteilsfähigkeit und Aufrichtigkeit.

Der Fragebogen ist also nur ein Behelf zum ehrlichen Nachdenken und fürs Zusammenrechnen der vielen einzelnen Gedanken und Urteile.

Die Fragen folgen einer Theorie, eben jener, die in diesem Buch dargestellt und exemplifiziert ist. Wer das Buch gelesen hat, wird damit keine Schwierigkeiten haben - obwohl wahrscheinlich ist, daß er manche Punkte dieser Theorie ablehnt oder für ihn unpassend findet. Der Fragebogen ist leichter, wenn man das Buch gelesen hat. Das Buch ist sozusagen die Einleitung und Gebrauchsanweisung für den Nachdenkfragebogen - und daher können die Fragen auch kurz sein und gewisse Ausdrücke verwenden, die sonst erst lang erklärt werden müßten. Doch handelt es sich um Fragen der Lebenserfahrung, die an sich jedem zugänglich sind. Das Leben ist so vielfältig, daß kein einfaches Schema dem wirklich gerecht werden kann.

Wie jeder Fragebogen strotzt auch dieser von Vergröberungen und Vereinfachungen. Doch wer braucht fein vorgekaute Gedanken zum eigenen Nachdenken?

Anmerkungen zur Skalierung

Auf alle Punkte des Fragebogens ist eine abgestufte Beurteilung zu geben, wie sehr die jeweilige Feststellung auf die eigene Person zutrifft.

Für alle Fragen wird dabei eine einheitliche einfache Skalierung verwendet, mit den Stufen

0 = gar nicht bzw. neutral, weder plus noch minus
1 = deutlich und zweifelsfrei in einer Richtung (plus oder minus), aber nicht sehr stark
2 = sehr stark, deutlich, ausgeprägt, intensiv fühlbar (plus oder minus)
3 = extrem, äußerst schwerwiegend und bedeutsam, Höhepunkt (plus oder minus) – (diese Einstufung sollte sparsam gebraucht werden).

Es gibt keine Angaben, was ein bestimmter Punktewert bedeutet. Dafür müßte der Fragebogen an einer repräsentativen Stichprobe der Bevölkerung geeicht sein – was nicht der Fall ist (dazu müßten schon tausende Personen den Fragebogen ausgefüllt und noch dazu abgegeben haben). Zudem: was bedeutet es schon, überdurchschnittlich zu sein, die Hälfte der Bevölkerung ist es.

Die Punkt-Summe, welche der interessierte Fragebogen-Ausfüller in einem Bereich erreicht, spiegelt (das soll noch einmal betont sein) seine eigene Einschätzung wider. Da mag der eine schon etwas als „extrem“ einstufen, was für den anderen erst ein „deutlich“ wäre.

Für Statistik-Fans wäre es ein Hinweis, diese drei Plus-Minus-Stufen als Standard-Abweichungen psychologischer oder soziologischer Normalverteilungen zu verstehen – was (auch für den Nicht-Mathematiker verständlich) etwa heißt, daß die Kategorie 3 nur Extremen gebührt, die man etwa in einem Prozent aller Fälle erlebt oder die nur für einen unter hundert Menschen bezeichnend sind.

Das Zusammenrechnen so einfacher Skalenwerte ist leicht, es werden dafür Formeln vorgeschlagen, die für jeden unserer theoretischen Bereiche zu einem Gesamtwert führen, der zwischen +15 und -15 liegen kann (also fünfmal den Extremwert 3, was allerdings schon außergewöhnliche Eigenheiten bezeichnet). Der Sinn der Übung liegt aber weniger im Anhäufen von Punkten als in der Anregung, sich über Stärken und Schwächen klarer zu werden.

Recht aufschlußreich kann es auch sein, den Fragebogen unter Partner oder „en famille" jeweils für ein Gegenüber auszufüllen – also ein Selbstbild mit dem „Freundbild" zu vergleichen. Bitte, aber mit Taktgefühl und Vorsicht: ein Forschungsprojekt „Revealed Differences" (also etwa: „entlarvte Meinungsunterschiede") mußte abgebrochen werden, wegen familiärer Unruhestiftung. Allerdings handelte es sich dabei nicht um Leser eines Buches wie diesem, von denen man wohl ein hohes Maß an Geduld und Offenheit für neue Erfahrungen voraussetzen darf

A: Die Wirklichkeit im Kopf – Innenwelt

1. Wie stark sind Sie von bestimmten Ideen und Gedanken, von Leidenschaften und Bestrebungen besessen?

   – Mein inneres Erleben ist total auf bestimmte Ideen ausgerichtet. + 3

   + 2

   + 1

   – Ich habe kaum vorherrschende Gedanken und Gefühle, lasse mich von den gerade anfallenden Anregungen leiten. 0

   (1 und 2 sind entsprechende Zwischenstufen) A1

2. Wie angenehm oder unangenehm sind Ihre vorherrschenden Ideen und Gefühle, ganz gleich, wie sehr Sie nun davon besessen sind?

   – Meine gedankliche Innenwelt ist für mich eine Quelle

großen Glücks und Wohlbefindens. + 3

+ 2

+ 1

– Es gibt da keine vorherrschende Stimmung, angenehme und unangenehme Gedanken und Gefühle halten sich in etwa die Waage. 0

- 1

- 2

– Mir drängen sich furchtbar quälende und traurige Gedanken und Gefühle auf. - 3

A2

3. Wie gut beherrschen Sie Ihre Stimmung und Gefühle, Ihre Ängste und Leidenschaften?

– Perfekt, ich habe sie völlig im Griff, lasse ihnen aber auch so viel freien Lauf, daß ich ein reiches Innenleben habe.

+ 3

+ 2

+ 1

– Ich bin oft unbeherrscht und werde von meinen Gefühlen mitgerissen, doch leide ich darunter nicht. 0

- 1

- 2

– Es ist furchtbar, wie sehr ich meinen Affekten ausgeliefert bin, ich leide schwer darunter. - 3

A3

4. Wie ist Ihre Grundstimmung, wenn Sie einen Durchschnitt aus allen Hochs und Tiefs ziehen?

– Ohne zu prahlen, ich bin ein gelassener und fröhlicher Mensch, schlechte Stimmungen kenne ich, derzeit - niemand ist gegen Schicksalsschläge gefeit - überhaupt nicht.

+ 3

+ 2

+ 1

- Bei allen Härten meines Lebens halte ich die Balance noch so, daß ich mich nicht als unglücklich bezeichnen würde - aber viel zu lachen habe ich nicht. 0

  - 1

  - 2

- Schwer depressiv. - 3

A4

SUMMENWERT A: (A1 x A2) + A3 + A4

B. Von Bildern geformt – Vorbild und Selbstbild

1. Wie stark haben Sie sich in Ihrem Leben nach Vorbildern ausgerichtet, seien das nun lebende Personen, Idealgestalten oder große Leitideen?

   - Mir haben immer Vorbilder vor Augen gestanden, meine Gewohnheiten und meine Lebensentscheide werden durch sie stark beeinflußt. + 3

     + 2

     + 1

   - Nie, nicht einmal in meiner Jugend, habe ich mich an Vorbildern orientiert, ich bin im wesentlichen immer meinen eigenen Vorstellungen gefolgt. 0

   B1

2. Ganz gleich, wie sehr oder wie wenig Sie Vorbilder als Leitlinie genommen haben, wie gut haben Ihnen diese Vorbilder im Leben weitergeholfen?

   - Meine Erfolge und mein Glück im Leben verdanke ich ganz entscheidend dem Ansporn und der Orientierung, die ich von den Vorbildern gewonnen habe. + 3

     + 2

     + 1

   - Manches hat mir geholfen, oft haben mich meine Vorbilder

eher lächerlich gemacht oder fehlgeleitet, im Saldo gleicht sich das aus. 0

- 1

- 2

– Meine Vorbilder haben mich zu schwerwiegenden Fehlern verführt, ich wurde durch sie zutiefst frustriert, sie haben mir schwer geschadet. -3

B2

3. Wie zufrieden sind Sie mit Ihrem bisherigen Leben, mit dem, was Sie erreicht und an Glück und Freude genossen haben?

– Ich bin ehrlich stolz auf meinen Lebenserfolg, ich habe mehr erreicht und ein besseres Leben gehabt, als ich mir erhofft hätte. +3

+2

+1

– Ich könnte nicht sagen, daß ich viel erreicht habe - doch bin ich immer schlecht und recht durchgekommen. 0

- 1

- 2

– Ich muß sagen, daß ich vom Leben hart geschlagen und bitter enttäuscht wurde: zufrieden kann ich absolut nicht sein (auch wenn ich vielleicht an meinem Mißgeschick in mancher Beziehung gewachsen und gereift bin). - 3

B1

4. Wie sehr hat Ihnen Ihr Ehrgeiz geholfen, zu sich selbst zu finden und Ihre Persönlichkeit zu entwickeln, beziehungsweise, wie sehr hat Ihnen Ihr Ehrgeiz Frustration und Leiden gebracht?

– Mein Ehrgeiz war und ist eine starke Antriebskraft, das Beste aus mir herauszuholen, er hat mich zu mir selbst geführt. + 3

+ 2

+ 1

– Ehrgeiz spielt in meinem Leben keine Rolle. 0

- 1

- 2

– Mein Ehrgeiz hat mich vorwiegend ins Unheil verleitet, ich habe mich selbst maßlos überfordert und mir damit viel geschadet. - 3

B4

SUMMENWERT B: (B1 x B2) + B3 + B4

1. Wie gesund sind Sie?

– Kerngesund, habe auch nie an längeren Krankheiten oder Beschwerden gelitten. + 3

+ 2

+ 1

– Nicht wirklich krank, aber mit einigen Beschwerden (wie sie viele Leute haben), anfällig für Erkrankungen. 0

- 1

- 2

– Leidend, oft an der Grenze des Erträglichen. - 3

C1

2. Wie hoch schätzen Sie Ihre körperliche Tüchtigkeit und Fitneß ein?

– Topfit: für mein Alter gehöre ich beim Sport, beim Ertragen von Strapazen und in meiner körperlichen Arbeitskraft (Belastbarkeit) zu den Besten. + 3

+ 2

+ 1

– Ich bin kein Sportler und auch sonst körperlich nicht trainiert, aber normale körperliche Betätigungen - wie längere Spaziergänge, ein bißchen Schwimmen oder Radfahren

oder Pistenrutschen - machen mir keine Beschwerden. 0
- 1
- 2

– Jede körperliche Anstrengung (auch schon das Treppensteigen) macht mich fertig; wenn ich mich körperlich strapaziere, werde ich meist krank. - 3
C2

3. Ganz gleich, wie gut der eigene Körper „funktioniert", kann man sich in Harmonie mit ihm befinden, also mit ihm zufrieden sein, oder ihn aber als unzulänglich und unverläßlich empfinden. Wie ist das bei Ihnen?

– Mit meinem Körper fühle ich mich in voller Harmonie, ich weiß, was er braucht und wo seine Schwächen liegen - und richte mich danach. + 3
+ 2
+ 1

– Darüber denke ich nicht viel nach, mit meinen körperlichen Leistungen bin ich zwar oft unzufrieden und so gesund, fit und schön bin ich lange nicht, wie ich sein möchte, aber ich beklage mich darüber selten. 0
- 1
- 2

– Fast müßte ich sagen: ich hasse meinen Körper, zu oft läßt er mich im Stich, er entspricht so gar nicht meinem Ich-Ideal. -3
C3

4. Wie hoch schätzen Sie Ihre natürliche Schönheit ein, also die Formen Ihres Körpers und die Züge Ihres Gesichts, einschließlich Bewegungsharmonie, Gestik, Mimik und andere körperliche Eigenheiten?

– Ich weiß, daß mir die Leute bewundernd nachschauen, auf die Wirkung meiner Schönheit kann ich mich verlassen (wobei mir das manchmal schon unangenehm sein kann). + 3

+ 2
+ 1

– Ich bin weder schön noch häßlich; auch wirke ich, je nach den Umständen, sehr verschieden. 0
- 1
- 2

– Ich weiß, daß ich an sich auf andere Menschen eher unangenehm und sogar abstoßend wirke. -3
C4

5. Wie gut sind Sie imstande, sich selbst so herzurichten und sich durch Kleidung, Aufmachung, Umgangsformen und Auftreten so zur Wirkung zu bringen, daß Sie auf andere Menschen Eindruck machen?

– Wenn ich es darauf anlege, kann ich mich so schön und interessant machen, daß ich meinem Idealbild entspreche, und ich tue das gern. + 3
+ 2
+ 1

– So viel verstehe ich mich schon herzurichten und aufzutreten, daß ich nicht unangenehm auffalle, doch „blenden" kann ich sicher nicht. 0
- 1
- 2

– Wenn ich einmal versuche, mich aufzuputzen oder auf Eleganz und Schönheit zu trimmen, so geht das garantiert daneben - ich blamiere mich dann sicher. 3
C5

SUMMENWERT C: C1 + C2 + C3 + C4 + C5

D. Das Streckbett der Gesellschaft – Erbe und Selbstverwirklichung

1. Wie gut hat Sie das Leben mit Chancen zur Bildung und

Selbstverwirklichung bedacht, gleich ob vom Elternhaus her oder im weiteren Lebensverlauf?

– Mit größter Gunst, nur wenige bekommen so gute Chancen und Gelegenheiten wie ich. + 3
+ 2
+ 1

– Durchschnittlich. 0
- 1
- 2

– Da wurde ich schwer benachteiligt. -3
D1

2. Wie begünstigt oder benachteiligt fühlen Sie sich bezüglich der sozialen Stellung, in der Sie sich jetzt befinden?

– Das Leben hat mich hier ausgesprochen privilegiert.
+ 3
+ 2
+ 1

– Da fühle ich mich weder begünstigt noch benachteiligt. 0
- 1
- 2

– Da wurde ich schwer benachteiligt. - 3
D2

3. Wie gut hat Sie das Leben mit Reichtum und Vermögen, mit-Lebensqualität bei Wohnung, Arbeit und Erholung bedacht, wiederum ganz gleich, ob ererbt oder erworben?

– Mit größter Gunst, nur wenige sind in ähnlich guter Lage.
+ 3
+ 2
+ 1

– Durchschnittlich. 0
- 1
- 2

- Ich lebe in wirklich beengten Verhältnissen, man könnte mit einiger Berechtigung sagen: in Armut. - 3

D3

4. Wie sehr konnten Sie sich selbst, im Widerstand gegen gesellschaftlichen Druck, durchsetzen und verwirklichen - ob nun im Beruf, bei der Partnerwahl, im Lebensstil oder in Ihrer Weltanschauung?

   - Ungeachtet aller gesellschaftlicher Anforderungen und Erwartungen bin ich immer meinen eigenen Weg gegangen, ohne dafür einen übermäßigen Preis zu zahlen. + 3

     + 2

     + 1

   - Ich mußte oft nachgeben und mich anpassen, doch ich habe mich dabei nicht völlig unterordnen müssen - in gewissen Bereichen kann ich mich schon verwirklichen. 0

     - 1

     - 2

   - Man hat mich völlig angepaßt und gebrochen: ich leide schwer darunter. -3

D4

5. Wie sehen Sie Ihre Zukunft, erwarten Sie da noch soziale Anerkennung, Erweiterung Ihres Erlebnisbereiches und Selbstverwirklichung - oder stellen Sie sich da eher schon auf einen Rückzug auf sich selbst ein, auf Ruhe und Vertiefung?

   - Ich bin fasziniert von den Möglichkeiten, die ich vor mir sehe, ich habe große Projekte. + 3

     + 2

     + 1

   - Eigentlich bin ich ganz zufrieden, wenn es so bleibt wie jetzt. 0

     - 1

     - 2

   - Mein Lebensweg geht bergab; manchmal quält mich das,

doch ich sage mir: Unvermeidliches in Würde zu ertragen, gibt dem Dasein eine Tiefe und Größe, die ihren eigenen Wert hat. - 3

D5

SUMMENWERT D: D1 + D2 + D3 + D4 + D5

E. Die Selbststeuerung – Glücksstrategie

1. Wenn Sie alle Genußmittel (Essen, Trinken, Sex, Rauchen usw.) und Vergnügungen (Unterhaltung, Kunstgenuß, Spiele, Hobbys usw.) zusammennehmen, wie groß ist der Genuß, den Sie daraus ziehen?

   – Orgiastisch und alles durchwebend, bis an die Grenze meiner Genußfähigkeit. + 3

   + 2

   + 1

   – Ich ziehe aus Genußmitteln und Vergnügungen keinen Genuß. 0

   E1

2. Wie schwer wiegen die Reue und die nachteiligen Folgen (vom Katzenjammer bis zu Krankheit und schweren Gewissensbissen), die Ihre Genüsse nach sich ziehen?

   – Meine Art zu genießen hat (soweit ich das absehen kann) keine nennenswerten Nachteile und ich kenne auch kaum Reue darüber. 0

   - 1

   - 2

   – Ich leide immer wieder, werde aber immer wieder „schwach“, es ist ein verzweifelter Kampf mit mir selbst, den ich meist verliere. - 3

   E2

3. Wieviel Lust und Freude ziehen Sie aus Ihren „Verpflichtun-

gen", also aus Arbeit und Beruf, Leistungen und gesellschaftlichen Aktivitäten?

- Fast alle meine „Pflichten" sind mir reiner Genuß. + 3
  + 2
  + 1

- Die Verpflichtungen „absolviere" ich, ohne viele Gefühle, sie sind mir weder Last noch Genuß, Lust und Unlust halten sich die Waage. 0
  - 1
  - 2

- Fast alle meine Verpflichtungen empfinde ich als Last und Qual. - 3
  E3

4. Wie stark und tief sind Ihre religiösen Gefühle und ihre geistig-moralischen Ideale, gleich welcher Art (auch politischer oder weltanschaulicher Natur)? Wieviel Zeit widmen Sie dem Gebet, der Meditation oder anderen Formen der Besinnung?

- Ich versenke mich intensiv und oft, täglich, in solche Besinnung auf Höheres und Größeres, folge auch weitgehend den Geboten und Lebensregeln, die sich daraus ableiten.
  + 3
  + 2
  + 1

- Zu solcher meditativen Besinnung komme ich höchstens alle heiligen Zeiten; an sich liegt mir das nicht. 0
  E4

5. Und wie sehr beglücken oder wie sehr belasten Sie Ihre geistig-moralischen Ideale?

- Diese Besinnung auf Höheres und Größeres ist mir eine stete Quelle von Glück und Freude, selbst wenn ich mir manchmal dabei sehr klein vorkomme. + 3
  + 2
  + 1

– Das sind für mich feste Gewohnheiten und Selbstverständlichkeiten, von Glück oder Belastung würde ich da nicht reden. 0

- 1

- 2

– Mit meiner geistig-moralischen Selbstbesinnung gerate ich oft in schwere Gewissensqualen und Selbstvorwürfe, eigentlich quäle ich mich damit. - 3

E5

SUMMENWERT E: E 1 + E2 + E3 + (E4 x E5)

F. Die Glücksbilanz – Summe aus Lust und Leid

1. Wie oft erleben Sie in Ihrem Alltag (also im Verlauf einer normalen Woche samt Wochenende) Höhepunkte der Lust, des Glücks und des Wohlbefindens?

   – Es gibt oftmals, an guten Tagen mehr als einmal, Augenblicke, in denen man vor Glück jubeln oder weinen möchte.

   + 3

   + 2

   + 1

   – In meinem Alltag habe ich solche Höhepunkte nicht. 0

   F1

2. Und wie oft erleben Sie in Ihrem Alltag Tiefpunkte des Befindens, Verzweiflung und Niedergeschlagenheit, qualvolles Leiden?

   – Ich darf mich so glücklich nennen, daß ich das derzeit nicht erleben muß. 0

   - 1

   - 2

   – Mein Alltag ist leider derzeit von solchen Tiefpunkten immer wieder geprägt. - 3

   F2

3. Abgesehen von solchen extremen Höhen und Tiefen, von Lust und Leid - wie würden Sie Ihre durchschnittliche Befindlichekit während normaler Tage einschätzen?

– Hervorragend, mein Alltag ist angenehm, interessant und vergnüglich. + 3
+ 2
+ 1

– Es geht, im Durchschnitt gleichen sich schlechte und gute Momente aus, meist eilt die Zeit so dahin, daß ich nicht viel an Stimmungen empfinde. 0
- 1
- 2

– Mein Alltag ist so, daß ich meistens daran leide, Sorgen habe, mich ärgern muß, die schönen Stunden sind sehr selten. - 3
F3

4. Wieviel Glück haben Sie in letzter Zeit in außerordentlichen Erlebnissen gefunden, etwa bei Festen, im Urlaub, bei Reisen, durch persönliche Erfolge und Triumphe, durch einen Glücksfall oder eine Genesung, indem Sie einen Partner gefunden oder ein Kind bekommen haben?

– Sehr viel, ich habe da wirklich Wunderbares erlebt, das ich mein ganzes Leben nicht vergessen werde. + 3
+ 2
+ 1

– In letzter Zeit hatte ich eigentlich keine außerordentlichen Erlebnisse in diesem Sinn. 0
F4

5. Wieviel Leid und Unbehagen haben Sie in letzter Zeit durch außerordentliche Erlebnisse erfahren, etwa durch einen Unfall, eine Erkrankung, durch den Verlust eines nahestehenden Menschen, durch Mißgeschick verschiedenster Art?

– Glücklicherweise habe ich in letzter Zeit überhaupt nichts derart Bedrückendes oder Beeinträchtigendes durchmachen müssen. 0

- 1

- 2

– Ja, das Schicksal hat mich in letzter Zeit schwer geschlagen. - 3

F5

6. Wie zufrieden sind Sie, alles in allem, mit Ihrem bisherigen Leben?

– Sehr zufrieden, ich kann wohl sagen, daß ich vom Leben begünstigt bin, so ein erlebnisreiches, interessantes und glückliches Leben, wie es mir bisher vergönnt war, haben nicht viele. + 3

+ 2

+ 1

– Es geht an: ich mußte manches durchmachen und habe auch viele Enttäuschungen zu überwinden, aber ich hadere nicht mit meinem Schicksal - sehr vielen geht es schlechter als mir. 0

- 1

- 2

– Sehr unzufrieden, das Leben war bitter ungerecht zu mir. - 3

F6

7. Wie glücklich sind Sie, alles in allem, mit Ihren mitmenschlichen Beziehungen, in Liebe und Familienleben, in Freundschaften und Bekanntenkreisen, zu Übergeordneten und Untergebenen?

Ich lebe in voller Harmonie mit allen Kreisen der mir Nahestehenden, von den intimsten und engsten Beziehungen bis zu den freundschaftlich lockeren Verbindungen zu Kollegen und gleichgesinnten Bekannten bei verschiedenen

Aktivitäten; Feindschaften und langdauerndes Bösesein kenne ich nicht. + 3
+ 2
+ 1

– Es gibt leider auch viel an Konflikten und gespannten Verhältnissen in meinen mitmenschlichen Beziehungen; doch das gleicht sich wieder aus durch die Wärme und Herzlichkeit, die mir wirklich nahestehende Menschen gewähren.
0
- 1
- 2

– Ich bin, durch viele Enttäuschungen und schlimme Erfahrungen, sehr vorsichtig geworden; mitmenschliche Beziehungen haben mir so oft Leid zugefügt und geschadet, daß ich heute lieber auf Distanz bleibe; selbst in den wenigen echten Beziehungen, die ich habe, bringe ich mich nicht ganz ein. - 3
F7

SUMMENWERT F: F1 + F2 + F3 + F4 + F5 + F6 + F7

GESAMTWERTE:

A. Innenwelt

B. Vorbild und Selbstbild

C. Leiblichkeit

D. Erbe und Selbstverwirklichung

E. Glücksstrategien und Glückstechniken

F. Summe aus Lust und Leid

DIE INTERVIEWPARTNER

KURZBIOGRAPHIEN MIT BIBLIOGRAPHISCHEN HINWEISEN

Bastian, Gert, geboren 1923 in München. Nahm als Soldat am Zweiten Weltkrieg teil, verpflichtete sich 1956 als Berufsoffizier bei der neugegründeten Bundeswehr. 1980 quittierte er als General vorzeitig den Dienst, weil er das verteidigungspolitische Konzept der Bundesregierung nicht mehr billigen konnte. 1981 - 1987 war er zunächst grüner, dann parteiloser Abgeordneter im Deutschen Bundestag. Lebt in München.
Publikationen:
Ist der nukleare Rüstungswettlauf unvermeidbar? Freitag, 13. März 1981: General a.D. Gert Bastian in der Freien und Hansestadt Bremen, Dokumente. Vorw. u. hrsg. v. Klaus Hübotter. M. Klaußner, 1981.
In letzter Stunde. Aufruf zum Frieden. Von Walter Jens / Heinrich Albertz / Gert Bastian / Erhard Eppler / Eugen Kogon / Oskar Lafontaine / Alfred Mechtersheimer / Horst E. Richter. Hrsg. von Walter Jens. Kindler, 1982.
Tibet - ein vergewaltigtes Land. Berichte vom Dach der Welt. Hrsg. von Petra Kelly / Gert Bastian. rororo aktuell 12474, 1988.
Tibet klagt an. Zur Lage in einem besetzten Land. Vorw. von Franz Alt. Hrsg. von Petra Kelly / Gert Bastian / Klemens Ludwig.
P. Hammer, 1990.

Buddenbrook, Thomas, geboren 1827 in Lübeck, wo er 1875 starb. Getreidekaufmann, Konsul, Senator. Thomas Mann (1875 - 1955) modellierte diese Romanfigur nach dem Vorbild seines eigenen Vaters, der allerdings erst 1840 geboren wurde und 1891 starb. Der Roman „Buddenbrooks. Verfall einer Familie“ (Fischer TB, allg. Reihe 661) erschien erstmals 1901.

Crusoe, Robinson, geboren 1932 in York, Todesjahr unbekannt. Kaufmann, Seefahrer, Abenteurer. Lebte 28 Jahre lang alleine auf einer Insel. Sein Leben ist eine Erfindung des englischen Schriftstellers und Journalisten Daniel Defoe (1660 - 1731): Robinson Crusoe. Mit Holzschnitten von Ludwig Richter. Aus d. Engl. von Hannelore Novak. Insel-TB 41.

Duck, Dagobert und Donald. Ca. 1934 als Kopfgeburt Walt Disneys (1901 - 1966) zur Welt gekommen. Zählen bis zum heutigen Tage zu den beliebtesten Einwohnern Entenhausens wie der Comic-Welt überhaupt. Nähere Informationen findet man bei:
Die Ducks. Grobian Gans. Psychogramm einer Sippe. rororo 1481.
Donald Duck. 50 Jahre und kein bißchen leise. Unipart-Verlag, 1984.

Holl, Adolf, geboren 1930 in Wien. Katholischer Theologe, ursprünglich Priester. Geriet durch kirchen- und religionskritische Bücher in Konflikt mit der Kirche. Gab sein Kirchenamt 1973 auf. Seither Journalist und Schriftsteller in Wien.
Publikationen:
Jesus in schlechter Gesellschaft. Deutsche Verlags-Anstalt, 1971.
Der letzte Christ. Franz von Assisi. Ullstein TB 34069.
Lieber Papst. Schriften aus gegebenem Anlaß. Ullstein TB 34165.
Mystik für Anfänger. Vierzehn Lektionen über das Geheimnis des Alltäglichen. rororo 7252.
Religionen. Ullstein TB 34226.
Taufschein Katholisch. Prominente antworten auf die Frage: Wie hältst Du's mit der Religion? Eichborn, 1989.
Wo Gott wohnt. Ullstein TB 34617.
Die Zweite Wirklichkeit. Esoterik, Parapsychologie, Okkultismus, Grenzerfahrungen, Magie, Wunder. Ueberreuter, 1987.

Lauda, Niki (Nikolaus Andreas), geboren 1949 in Wien. Dreifacher Automobilweltmeister, Flieger und Unternehmer. Überlebte 1976 mit knapper Not einen schweren Autounfall, dessen Spuren noch immer sichtbar sind. 1979 gründete er die private Fluggesellschaft LAUDA-AIR. In mehreren Büchern hat er sein Leben erzählt:

NIKI LAUDA/ ALAN JONES / JACKY ICKX
Autoelite. Rolls Royce - Porsche - Mercedes - Ferrari. Motorbuch, 1987.
Niki Lauda. Meine Story. In Zusammenarbeit mit Herbert Völker. Orac, 1985 (vergriffen).
Niki Lauda. protokoll. Meine Jahre mit Ferrari. Orac, 1977 (vergriffen).

Lenssen, Stefan, geboren 1955 in Zeitz/DDR. War bis 1986 Ingenieur für Konstruktion und Berechnung in der DDR. Verlor seine Stelle, als er einen Ausreiseantrag in die BRD stellte. 1989, kurz vor dem Fall der Mauer, wurde ihm die Ausreise gestattet. Lebt und arbeitet jetzt in Herzogenaurach bei Nürnberg.

Nenning, Günther, geboren 1921 in Wien. Promovierte 1949 zum Dr.phil und 1959 zum Dr.rer.pol. Arbeitete als Journalist und Herausgeber der Zeitschrift „Forum", war Mitglied der SPÖ und Vorsitzender der Journalistengewerkschaft. 1985 wurde er aus Partei und Gewerkschaft wegen angeblich parteischädigenden Verhaltens ausgeschlossen. Heute ist er als Journalist für Presse und Fernsehen in allen deutschsprachigen Ländern tätig.
Publikationen:
Erzherzog Johann. Mythos und Wirklichkeit. ÖBV, 1982.
Grenzenlos deutsch. Österreichs Heimkehr ins falsche Reich. Knesebeck & Schuler, 1988.
Vorwärts zum Menschen zurück. Ein rot-grünes Plädoyer. ÖBV, 1984.

Passrugger, Barbara, geboren 1910 in Filzmoos/Tirol. Lebt als Bergbäuerin auf dem Haidegg-Gut. Sie ist als Zeitzeugin über das harte Leben auf dem Land bekanntgeworden, nachdem ihre Lebenserinnerungen als Buch erschienen sind: Hartes Brot. Aus dem Leben einer Bergbäuerin. Bearb. von Ilse Maderbacher. Böhlau Wien, 1989.

Pöstinger, Ulrike, geboren 1944 in Marchtrenk/Oberösterreich. Wuchs zunächst im Kinderheim, dann bei Pflegeeltern auf. Lebt als Arbeiterin und alleinerziehende Mutter in Leonding bei Linz. Aktives SPÖ-Mitglied und Liedermacherin. Bekam 1989 für ihre Lieder den Josef-Luitpold-Stern-Preis.

LEKTÜRE FÜR INTERESSIERTE

SCHENK-DANZINGER
Lotte, Entwicklungspsychologie, Wien 1988: ÖBV

HERKNER Werner,
Psychologie, Wien 1988: Springer-Verlag

AXELROD Robert,
Die Evolution der Kooperation, München 1987: Oldenbourg (Scientia nova)

JOHNSON James H.,
Life Events as Streßors in Childhood and Adolescence, SAGE-Publications, 1986

STROTZKA Hans,
Psychotherapie und Tiefenpsychologie, Springer-Verlag, 1984

ANTONOVSKY Aaron,
Unraveling the Mystery of Health, Jossey-Bass Publishers, 1987

LEVINE Seymour und URSIN Holger,
Coping and Health, Plenum Press, 1988

FILIPP Sigrun-Heide,
Kritische Lebensereignisse, Urban & Schwarzenberg, 1981

GREENFIELD Patricia Marks,
Mind an Media, Fontana Paperbacks, 1984

WRIGHT George,
Behavioral Decision Theory, SAGE-Publications, 1984

LURIA A.R.,
The Working Brain, Penguin Books, 1973

SLUCKIN W.,
Fear in Animals and Man, Van Nostrand Reinholder Company, 1979

GEYER Felix und Johannes VAN DER ZOUWEN,
Sociocybernetic Paradoxes, SAGE-Publications, 1986

RENFREW Colin,
Before Civilization, Alfred A. Knopf, 1973